Rolf Franken
Andreas Gadatsch

Integriertes Knowledge Management

Rolf Franken
Andreas Gadatsch

Integriertes Knowledge Management

Konzepte, Methoden, Instrumente und Fallbeispiele

Springer Fachmedien
Wiesbaden GmbH

Die Deutsche Bibliothek – CIP-Einheitsaufnahme
Ein Titeldatensatz für diese Publikation ist bei
Der Deutschen Bibliothek erhältlich.

WINDOWS®, EXCEL®, NT® sind eingetragene Warenzeichen der Microsoft Corporation.
ARIS® ist ein eingetragenes Warenzeichen der IDS Scheer AG, Saarbrücken.
SAP®, R/2®, R/3®, ABAP/4®, SAP Business Workflow®, SAP-EDI®, SAPoffice®, SAPmail® sind eingetragene Warenzeichen der SAP Aktiengesellschaft Systeme, Anwendungen, Produkte in der Datenverarbeitung, Neurottstr. 16, D-69190 Walldorf. Die Herausgeber bedanken sich für die freundliche Genehmigung der SAP Aktiengesellschaft, die genannten Warenzeichen und Screen-Shots (Bildschirmmasken) im Rahmen des vorliegenden Titels zu verwenden. Die SAP AG ist jedoch nicht Herausgeberin des vorliegenden Titels oder sonst dafür presserechtlich verantwortlich.

1. Auflage April 2002

Der Vieweg Verlag ist ein Unternehmen der Fachverlagsgruppe BertelsmannSpringer.
www.vieweg.de

Konzeption und Layout des Umschlags: Ulrike Weigel, www.CorporateDesignGroup.de

Gedruckt auf säurefreiem und chlorfrei gebleichtem Papier.

ISBN 978-3-663-05809-0   ISBN 978-3-663-05808-3 (eBook)
DOI 10.1007/978-3-663-05808-3

Vorwort

„Integriertes Knowledge Management" ist eigentlich ein Pleonasmus. Management ist schon die Zusammenführung der Teileinheiten eines Unternehmens zu einem Ganzen, zu der übergeordneten Handlungseinheit „Unternehmen". Knowledge Management müsste demnach ... Hier beginnt das Problem: Was integriert das Knowledge Management?

Einerseits soll über den Faktor „Knowledge" das Handeln der Teileinheiten des Unternehmens integriert und in ein Handeln des Unternehmens überführt werden. Andererseits muss dazu das auf verschiedene Träger verteilte Wissen des Unternehmens integriert werden. Das Wissen muss also zu einem in sich konsistenten Ganzen zusammengeführt werden und es muss den Handlungsträgern so zugänglich gemacht werden, dass sie das gewünschte Handeln des Unternehmens hervorbringen.

Dies ist theoretisch schnell und problemlos formuliert, aber was bedeutet es für die Praxis? Die Schwierigkeiten beginnen, wenn man darüber nachdenkt, was denn alles „Wissen eines Unternehmens" sein kann. Da gibt es Datenbanken mit enormen Mengen von Massendaten und ebenso viele Dokumente (Briefe, Ausarbeitungen, technische Zeichnungen...) in elektronischer und/oder Papierform. Da gibt es das Wissen in den Köpfen der Mitarbeiter und institutionalisierte Prozesse, die noch niemand dokumentiert hat. Das alles soll integriert und für ein abgestimmtes, optimiertes Unternehmenshandeln genutzt werden. Das klassische, hierarchisch strukturierte Unternehmen hat dieses Problem durch die Kompetenzzuweisung an die jeweils vorgesetzte Einheit geregelt und damit heroisch vereinfacht. Heutige dezentrale Strukturen, die nach dem Ideal eines Netzwerkes mit verteilter Kompetenz streben, müssen dieses Problem neu durchdenken und dabei stehen sie erst am Anfang einer Entwicklung. Es zeigt sich, dass die verschiedenen Bereiche, die ein Wissensmanagement umfassen müsste, noch weit von einer integrierten Betrachtung entfernt sind – theoretisch wie praktisch. „Integriertes Knowledge Management" soll uns immer an die Notwendigkeit der Integration erinnern.

Die Beiträge dieses Bandes sollen die Komplexität und Notwendigkeit der Integration aufzeigen.

Der einleitende konzeptionelle Beitrag von Rolf Franken gibt einen Überblick über die Vielfalt der Problemstellungen und entwickelt einen Ansatz zur Systematisierung der Teilprobleme des Knowledge Management.

Teil II greift die verschiedenen Formen der Wissensrepräsentationen in Unternehmen auf. Die einzelnen Beiträge sollen exemplarisch die Problematiken der verschiedenen Repräsentationsformen verdeutlichen. Martin Oesterer zeigt in seinem Beitrag auf, wie die durch Internetnutzung erfassbaren Daten (strukturierte Massendaten) zur Analyse des Kunden bzw. Interessentenbestandes genutzt werden können. Data Mining-Verfahren liefern Aussagen, die weit über die OLAP-Abfragen klassischer Data Warehouses hinausgehen. Der Beitrag von Hans-Christian Eppich, Thomas Gerick, Wolfgang Krah und Simon Spelthahn demonstriert den Einsatz von Topic Maps als Instrument zum Umgang mit unstrukturierten Informationen in Form von Dokumentenbeständen. Veit Florian Lier beschreibt die Unterstützung des Austausches von personellem Wissen in globalen Teams durch Instrumente der computergestützten Zusammenarbeit. Der abschließende Beitrag von Swetlana Sacharowa verdeutlicht durch die Diskussion des Zusammenhanges von Kultur und Wissen die Problematik der Entstehung von kollektivem Wissen und die Notwendigkeit eines multikulturellem Wissensmanagement für international tätige Unternehmen.

Teil III behandelt die Problematik aus einer instrumentellen, funktionalen Sicht. Es werden Instrumente für einige beispielhaft ausgewählte Funktionen des Wissensmanagement dargestellt. Dabei wird besonders die Komplexität des Themas deutlich. Die beiden ersten Beiträge von Christa Holzenkamp und Klaus D. Leciejewski behandeln beide das gleiche Thema, jedoch für unterschiedliche Wissensformen. Christa Holzenkamp untersucht in ihrem Beitrag die Beschaffung und Nutzung von formalisiertem Wissen in verschiedenen Kontexten. Die spezielle Problematik der Beschaffung von personellem Wissen verbunden mit dem dabei notwendigen Wissensmanagement zur Erfüllung dieser Aufgabe wird von Klaus D. Leciejewski am Beispiel des Headhuntig aufgezeigt. Uwe Döring-Katerkamp und Joerg Trojan greifen das zentrale Thema der Motivation in Wissensmanagementsystemen auf. Sie plädieren für eine „Normalisierung" des Umgangs mit Wissen im Unternehmensalltag und damit für die Einbettung der Motivierung wie auch der Wissensmanagementaktivitäten selbst in das generelle Führungskonzept des Unternehmens. Andreas Gadatsch untersucht den Einsatz von IT-Tools des

Prozessmanagement als Instrument für die Erfassung und Generierung von kollektivem Prozesswissen.

In Teil IV werden verschiedene Anwendungsbeispiele des Wissensmanagement zur Konkretisierung der Probleme in spezifischen Kontexten vorgestellt. Claus D. E. Eichstädt beschreibt die Entwicklung eines Helpdesk für Bürger und ratsuchende Mitarbeiter verschiedener Ämter des Landes Nordrhein-Westfalen unter Einsatz einer Workflow-Komponente. Stefan Klopp zeigt die Anwendungsmöglichkeiten des SAP Knowledge Warehouses in Zusammenhang mit der Einführung von SAP R/3-Systemen auf. Im Fokus der Beiträge von Wolfgang Höhnel und Dirk Schreiber sowie von Peter Brandt und Marianne Massing stehen speziell kleine und mittelständische Unternehmen (KMU). Wolfgang Hähnel und Dirk Schreiber erörtern den Einsatz von Wissenslandkarten als Instrument des Wissensmanagement in KMU. Peter Brandt und Marianne Massing schildern das Konzept und die Erfahrungen bei der Einführung des Wissensmanagementgedankens in KMU im Rahmen des Projektes „KluG".

Köln im März 2002

Rolf Franken und Andreas Gadatsch

Inhaltsverzeichnis

Teil I Konzeption

ROLF FRANKEN 3

Knowledge Map des Wissensmanagements

Teil II Repräsentation von Unternehmenswissen

a) Formalisiertes und strukturiertes Wissen

MARTIN OESTERER 25

Personalisierung im Internet - Optimierung der Kundenbeziehung
durch Datenmanagement und Datenanalyse

b) Unstrukturiertes, formalisiertes Wissen

HANS-CRISTIAN EPPICH, THOMAS GERICK, WOLFGANG KRAH UND SIMON SPELTHAHN 41

Wettbewerbsvorteile durch Knowledge Management am Beispiel der FIDUCIA AG

c) Personelles Wissen

VEIT FLORIAN LIER 61

Unterstützung des Wissenstransfers in globalen Teams

d) Kollektives Wissen

SWETLANA SACHAROWA 79

Kulturabhängigkeit des Wissens in der internationalen Managementpraxis

Teil III Instrumente und Methoden

a) Beschaffung und Nutzung von Wissen

CHRISTA HOLZENKAMP 99

Beschaffung und Anwendung von Wissen. Praktische Beispiele im
Umgang mit Informationen und Wissen

KLAUS D. LECIEJEWSKI...121

Headhunting: gezielte Beschaffung von personenbezogenem Wissen

b) Motivation

UWE DÖRING-KATERKAMP UND JÖRG TROJAN 133

Motivation und Wissensmanagement – eine praktische Perspektive

c) Erfassung und Generierung von Prozesswissen

ANDREAS GADATSCH 151

IT-gestütztes Prozess-Management als Werkzeug des Knowledge-Management

Teil IV Anwendungsbeispiele

CLAUS D. E. EICHSTÄDT: 181

Workflowgestütztes Wissensmanagement mit Cosa®-Workflow im Landesamt
für Arbeitsschutz und im KomNet des Landes Nordrhein-Westfalen

DIRK SCHREIBER UND WOLFGANG HÖHNEL 203

Wissensmanagement mit Wissenskarten in kleinen und mittelständischen
Unternehmen (KMU)

STEFAN KLOPP..217

SAP Knowledge Warehouse – Anwendungsmöglichkeiten in der Praxis

PETER BRANDT UND MARIANNE MASSING 235

Mensch – Organisation – Technik. Wissensmanagement in KMU

Autorenverzeichnis..251

Gesamtliteraturverzeichnis 271

Schlagwortverzeichnis...277

Abbildungsverzeichnis

Abbildung 1 Gedächtnis 5

Abbildung 2 Gestaltungselemente...9

Abbildung 3 Instrumente des Wissensmanagements (1) 18

Abbildung 4 Instrumente des Wissensmanagements (2) 19

Abbildung 5 Auszug aus einem Logfile 30

Abbildung 6 Systematik des DWH Prozesses 33

Abbildung 7 Prozessflussdiagramm zur Logfile-Analyse (SAS Enterprise Miner) 35

Abbildung 8 Statistik als Kernstück des Data Mining-Verfahrens...........36

Abbildung 9 Modellgütevergleich neuronaler Netze zur Zielgruppenselektion 37

Abbildung 10 Wissenspyramide 44

Abbildung 11: Regelkreis des Wissensmanagement (Probst et al.).........46

Abbildung 12 Vereinheitlichung des Informationszugangs 47

Abbildung 13 Themenstrukturierung auf Meta-Ebene 49

Abbildung 14 Analyseergebnis des Topic Map Builder 55

Abbildung 15 Themenstrukturierung mit dem USU KnowledgeMiner.......56

Abbildung 16 Recherche mit dem USU KnowledgeMiner 57

Abbildung 17 USU KnowledgeMiner-Integration in der FIDUCIA-IT-Infrastruktur....58

Abbildung 18 Navigation TeamRoom 70

Abbildung 19 Eingabemaske für TeamRoom 71

Abbildung 20 Aufbau der DocumentLibrary..72

Abbildung 21 Systemarchitektur..74

Abbildung 22 Umgang mit Informationen und Wissen 101

Abbildung 23 Knowledge Base 103

Abbildung 24 Wissensgestützte Verarbeitung..................................108

Abbildung 25: Prozessdarstellung. 109

Abbildung 26 Wissensgestützte Email-Beantwortung 112

Abbildung 27 Knowledge-Services..115

Abbildung 28 „Vorgehensweise" eines Headhunters 123

Abbildung 29 Informationsaufbereitung eines Headhunters 127

Abbildung 30 Kernprozesse des Wissensmanagements 130

Abbildung 31 „Spezifische Probleme" eines Headhunters 131

Abbildung 32 Wissensmanagement-Fähigkeit im IfeM-Ansatz 137

Abbildung 33 Motivationsmodell nach Lutz von Rosenstil 140

Abbildung 34 Motivierungs-Instrumente des Unternehmens (Tool-Box) 145

Abbildung 35: Daten, Informationen und Wissen 153

Abbildung 36 Geschäftsprozess- und Workflow-Management 154

Abbildung 37 Schlüsseltechnologien für das Wissensmanagement. 156

Abbildung 38 IT-Unterstützung für das Prozessmanagement. 157

Abbildung 39 Workflow Life-Cycle-Modell 159

Abbildung 40 Funktionen eines WFMS 162

Abbildung 41 Beispiel eigenständiger Workflow-Management-Systeme 164

Abbildung 42 Architektur ERP-integrierter WFMS 165

Abbildung 43 Beispiel für den Einsatz eigenständiger WFMS 168

Abbildung 44 Beschaffung ohne Workflow-Unterstützung. 170

Abbildung 45 Business Workflow gestützte Beschaffung. 171

Abbildung 46 Statisches Content-Management-System 176

Abbildung 47 Dynamisches Content-Management-System 177

Abbildung 48 KomNet-Hauptmenü, hier Suchanfrage für die Wissensdatenbank ... 184

Abbildung 49 Beispielliste der in einer Wissensdatenbank verfügbaren Dialoge 187

Abbildung 50 KomNet-Bildschirmmaske zur Erfassung einer neuen Anfrage 188

Abbildung 51 COSA® Postkorb zur Anfragenbearbeitung 189

Abbildung 52 Verwaltung der Benutzerdaten 191

Abbildung 53 Detailanzeige Benutzerdaten 192

Abbildung 54 Schematische Darstellung der Helpdesk-Bearbeitungsschritte 196

Abbildung 55 Grundphasen des Wissensmanagements 204

Abbildung 56 Aufbau einer „Master Knowledge Map" im SAP-Umfeld [TEUFEL99] 208

Abbildung 57 „Master Knowledge Map" Kundenauftragserfassung 210

Abbildung 58 Menüstruktur und Masken zur Kundenauftragserfassung 211

Abbildung 59 Einfaches Prozessmodell Prozessbaustein Kundenauftragserfassung 212

Abbildung 60 Intranet-Seite zur Kundenauftragserfassung 213

Abbildung 61 Bearbeiten der Online-Hilfe mit MS Word (© SAP AG 218

Abbildung 62 Online-Hilfe über den Web-Browser (© SAP AG) 219

Abbildung 63 Trainingsinhalte über den Webbrowser (© SAP AG 221

Abbildung 64 Beispiel einer mit SAPShow angezeigten kep-Datei (© SAP AG)...... 222

Abbildung 65 QM-Handbücher im Knowledge Warehouse (© SAP AG)......... 223

Abbildung 66 Clients für das Knowledge Warehouse (© SAP AG) 225

Abbildung 67 Wiederverwendbarkeit von Inhalten (© SAP AG)............ 227

Abbildung 68 Beispiel Logischer und Physischer Informationsobjekte (© SAP AG)228

Abbildung 69 Beispiel einer Kontextauflösung (© SAP AG)............... 230

Abbildung 70 Datenmodell (vereinfacht)................................. 231

Abbildung 71 Inhaltstypen in der Objektklasse "Topic" (Bereich Dokumentation). 232

Abbildung 72 Info-Objekt vom Inhaltstyp "Hintergrund" (© SAP AG)..... 232

Abbildung 73 Inhaltstypen der Objektklasse "Folie" (© SAP AG).......... 233

Abbildung 74 Inhaltstypen der Objektklasse "Text" (© SAP AG)........... 233

Teil I:

Konzeption

Rolf Franken

Knowledge Map des Wissensmanagements

1   Notwendigkeit eines globalen Konzeptes für das Wissensmanagement

„Unter dem Etikett Wissensmanagement kommt ... viel auf die Unternehmen zu: Eine Neudefinition ihres Selbstverständnisses, ein Umbau der Strukturen, neue Rollenverteilungen, neue Grenzziehungen. Dieser Bedarf trifft sich am Markt mit einer Fülle von Angeboten an Informations- und Kommunikationstechnik, die ihn unterstützen aber auch formen. [1]

Diese Einschätzung von Ursula Schneider aus dem Jahre 1996 trifft auch heute, fünf Jahre nach ihrer Veröffentlichung, noch zu. Das Problem des Wissensmanagements ist jedoch weiterhin, dass bisher noch kein umfassendes theoretisches Konzept entwickelt wurde, welches einen integrierenden Überblick über die verschiedenen Ansätze ermöglicht.

In der Praxis führt dies nach wie vor zu großer Unsicherheit über das Thema „Wissensmanagement". Führen wir Wissensmanagement ein, wenn wir unser Dokumentenmanagement durch eine nichtdurchschaubare, „intelligente" Suchfunktion erweitern? Oder müssen wir eine Datenbank mit den Namen unserer Experten im Unternehmen als „gelbe Seiten" veröffentlichen? Ab wann ist der Einsatz statistischer Funktionen zur Analyse von Kundendaten Wissensmanagement? Ist unser betriebliches Vorschlagswesen ein Instrument des Wissensmanagements?

Ja, alle diese Maßnahmen haben etwas mit Wissensmanagement zu tun. Wissensmanagement wurde auch schon immer von allen Unternehmen betrieben, jedoch - wie bei allen Managementfunktionen - von dem einen Unternehmen systematisch, zielgerichtet

---

[1]Ursula Schneider (1996a), S. 17

und von dem anderen eher kasuistisch, ohne Konzept und ohne „Bewusstsein".

Wissensmanagement bedeutet jedoch, dem Faktor „Wissen" einen expliziten Stellenwert in der Führungskonzeption des Unternehmens einzuräumen und die Vielfalt der Instrumente und Methoden bewusst im Rahmen einer Unternehmenskonzeption einzusetzen.

Der folgende kurze Überblick kann zwar kein theoretisches Gesamtkonzept ersetzen, er versucht jedoch einen Überblick über die Vielfältigkeit der Instrumente und Probleme des Wissensmanagements zu geben. Damit dient er zugleich der Einordnung der verschiedenen Ansätze dieses Buches.

2 Wissensmanagement als Teil der Führungskonzeption von Unternehmen

Wenn man darauf verzichtet, Hintergründe und Probleme zu diskutieren, lässt sich das Konzept „Wissensmanagement" relativ leicht umreißen.

Wissen ist dadurch von Informationen abzugrenzen, dass man es in seiner vollen Komplexität in Bezug auf das Handeln sieht. Wissen hat drei Dimensionen, eine Syntax, eine Semantik und eine Pragmatik. Informationen werden zumeist verkürzt, ohne eine Diskussion der Pragmatik, betrachtet. Das Wissen eines Menschen ist immer mit seinen Intentionen verbunden. Wissen ist eine Konstruktion über die Welt zum Zwecke ihrer Beeinflussung. „Scientia est potentia" (Francis Bacon) oder „Wissen ist die Fähigkeit zum... Handeln (Handlungsvermögen)"[2]. Allgemein definiert:

Wissen
Wissen ist die Repräsentation der Welt - in Form von mentalen Mustern (Schemata) - die die Fähigkeiten zum Denken und Handeln (das Handlungspotential) eines Menschen oder allgemeiner einer Handlungseinheit bestimmt.[3]

Diese Fähigkeit ist unabhängig von der effektiven Nutzung im Einzelfall zu sehen, da man Wissen auch bewusst ignorieren oder aus zeitlichen Gründen unberücksichtigt lassen kann. Wissen

---

[2]Nico Stehr (2001), S. 62

[3] Zur Diskussion des Wissensbegriff vgl. z.B. Andreas Aulinger und Dirk Fischer (2000), S. 644 f.

bezieht sich auf die prinzipielle Verfügbarkeit. Wissen ist auch nicht die einzige Bestimmungsgröße für das Handeln eines Menschen, eine weitere ist die Verfügbarkeit von physischen oder finanziellen Ressourcen, die bei diesem Handeln eingesetzt werden können.

Wie unser Wissen physisch abgespeichert wird ist noch weitgehend unzugänglich. Die strukturellen Formen unseres Denkens sind uns dagegen besser zugänglich.

Von besonderer Bedeutung ist für uns jenes Wissen, welches formalisierbar, d.h. in ein Symbolsystem (z.B. eine Sprache oder standardisierte Bilder) übersetzbar ist. Durch die Formalisierung lösen wir das Wissen teilweise von seinem ursprünglichen Träger sowie von Raum und Zeit. Trotzdem bleibt es immer in den Handlungskontext der es verwendenden Einheiten eingebunden. Die Formalisierung ermöglicht die Kommunikation und die Schaffung eines externen Gedächtnisses außerhalb unseres Körpers. Damit schafft sie die Grundlage für ein kollektives Gedächtnis.

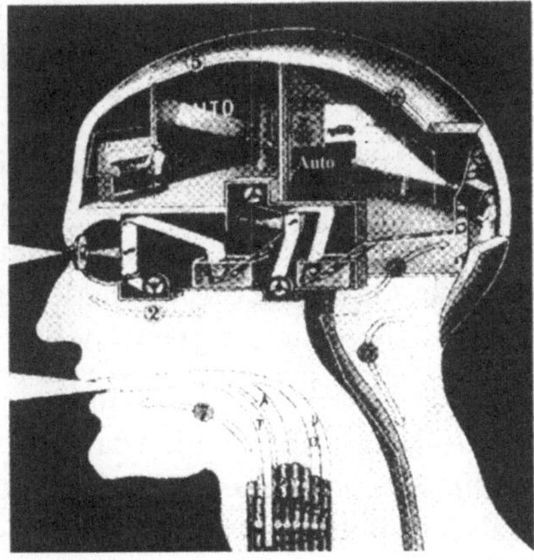

Was sich in unserem Kopf abspielt, wenn wir ein Auto sehen und „Auto" sagen.

F. Kahn (1929), entnommen aus
Douwe Draaisma (1999), S. 217

Abbildung 1 Gedächtnis

Übertragen wir dieses Konzept auf ein Unternehmen, so lässt sich analog zum Wissen eines Menschen die Wissensbasis eines Unternehmens einführen:

Wissensbasis eines Unternehmens

Die **Wissensbasis eines Unternehmens** ist jenes Wissen, welches den handelnden Subeinheiten des Unternehmens (den Mitgliedern und wissensverarbeitenden Maschinen) prinzipiell verfügbar ist und damit die Chance hat, in die Entscheidungen bzw.

Handlungen des Unternehmens einzufließen.[4] Sie bestimmt das Handlungspotential des Unternehmens.

Die Probleme im Umgang mit dem Wissen eines Unternehmens entstehen dadurch, dass ein Unternehmen eine virtuelle Handlungseinheit aus Menschen und Maschinen ist, deren Wissen auf verschiedene Träger verteilt ist und sich nicht immer an der Stelle befindet, wo es für das Handeln benötigt würde. Unternehmen als Handlungseinheiten, haben also einige systembedingte Probleme:

- Die *Wissensbasis* eines Unternehmens *ist* in einem verteilten System mit unterschiedlichen Wissensträgern (Mensch, DV, Papier...) repräsentiert, deren Einzelwissen *nicht konsistent* ist (Meinungs- und Bewertungskonflikte).

- Die Verteilung des Wissens in der *Wissensbasis ist nicht kongruent zum Handlungssystem.*

Die Kopplung des Wissens an das Handeln impliziert darüber hinaus:

- Lernprozesse bzw. Gestaltungsprozesse der Wissensbasis von Unternehmen müssen ganzheitliche Prozesse sein, die das Verhalten der Menschen, die technischen Möglichkeiten und die Struktur des Unternehmens aufeinander abstimmen.

Wissensmanagement betreibt man also nicht dadurch, dass man ein neues Programm kauft, sondern dass man die technischen Möglichkeiten mit der Organisationsstruktur und den Verhaltenserwartungen an die Organisationsmitglieder in Einklang bringt und auf ein gemeinsames Ziel, das Unternehmensziel, ausrichtet.

Die Ausrichtung des Handelns aller Unternehmenseinheiten auf ein einheitliches, in sich konsistentes Handeln wird allgemein als Unternehmensführung bezeichnet. **Wissensmanagement** als die bewusste Gestaltung und Entwicklung der Wissensbasis eines Unternehmens ist damit eine zentrale Aufgabe der Führung.

3 Arten des Unternehmenswissens

Die erste Ursache für die Komplexität des Konzeptes „Wissensmanagement" sind die verschiedenen Arten des Wissens bzw. genauer der Wissensrepräsentation in Unternehmen.

---

[4]Vgl. Gunnar Pautzke (1989), S. 76 in Anlehnung an Werner Kirsch

Das Wissen eines Unternehmens ist in vielen verschiedenen Formen gespeichert bzw. repräsentiert. Je nach Repräsentationsform können sich ganz unterschiedliche Probleme im Umgang mit dem Wissen ergeben. Zu den Hauptformen des betrachteten Wissens gehören:

1. **Strukturiertes Wissen**, d.h. formalisiertes Wissen, welches durch Metawissen für seine Nutzung vorgeprägt ist. Das strukturelle Metawissen ist expliziter Bestandteil des Wissens. Zu strukturiertem Wissen in Organisationen gehören z.B. Datenbanken, Karteisysteme, Kontobücher, ausgefüllte Formulare. Das formalisierte Metawissen ermöglicht die gezielte Auswertung des strukturierten Wissens nach den definierten Kriterien.

2. **Unstrukturiertes, formalisiertes Wissen**, welches in seiner Ursprungsform nicht durch Metawissen vorgeprägt ist, z.B. alle Dokumente, Konstruktionszeichnungen, Fotos und viele mehr. Menschliche Nutzer unstrukturierten Wissens können diesem häufig aufgrund ihres Kontextwissens sofort bestimmte Strukturen zuordnen. Sie können z.B. Rechnungen sofort erkennen, den Absender, sein Konto und die Basis der Rechnung identifizieren und damit unmittelbar eine Überweisung veranlassen oder aus dem Absender die Wichtigkeit eines Briefes erkennen und entsprechend darauf reagieren.

3. **Personelles**, an die Individuen gebundenes **Wissen**. Personelles Wissen ist für andere zunächst nicht erkennbar und nicht zugänglich. Es kann nur über Metawissen erschlossen werden und wird durch Kommunikation oder Demonstration mit Nachmachen weitergegeben.

4. **Kollektives Wissen** oder Unternehmenswissen (i.e.S.) ist entweder von allen Mitgliedern des Unternehmens geteiltes (verstandenes und akzeptiertes) Wissen - dieses bezeichnen wir auch als kulturelles Wissen - oder aufeinander abgestimmtes, den Einzelindividuen nicht komplett verfügbares Wissen, welches trotzdem das Handeln des Unternehmens bestimmt. Dazu gehören z.B. institutionalisierte Prozesse, die in einem Unternehmen ausgeführt werden, aber nicht formal erfasst sind.

Wissen kann in Unternehmen noch in weiteren Formen vorkommen, z.B.

5. in technischen Anlagen (Potentialfaktoren) oder Produkten gebundenes Wissen. Diese Formen sollen jedoch im weiteren ausgeklammert bleiben.

4 Gestaltungselemente des Wissensmanagements

Die Gestaltung der Wissensbasis eines Unternehmens muss bei den verschiedenen Wissensformen und ihren Entwicklungs-, Transformations- und Einsatzmöglichkeiten ansetzen.

Die Gestaltungselemente des Wissensmanagements beziehen sich vor allem auf die verschiedenen Funktionen im Umgang mit Wissen. Die Instrumente, die dabei zum Einsatz kommen, umfassen jeweils bestimmte Kombinationen dieser Elemente und beziehen sich häufig nur auf bestimmte Wissensformen.

Gliederungen der Gestaltungselemente sind in der Wissensmanagementliteratur in größerer Zahl entwickelt worden. Im deutschsprachigen Raum ist die am weitesten verbreitete Gliederung die von Probst, Raub und Romhardt.[5] Sie unterscheiden acht Bausteine des Wissensmanagements: Wissensziele, Wissensidentifikation, Wissenserwerb, Wissensentwicklung, Wissensverteilung, Wissensnutzung, Wissensbewahrung und Wissensbewertung. Einen kurzen Blick auf weitere Konzepte gibt Klaus North[6]. Die hier aufgestellte Gliederung wurde etwas differenzierter ausgeführt, um näher an die praktischen Probleme und Methoden heranzukommen.

Ohne Anspruch auf Vollständigkeit lässt sich folgende grobe Einteilung der Gestaltungselemente vornehmen:

Die zentralen Elemente sind die Wissensgenerierung, die Wissenslogistik und die Wissensnutzung (vgl. Abbildung 2). Sie werden unterstützt durch die Gestaltung der Wissenskultur, der Verfügungsrechte, der Kooperation und Koordination bei kollektiver Wissensverarbeitung und der Wissenssicherung. Sie müssen eingebettet werden in das Gesamtführungskonzept des Unternehmens. Ihrer zielgerichteten Entwicklung dient das Wissenscontrolling verbunden mit einem Lernprozess.

---

[5] Gilbert Probst, Steffen Raub und Kai Romhardt (1997)

[6] Klaus North (1998), S. 153 ff.

Abbildung 2 Gestaltungselemente

4.1 Schaffung kreativitätsfördernder Bedingungen

Der Umgang mit Wissen beginnt schon im Vorfeld seiner Entstehung. Um die Entwicklung von neuem Wissen in einem Unternehmen zu fördern, bedarf es spezifischer organisatorischer Bedingungen, die den Mitarbeitern ermöglichen, Ideen zu entwickeln und in das Unternehmen einzubringen. Zu solchen Bedingungen zählen traditionell z.B.:

- Spielraum für eigenständiges Handeln
- Unterstützung (materiell und ideell) auch für ungewöhnliche Ideen
- Eigenverantwortung
- offene Kommunikation
- wenig reglementierende Normen
- strenge Ergebniskontrolle
- konstruktive Kritik ohne Bestrafung (kein öffentliches „zur Schnecke machen")

Von Krogh, Ichijo und Nonaka[7] entwickelten ein System von fünf Instrumenten zur Förderung der Kreativität von Unternehmen:

---

[7]Vgl. Georg von Krogh, Kazuo Ichijo, Ikujiro Nonaka (2000)

1. Präge eine Wissensvision,

2. Manage Gespräche,

3. Mobilisiere Wissensaktivisten,

4. Schaffe einen wissensfördernden Kontext und

5. Globalisiere lokales Wissen.

4.2 Wissenskultur in Unternehmen

Die Unternehmenskultur im Umgang mit dem Wissen ist eine zentrale Grundlage für den erfolgreichen Einsatz aller Instrumente. Die Notwendigkeit der Entwicklung einer adäquaten Wissenskultur ergibt sich aus zwei wesentlichen Aspekten:

1. Die innere Notwendigkeit entsteht aus dem Grundverständnis von Wissensmanagement selbst. Ein Unternehmen, dass eine neue Technologie zur Unterstützung der eigenen Intelligenz einführen will, sollte sich auch Gedanken darüber machen, was es damit erreichen will. Ein Dokumentenmanagementsystem, welches nur die bestehenden Informationsbarrieren in Zugriffsrechte im Computer übersetzt, verschenkt alle neu entstandenen Möglichkeiten der bedarfsgerechten und intelligenzfördernden Nutzung der neuen Technologie. Wissensmanagement beginnt also zentral mit dem Überdenken der bestehenden Verfügungsregelungen über das Wissen im Unternehmen. Dies in eine neue Wissenskultur des Unternehmens umzusetzen ist eine Aufgabe des Managements.

2. Die Internationalisierung der Unternehmen und Märkte bringt eine zweite Problematik mit sich: Die Wissenskulturen in verschiedenen Ländern sind sehr unterschiedlich und von den jeweiligen Nationalkulturen geprägt. Um Wissen im globalen Kontext richtig nutzen zu können benötigen wir also ein Verständnis der unterschiedlichen nationalen Kulturen.

4.3 Wissensgewinnung

Die Wissensgewinnung ist ein komplexer Prozess, der aus den Teilprozessen Zielbildung, Identifikation des relevanten Wissens, Environmental und Internal Scanning[8] und der Wissensgenerie-

---

[8]Zum Environmental Scanning vgl z.B. Francis Joseph Aguilar (1967), Chun Wei Choo (1993) und (1995). Das Internal Scanning umfasst alle

rung besteht. Eine zeitliche Strukturierung ist dabei nur schwer einzuhalten.

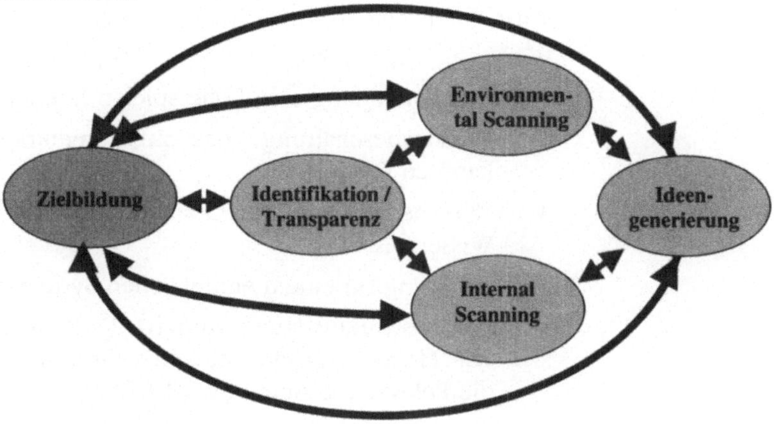

Das Thema Wissensgewinnung verschmilzt in der Managementliteratur mit den Ansätzen zum organisatorischen Lernen, zum strategischen Management[9] und teilweise dem Innovationsmanagement.

Die bekannten Klassiker des organisatorischen Lernens, Chris Argyris, Donald A. Schön und Peter M. Senge[10] haben zunächst nur die Problematik der Lernhemmnisse von Unternehmen betrachtet, dagegen inhaltliche und technische Aspekte nicht diskutiert. Neuere Ansätze entsprechen mehr einem umfassenderen Wissensmanagementansatz.[11]

4.4   Wissenslogistik

Wissenslogistik[12] ist die zentrale Aufgabe des Wissensmanagements. Sie umfasst alle Prozesse der bedarfs- und zeitgerechten

---

Aktivitäten der Erstellung unternehmensspezifischer Wissenslandkarten, Data Mining und Text Mining.

[9]Z.B. Werner Kirsch (1997) oder der ressourcenorientierte Ansatz von C. K. Prahalad, Gary Hamel (1991).

[10]Vgl. Chris Argyris, Donald A. Schön (1978) und Peter M. Senge (1990)

[11]Vgl. z.B. Gunnar Pautzke (1989) oder Chun Wei Choo (1998)

[12]Der Begriff wurde geprägt von Veronika Lullies, Heinrich Bollinger, Friedrich Weltz (1993).

Abwicklung von Informationsströmen zwischen Informationsquellen und ihren Nutzern. Das inhaltlich relevante Wissen muss zur rechten Zeit am Bedarfsort (beim Nutzer) verfügbar sein.[13]

Wissenslogistik umfasst eine Fülle von Teilprozessen, die in diesem Zusammenhang eine Rolle spielen können. Dazu gehören:

- Wissensbeschaffung (das Zusammentragen aus den bekannten Quellen),

- Wissensfilterung (zur Qualitätssicherung des angebotenen Wissens),

- Erfassung (in einem einheitlichen System),

- Wissensstrukturierung (durch die Bildung und Einführung von Metawissen, welches eine Ordnung für die Suche und die Relevanzbestimmung schafft),

- Wissensaufbereitung (für eine Nutzergerechte Präsentation),

- Wissenskommissionierung und -verteilung (Nutzergerechte Zusammenstellung und aktive Verteilung),

- Wissenssuche (Bereitstellung von Suchmechanismen, um dem Nutzer die Möglichkeit zu geben, selbst seinen Wissensbedarf zu decken),

- Wissensspeicherung und -verwaltung (soweit es sich um formalisiertes Wissen handelt),

- Vergessen und Löschen (das Vergessen und Löschen von nicht mehr aktuellem Wissen bzw. das Speichern in schwerer zugänglichen Archiven ist ein wichtiges Gestaltungselement zur Beherrschung der Wissensflut),

- Medienwechsel (Wechsel des Wissensträgers).

Generell kann die Problematik der Wissenslogistik aus zwei Perspektiven gesehen werden: Der optimalen Versorgung des Nutzers entsprechend seinen Aufgaben (push-Prinzip) und der Unterstützung eines Nutzers bei seiner Suche nach Wissen (pull-Prinzip).

---

[13]Vgl. auch den Informationslogistikansatz des Kompetenzzentrums Informationslogistik des Fraunhofer-Instituts für Software- und Systemtechnik in Dortmund. Informationen dazu unter www. informationslogistik. org oder www.isst.fhg.de sowie in dem Sammelband von Wolfgang Deiters und Carsten Lienemann (2001).

Die Wissenslogistik und die mit ihr verbundenen Gestaltungsbereiche der Wissensverfügung (bei formalisiertem Wissen) und der Kooperation und Koordination sind am stärksten durch die Angebote der technischen Unterstützung geprägt.

4.5 Wissensverfügung

Die Autoren der Wissensmanagementliteratur gehen im allgemeinen davon aus, dass bezogen auf das Wissen eines Unternehmens keine Barrieren des Zugriffs und der Verfügungsrechte geschaffen werden sollten. Es geht darum, eine Kultur der Offenheit und des freien Zugangs zu schaffen, da nur durch Offenheit die Weiterentwicklung des Wissen angeregt werden kann.

Die Praxis in den meisten Unternehmen ist noch stark an der Gestaltung der

- Zugriffsrechte, der
- Kommunikationssicherheit und der
- Informationspflichten

orientiert. Die Frage „Wer darf was wissen?" bestimmt noch weitgehend den Arbeitsablauf. Die dabei getroffenen Regeln in Frage zu stellen und eine neue Wissenskultur im Spannungsfeld zwischen berechtigten Schutzinteressen und der kollektiven Entwicklung aufzubauen, ist eines der wesentlichen Probleme des Wissensmanagements.

4.6 Kooperation und Koordination

Unternehmenswissen bedarf einer kollektiven Abstimmung und multipersonellen Erarbeitungsprozessen.

- Wissensstandardisierung

Grundlage des Verstehens ist die Einführung einer klaren, von allen verstandenen Terminologie unterstützt von einer Aufdeckung und Nutzung von Synonymen usw. Die Terminologiearbeit erhält große Bedeutung im Umgang mit Dokumenten und in mehrsprachigen Arbeitskontexten.

- Collaboration / Zusammenarbeit

Bei einer kollektiven Erarbeitung von Wissen in räumlich und zeitlich getrennt arbeitenden Netzwerken ist die Einhaltung von Formen und Regeln der Zusammenarbeit von großer Bedeutung. Dazu gehören Transaktionen zur Sicherung der Konsistenz des formalisierten Wissens bei kollektiver Bearbeitung, Einführung von Workflows, „Gruppenarbeitsplätze" (gemeinsame Bildschirme ebenso wie Diskussionsräume) und die Unterstützung von Diskussionsformen (Chat, aktive Dokumente oder Moderationstechniken).

- Wissensautorisierung

Ein wichtiges Element zur Gestaltung der pragmatischen Dimension des Wissens ist die Autorisierung des Wissens durch eine Person, der diese Autorität kraft Amtes oder aus persönlicher Vertrauenswürdigkeit erwächst. Die Regelung dieser Komponente stellt bei der Nutzung von elektronischen Kommunikationsmedien noch eine großes Problem dar.

4.7 Wissensnutzung

Die Wissensnutzung ist ein verhaltensorientiertes Problem. Ihre Unterstützung umfasst alle Prozesse der Verhaltenänderung im Umgang mit Wissen: die Schaffung einer adäquaten Wissenskultur, die bedarfsgerechte Versorgung mit und die Aufbereitung von Wissen sowie die Schaffung von Transparenz über das vorhandene Wissen. Dieser Bereich weist noch die größten Forschungsdefizite auf. Besondere Ansätze sind in Zusammenhang mit spezifischen Problemstellungen wie „Customer Relationship Management"[14] oder „Supplier Relationship Management" entstanden.

4.8 Wissenssicherung

Die Sicherung des Wissens umfasst zwei Aspekte,

- einerseits die Sicherung der Verfügungsrechte über Wissen und

- andererseits das Risiko des Verlorengehens von Wissen durch einen Verlust des Wissensträgers.

Theoretisch sind die Verfügungsrechte über das Wissen einer Person oder eines Unternehmens über das Patentrecht (technische Erfindungen) und das Urheberrecht (geistige Werke) relativ leicht zu schützen, praktisch ist dies jedoch durch das Aufkommen des Internet wesentlich erschwert worden.[15] Geheimhaltung wird immer schwerer und immer unökonomischer.

---

[14]Vgl. z.B. V. Bach, H. Österle (2000).

[15]Vgl. den Überblick von Maximilian Brenner (2001)

Bei formalisiertem Wissen auf technischen Wissensträgern (Computer, Mikrofilm etc.) gibt es vielfältige Formen der Sicherung vor einem Ausfall der technischen Einheit oder unbefugtem Zugriff. Wenig Berücksichtigung fand bisher die Sicherung von personellem und organisatorischem Wissen. Gerade auf diesem Gebiet erleiden Unternehmen jedoch immer wieder besondere Verluste. Der Wechsel oder die Pensionierung von Mitarbeitern oder Umorganisationen des Unternehmens führen zu schweren Störungen.[16]

4.9 Wissenscontrolling

Das Wissenscontrolling beschäftigt sich mit der Entwicklung von Zielen für die Wissensbasis eines Unternehmens, mit Strategien für ihre Umsetzung und eine Kontrolle des erreichten Umsetzungsstandes. Grundlage dafür muss ein Mess- und Bewertungssystem zur Operationalisierung der Wissensziele und zur Regelung ihrer Umsetzung sein.[17]

Für die Bewertung von Wissen bzw. der Wissensbasis eines Unternehmens gibt es viele verschiedene Ansätze, die jedoch alle noch Anfangsideen darstellen.

Theoretisch kann das Prinzip der Bewertung aus der Entscheidungstheorie übernommen werden: Der Wert eines bestimmten Wissens ergibt sich aus dem Vergleich des Wertes von Handlungen mit und ohne das zu bewertende Wissen oder mit dem Wissen A und dem Wissen B. Doch dies hilft praktisch nicht weiter, da man i.a. weder den Wert des Handelns bestimmen kann noch einen Vergleich der alternativen Situationen durchführen.

Ansatzpunkte für die praktische Wissensbewertung werden auf verschiedenen Ebenen gesucht:

---

[16]Spektakuläre Fälle wie der Wechsel von Ignacio López von Opel nach VW zeigen den Umfang, den diese Problematik annehmen kann. Zur Dokumentation des Falles López vgl. Heike Nolte (1999). Zur Auseinandersetzung mit der generellen Problematik vgl. J. B. Gilbert Probst und Birgit Knaese (1998)

[17]Vgl. z.B. die theoretische Konzeption von Stefan Güldenberg (1998), S. 330 ff.

- Die Bewertung einzelner Wissenselemente, z.B. in Form von Dokumenten, kann durch die Aggregation der Bewertungen verschiedener Nutzer erfolgen. [18]

- Im Rahmen des Innovationsmanagements wurden verschiedene Ansätze und Methoden für die Bewertung von neuen Ideen (Qualitative Bewertung, Nutzwertanalyse, Portfolios, Quality Funktion Deployment, Matrix of Change) entwickelt bzw. übernommen.[19]

- In der Praxis existieren vielfältige Modelle zur Bewertung von konkreten Maßnahmen im Rahmen des Wissensmanagements (Workshops, Kurse etc.).

- Einen ersten Ansatz zur Bewertung von Wissensmanagementsystemen, d.h. dynamischer Systeme zur Unterstützung des Wissensmanagements, liefert z.B. das Regensburger Modell.[20]

- Ein besonders breit diskutierter Ansatz ist die Bewertung von Unternehmen als Ganzes, speziell von Unternehmen mit wissensintensiver Produktion (z.B. Software-Unternehmen oder Beratungsgesellschaften).[21] Es wird nach Ansätzen gesucht, den nicht greifbaren (intangiblen) Teil des Wertes messbar zu machen.

Ein allgemeiner Ansatz kann vermutlich nur über die Integration in das allgemeine Unternehmenscontrolling speziell das strategische Controlling gefunden werden.

---

[18]Man betrachte z.B. das Punktbewertungssystem von Amazon [www.amazon.de] für angebotene Bücher. Dieses System wurde teilweise in Dokumentenmanagementsysteme aufgenommen.

[19]Vgl. z.B. Dietmar Vahs und Ralf Burmester (1999), S. 182 ff.

[20]Ronald Maier und Thomas Hädrich (2001)

[21]Einer der produktivsten Autoren zu diesem Thema ist Karl Erik Sveiby. Vgl. z.B. Karl Erik Sveiby (1997). Sein umfangreiches Werk ist am besten über seine homepage http://www.sveiby.com.au zugänglich. Man findet dort eine Bibliographie und viele nur über diese Adresse noch erreichbare Publikationen. Als Klassiker dieses Ansatzes kann auch die Balanced Scorecard von Robert S. Kaplan und David P. Norton (1996) angesehen werden.

4.10 Integration des Wissensmanagement in das Führungskonzept des Unternehmens

Bisher ist Wissensmanagement weitgehend als Einzelfunktion dargestellt und untersucht worden. Notwendig ist auf die Dauer eine Integration des Wissensmanagements in das allgemeine Führungskonzept eines Unternehmens.

5. Instrumente des Wissensmanagements

Die zweidimensionale Strukturierung von Wissensmanagement-Problemen nach ihren Gestaltungselementen und nach den Wissensarten liefert einen ersten Ansatz zur Kategorisierung der Instrumente und Methoden.

Die Instrumente des Wissensmanagement beziehen sich i.a. auf bestimmte Gestaltungselemente und sind häufig abhängig von der Wissensart, für die sie eingesetzt werden. Die folgende Tabelle gibt eine groben Überblick über Instrumente und Techniken, die für spezifische Probleme eingesetzt werden können. Besondere Schwerpunkte der aktuellen Diskussion sind Instrumente für die Analyse und die Logistik formalisierter Wissenselemente

Gestaltungselement / Wissensart	strukturiertes, formalisiertes Wissen	unstrukturiertes, formalisiertes Wissen	personelles Wissen	kollektives Wissen
Definition	durch explizites Metawissen für die Nutzung vor geprägtes Wis sen	in der Ursprungs form nicht durch Metawissen vorge prägtes Wissen	Wissen von einzel nen Individuen, wel ches für ihr Handeln eingesetzt werden kann	aufeinander abge stimmtes, den Ein zelpersonen nicht komplett verfügba res Wissen, welches das Handeln eines Kollektivs bestimmt, Kultur (geteiltes Wis-sen)
Beispiele	Datenbanken, Kar-teisysteme, Konto-bücher ...	schriftliche Doku-mente, Zeichnungen, Fotos ...	Ausbildung, Berufser-fahrung	institutionalisierte Prozesse
Schaffung kreativitätsför dernder Bedingungen	-	-	Organisationsgestaltung, Unternehmenskultur	
Wissenskultur	-	-		
Wissensgewinnung				
• Zielbildung				
• Wissensgenerierung				
- Ideengenerierung			Kreativitätstechni-ken: Brainstor-ming, Synektik, ... Recherche: Kun-dengespräche, ...	kommunikative Techniken: Kreativitäts-workshops, Knowledge Com-munities
- Wissensanalyse	Datamining	Textmining		
- Wissenskombination				
• Identifikation	Wissensmarkt-analysen	Wissensmarkt-analysen	Expertensuche	Vorschlagswesen
• Wissenssammlung	environmental and internal scanning	environmental and internal scanning	Externalisierung und Wissensakquisition, Vorschlagswesen	
Wissenslogistik				
• Wissensbeschaffung	Abfrage von Online Datenbanken, Bibliotheken, Zeitschriften,		Headhunting, Aus- und Weiterbildung	M&A, Lizenzen und Patente, Kooperationen
• Wissensfilterung			Gremien: Redaktion	
• Wissenserfassung		Scannen mit OCR	Expertenidentifi-zierer	
• Wissensstrukturierung (Bildung von Metawissen)	Statistik, Repository, OLAP-Strukturen	semantische Netze, Taxonomien, Verknüpfung zwischen Dokumenten	Knowledge Mapping / gelbe Seiten, expertise directory	
• Wissensaufbereitung	Statistik, Visualisierung	Content-management		„best practice-Workshops", Workflowbe-zogene Wissensver-sorgung
• Wissenskommisionierung, Vermittlung	MIS, Berichts-systeme, Workflow, Wissensportal	Newsdienste, Berichts-systeme, Workflow, Wissensportal	Kommunikation, Demonstrieren, Wissensmärkte	

Vertikale Trennbänder (oberer Teil): Reporting — E-learning — Groupware
Vertikale Trennbänder (unterer Teil): Data Warehouse — Dokumenten-Management

Abbildung 3 Instrumente des Wissensmanagements (1)

Gestaltungselement \ Wissensart	strukturiertes, formalisiertes Wissen	unstrukturiertes, formalisiertes Wissen	Personelles Wissen	Kollektives Wissen
• Suche	Metawissen-basiertes Suchen	Metawissen-basiertes Suchen, inhaltliches Suchen		
• Wissensspeicherung und -verwaltung	Datenbanken	Archivierung		
• Vergessen, Löschen				
• Medienwechsel				
Wissensverfügung				
• Zugriffsrechte	Benutzer-gruppen	Benutzer-gruppen		
• Kommunikationssicherheit	Verschlüsse-lung	Verschlüsse-lung		
• Informationspflichten				
Kooperation und Koordination				
• Wissensautorisierung		elektronische Signatur		
• Zusammenarbeit	Transaktionen	Transaktionen, Workflow, aktive Dokumente	Groupware, CSCW	
• Wissensstandardisierung		Terminologie-bildung, Ontologien	Terminologie-bildung	Prozessbeschreibung: eEPK ...
Wissensnutzung				
• individuelle Nutzung				
• Wissensmarketing				
Wissenssicherung	Risikomanagement			
• Früherkennung				
• Risikovermeidung	Sicherung, Firewall			
• Risikoreduzierung	Recovery-Center			
• Risikovorsorge				
Wissenscontrolling				
• von Wissenselementen	Nutzerbewertung, Qualitative Bewertung, Nutzwertanalyse, Portfolios, QFD, MoC			
• von Maßnahmen	Workshop- oder Seminarbewertung			
• von Wissensmanagementsystemen	Regensburger Modell			
• des Wissens einer Handlungseinheit (eines Unternehmens)	Balanced Scorecard, Intangible Assets Monitor, Skandia Navigator, Intellectual Capital Navigator			
Einbindung in die allgemeine Führungskonzeption				
• strategische Integration				
• organisatorische Integration				
• Wissensumsetzung	Simultaneous Engineering, Projektmanagement			

*(Die senkrechte Spalte zwischen „strukturiertes" und „unstrukturiertes formalisiertes Wissen" trägt die Beschriftung: **Systeme**.)*

Abbildung 4 Instrumente des Wissensmanagements (2)

Die Komplexität des Kategorienschemas zeigt die Vielfalt der Probleme und Perspektiven des Wissensmanagements. Weitere Dimensionen könnten die Komplexität noch erhöhen, z.B. die Unterscheidung von technischen, organisatorischen und Verhaltensproblemen bei jedem Gestaltungselement.

Ziel dieser Kategorisierung sollte es sein, den Leser dafür zu sensibilisieren, welche weitreichende Problematik sich hinter dem Begriff „Wissensmanagement" verbirgt. Jede Beschränkung des Begriffes auf eine wesentlich engere Perspektive würde der praktischen Problematik einer ganzheitlichen Sichtweise der Wissensprobleme heutiger Unternehmen nicht gerecht.

6   Literatur

Aguilar, Francis Joseph (1967): Scanning the Business Environment. New York, NY 1967

Argyris, Chris; Schön, Donald A. (1978): Organizational Learning: A Theory of Action Perspective. Reading, Mass.; Menlo Park, Cal.; London usw. 1978

Aulinger, Andreas; Fischer, Dirk (2000): Einige Daten und Informationen zum Wissensmanagement. Die Betriebswirtschaft 60(2000)5, S. 642 - 667

Bach, Volker; Österle, Hubert (Hrsg.) (2000): Customer Relationship Management in der Praxis. Erfolgreiche Wege zu kundenzentrierten Lösungen. Berlin, Heidelberg, New York usw. 2000

Brenner, Maximilian (2001): Rechtliche Rahmenbedingungen: Science in the E-frame - Beispiel: Intellectual Property Management. Vortrag, gehalten auf der Tagung „The global lab – Science in the e-frame" der Bayer AG. Leverkusen 2001

Choo, Chun Wei (1993): Environmental Scanning: Aquisition and Use of Information by Chief Executive Officers in the Canadian Telecomminications Industry. PH.D. diss. University of Toronto 1993

Choo, Chun Wei (1995): Information Management for the Intelligent Organization: The Art of Scanning the Environment. 2. ed. Medford, NJ 1998

Choo, Chun Wei (1998): The Knowing Organization. How Organization Use Information to Construct Meaning, Create Knowledge, and Make Decisions. New York; Oxford 1998

Deiters, Wolfgang; Lienemann, Carsten (Hrsg.) (2001): Report Informationslogistik. Informationen just-in time. Düsseldorf 2001

Draaisma, Douwe (1999): Die Metaphernmaschine. Eine Geschichte des Gedächtnisses. Darmstadt 1999

Franken, Rolf (1982): Grundlagen einer handlungsorientierten Organisationstheorie. Berlin 1982

Güldenberg, Stefan (1998): Wissensmanagement und Wissenscontrolling in lernenden Organisationen - ein systemtheoretischer Ansatz. 2.Aufl. Wiesbaden 1998

Kaplan, R.S.; Norton, D. P. (1996): Balanced Scorecard: Strategien erfolgreich umsetzen. Stuttgart 1997

Kirsch, Werner (1997): Strategisches Management: Die geplante Evolution von Unternehmen, München 1997

Lullies, Veronika; Bollinger, Heinrich; Weltz, Friedrich (1993): Wissenslogistik. Über den betrieblichen Umgang mit Wissen bei Entwicklungsvorhaben. Frankfurt, New York 1993

Nolte, Heike (1999): Organisation. Ressourcenorientierte Unternehmensgestaltung. München 1999

North, Klaus (1998): Wissensorientierte Unternehmensführung. Wiesbaden 1998

Pautzke, Gunnar (1989): Die Evolution der organisatorischen Wissensbasis. Bausteine zu einer Theorie des organisatorischen Lernens. München 1989

Polanyi, Michael (1966): Implizites Wissen. Frankfurt a. M. 1985

Prahalad, C. K.; Hamel, Gary (1990): Nur Kernkompetenzen sichern das Überleben. In: Harvard Business manager (Hrsg.): Kernkompetenzen. Hamburg o.J. S. 7 - 18

Probst, J. B. Gilbert; Knaese, Birgit (1998):Risikofaktor Wissen - Wie Banken sich vor Wissensverlusten schützen. Wiesbaden 1998

Probst, Gilbert; Raub, Steffen; Romhardt, Kai (1997): Wissen Managen. Wie Unternehmen ihre wertvollste Ressource optimal nutzen. 3. Aufl. Frankfurt am Main, Wiesbaden 1999

Schneider, Ursula (1966a) Management in der wissensbasierten Unternehmung. In: Schneider, Ursula (1996) S. 13 - 48

Schneider, Ursula (Hrsg.) (1996) Wissensmanagement. Die Aktivierung des intellektuellen Kapitals. Frankfurt a. M. 1996

Stock, Wolfgang G. (2000):Informationswirtschaft. Management externen Wissens. München, Wien 2000

Sveiby, Karl Erik (1997):The New Organizational Wealth. Managing & Measuring Knowledge-Based Assests. San Francisco 1997

Stehr, Nico (2001):Wissen und Wirtschaften. Die gesellschaftlichen Grundlagen der modernen Ökonomie. Frankfurt a.M. 2001

Vahs, Dietmar; Burmester, Ralf (1997):Innovationsmanagement. Von der Produktidee zur erfolgreichen Vermarktung. Stuttgart 1997

von Krogh, Georg; Ichijo, Kazuo; Nonaka, Ikujiro (2000): Enabeling Knowledge Creation. How to Unlock the Mystery of Tacit Knowledge and Release the Power of Innovation. Oxford 2000

Teil II

Repräsentation von Unternehmenswissen

Teil II: Repräsentation von Unternehmenswissen

Martin Oesterer

Personalisierung im Internet - Optimierung der Kundenbeziehung durch Datenmanagement und Datenanalyse

1   Einleitung

Sie brauchen ein Geburtstagsgeschenk. Sie sind ein moderner Mensch, setzen sich an den Computer, loggen sich ein und suchen. Ihren bevorzugten Internet-Buchhändler kennen Sie, Sie sind bereits registriert, Login-Name, Password, und schon sind Sie drin'.

Die Tatsache, dass Sie mit Ihrem Namen angesprochen werden und sofort 10 Artikel auf dem Bildschirm angeboten bekommen, die Sie eigentlich alle interessieren, registrieren Sie nicht bewusst. Sie bestellen und sind zufrieden. Zufrieden, weil Sie auf dem kürzesten und bequemsten Weg genau das bekommen, was Sie gesucht haben. Sie haben einen Kauf getätigt, der Ihre Bedürfnisse befriedigt hat.

Zufriedenheit. Ein Käufer, der zufrieden ist, ist auf dem besten Wege, ein loyaler Kunde zu werden. Ein loyaler Kunde ist ein profitabler Kunde - eine Person, die ein Unternehmen gerne ein ganzes Kundenleben' an sich binden würde[22]. Eine Person, der durch maßgeschneiderte Cross- oder Up-Selling-Aktionen genau das angeboten wird, was sie zu diesem Zeitpunkt gerne erwerben würde. Share of Wallet' oder Customer Lifetime Value' sind dabei nur zwei Kennzahlen, durch die sich diese Loyalität für ein Unternehmen in Zahlen ausdrücken kann.

Bei der Realisierung moderner Leistungssysteme für die Kunden-Lieferanten-Beziehung kommt Informationstechniken eine Schlüsselrolle zu (vgl. Muther et al. 1999). Wie jedoch kann diese Beziehung optimiert werden? Woraus bezieht ein Unternehmen im e-Commerce die Informationen, die es benötigt, um seine

---

[22] Zur Messung von Kundenzufriedenheit vgl. Kehl, R.;Zipser, A. (2000)

Kundenbeziehungen zu optimieren? Welche Daten müssen vorhanden sein, welche Methoden angewandt, welche analytischen Schritte durchgeführt werden, damit aus Daten stichhaltige Informationen entstehen und verwertbares Wissen gewonnen wird?

Der folgende Artikel skizziert die Notwendigkeit des Zusammenspiels von Software, Technik und Fachabteilungen in einer integrierten e-CRM-Lösung (im Sinne eines CRM-Ökosystems', *vgl. META Group 2000*), in dem dispositives/analytisches CRM, zusammen mit operativen und collaborativen Systemen, eine tragende Rolle bei der Optimierung der Kundenbeziehung spielt.

2 Dimensionen des profitablen Webauftritts

2.1 Vom Besucher zum Wiederkäufer

E-Business ist ein riskantes Geschäft, vor allem (aber nicht nur), wenn auf das Internet als einzigem Absatzkanal gebaut wird. Die hohe Zahl an erfolglosen Internet-Unternehmungen wie beispielsweise im Online-Buchhandel spricht eine deutliche Sprache. Selbstverständlich können Content Management oder ein Modul zur Zahlungsabwicklung – um nur zwei von unzähligen operativen Hilfsmitteln zu nennen - einen erfolgreichen Internet-Auftritt ermöglichen. Aber erst die Generierung von Wissen über das Kundenverhalten kann ein zielgerichtetes Angebot gewährleisten und somit den allgemeinen Traffic' auf den Webseiten in profitables Kundenverhalten konvertieren. Das Potenzial des Absatzmarktes Internet verdeutlicht eine von McKinsey *(vgl. Frielitz et al. 2001)* durchgeführte Studie: Im Schnitt wird lediglich etwas mehr als ein Prozent der Besucher einer Website zu Wiederholungskäufern.

Erfolgreiches e-Business benötigt die Generierung von Wissen in drei unterschiedlichen Dimensionen *(vgl. Säuberlich 2000)*:

Die technische Umsetzung des Webauftritts (Systemdimension), das inhaltliche Angebot (Angebotsdimension) und schließlich das Verhalten der Besucher (Kundendimension). Drei unterschiedliche Dimensionen, denen gleichermaßen Rechnung getragen werden muss, soll e-Commerce erfolgreich sein.

2.2 Die Systemdimension

Die Akzeptanz der Internetseiten hängt in großem Maße von deren technischer Umsetzung ab. Die Konkurrenz ist im Internet zum Greifen nahe und wird mit Sicherheit präferiert, sobald Performance- oder Verfügbarkeitsprobleme auftreten. Automatisierte und zeitnahe Kontrolle durch Reporting-Tools muss hier gewährleisten, dass durch gezieltes Performance Management und Kapazitätsplanung eine hohe Webserver-Verfügbarkeit gewährleistet werden kann und lange Ladezeiten vermieden werden.

Das Erkennen von Programmierfehlern, die zu Fehlermeldungen führen (wie z.B. Fehler −404 *Page not found*) ist ein weiterer Aspekt, der eine gezielte Analyse des strukturellen Webauftritts erforderlich macht. Dieser Aspekt wird im folgenden Text jedoch nicht im Mittelpunkt stehen.

2.3 Die Angebotsdimension

Von mindestens ebenso großer Bedeutung wie die technische Umsetzung des Webauftritts ist dessen inhaltliche Architektur. Ein Besucher muss, wenn er zu einem loyalen e-Kunden werden soll, auf dem kürzesten Weg sein gewünschtes Produkt ansteuern und dieses auf möglichst einfache Art und Weise bezahlen können.

Um diesen idealen Pfad anbieten und umsetzen zu können, müssen die Navigationswege der Besucher erfasst und analysiert werden. Wo erfolgt der Erstzugriff, wie lange hält sich ein Besucher auf den Seiten auf und v.a.: An welcher Stelle verlässt er die Seiten wieder?

Die Analyse der durchlaufenen Pfade mit Hilfe von Clickstream-Analysen, Sequenzanalysen oder Assoziationsverfahren liefert verwertbare Erkenntnisse über die Qualität' eines Pfades, die jeweiligen Inhalte oder zu Verbundbeziehungen zwischen den einzelnen Seiten.

Eine Optimierung der Seitenarchitektur oder die Integration neuer Angebotspakete entlang der Navigationswege haben die angestrebte Kundenloyalität auf inhaltlicher Ebene des Webauftritts zum Ziel. Die Vereinfachung des Navigationsvorganges ist dabei ebenso wichtig wie die Schaffung von Anreizen entlang des Pfades: Sind diese in der Lage, Neugierde zu wecken oder Erstaunen hervorzurufen, kann ein Einkaufserlebnis geschaffen werden, das zu erneuten und regelmäßigen Käufen einlädt.

Schließlich sollte ein weiterer wirtschaftlicher Nutzen nicht unerwähnt bleiben: Die Information über eine Frequentierung unterschiedlicher Seiten einer Website kann schließlich auch als Indikator für den Erfolg bzw. den Preis von Bannerwerbung dienen.

2.4 Die Kundendimension

"The ability to customize visitors' experiences at your Web site in conjunction with personalization features will greatly improve your overall customer service, generate more loyalty and thus increase revenues" *(Imhoff 2001)*.

Sobald die Personifizierung eines Besuchers einer Website erfolgt ist (beispielsweise durch einen Kauf oder die Antwort auf ein Preisausschreiben), ermöglichen Data Mining-Verfahren, Prognosen über das zukünftige Verhalten bzw. die Wünsche des Kunden. Je mehr Informationen vorhanden sind, umso klarer können Kundensegmente voneinander getrennt und umso exakter können perspektivische Aussagen getätigt werden. Aus diesem Grund ist es unerlässlich, alle im Unternehmen vorhandenen Daten über den Kunden (z.B. aus Kontakten der Person über alternative Kanäle - oder aus zugekauften Datenbeständen) zu einem vollständigen, konsistenten Bild zusammenzufügen. Dies ist mit Hilfe von Data Warehouse-Technologie möglich[23].

Wie auch bei den klassischen Data Mining-Verfahren ist die Segmentierung der Datenbestände im e-Commerce in – wie auch immer definierte – Zielgruppen unerlässliche Grundlage zur Umsetzung von Geschäftsregeln. Kundenreaktivierung, Cross-/Up-Selling, Churn Prediction oder Fraud Detection – welche Maßnahmen auch Bestandteil der e-CRM-Strategie eines Unternehmens sind: Das richtige, personalisierte Angebot (mit dem der Profitabilität angemessenen Aufwand) kann dem Kunden im elektronischen Handel nur dann gemacht werden, wenn aufgrund der Analyse seines historischen Verhaltens (Navigationsverhalten, Kaufverhalten etc.) seine zukünftigen Aktionen vorhergesagt werden können - Immer mit dem Ziel vor Augen, die Loyalität des Kunden durch individuelle Ansprache zu erhöhen und diesen so langfristig an das Unternehmen zu binden.

2.5 Informationsfluss zwischen Fachabteilungen

Die Diskussion um den Erfolg bzw. vor allem den Misserfolg von CRM-Projekten (klassisch wie auch internetbasiert) mündet regelmäßig in der Aussage, dass das Scheitern auf ein fehlendes

---

[23] Zur Thematik Data Warehouse vgl. Bauer/Günzel 2001

Zusammenspiel der am CRM-Prozess beteiligten Abteilungen zurückzuführen ist *(vgl. z.B. Goldman 2001).*

Geschäftsrelevante Überlegungen im Management, statistische Analysen und Datenmanagement im Bereich Database Marketing, die Gestaltung der Website im Online-Team, Kampagnenplanung, Beschwerdemanagement etc. - die Organisation eines erfolgreichen CRM-Projektes setzt voraus, dass jede der am Prozess beteiligten Fachabteilungen zu allen relevanten Informationen Zugriff hat.

Zu diesem Zweck ist ein Reportingtool, basierend auf einem regelmäßig aktualisierten und konsistenten Datenbestand, unabdingbar, um alle relevanten Informationen dem richtigen Mitarbeiter zur richtigen Zeit am richtigen Ort und vor allem im richtigen Umfang zur Verfügung zu stellen.

Ein zuverlässiger und einfach zu handhabender Informationsfluss durch Reporting erhöht nicht nur die Akzeptanz des CRM-Projektes bei den Mitarbeitern, sondern ermöglicht auch das rechtzeitige Erkennen von Verzögerungen, Fehlinformationen oder sonstigen Hindernissen und schafft so das nötige Qualitätsniveau für Geschäftsentscheidungen, Analysen und Marketingaktionen.

3   Datengrundlage einer Analyse

3.1   Logfile-Informationen

Die meisten Bewegungen eines Besuchers innerhalb der Linkstruktur einer Webseite hinterlassen Spuren, die in einem Logfile abgespeichert werden[24] (vgl. Abbildung 5). Die dabei erfolgte dynamische Zuordnung einer IP-Nummer ermöglicht zwar weder die Personalisierung noch die Wiedererkennung des Nutzers, dennoch lassen sich mit den geeigneten Hilfsmitteln, wie beispielsweise der SAS Webhound® Software, bereits aus diesen rudimentären Daten wertvolle Aussagen ableiten, die dazu beitragen, den Webauftritt zu optimieren.

---

[24] Modifikationen - wie beispielsweise eine Pfadvervollständigung – werden dann notwendig, wenn eine direkte Eingabe der URL durch den Anwender erfolgt oder Bookmarks auf Teile des Seitenangebots gerichtet sind (Säuberlich 2001).

Beispielsweise registrieren Logfiles den verwendeten Browsertyp inkl. der Browserversion (z.B. MS Internet Explorer 5.0) der Site-Besucher. Diese Information wiederum kann in die Gestaltung und Modernisierung der Webpage einfließen: Bei einer vernachlässigbaren Anzahl von Besuchern, die veraltete Browserversionen verwenden, muss evtl. bei der Programmierung des Webauftritts auf Kompatibilität zu diesen Versionen nicht mehr Rücksicht genommen werden.

Unterschiedliche Logformate der Logfiles oder die Notwendigkeit, relevante Informationen zu filtern, stellen dabei hohe Anforderungen an die Software, ebenso wie die intelligente' Auswahl des relevanten Zeitfensters, aus dem die Analysedaten entnommen werden.

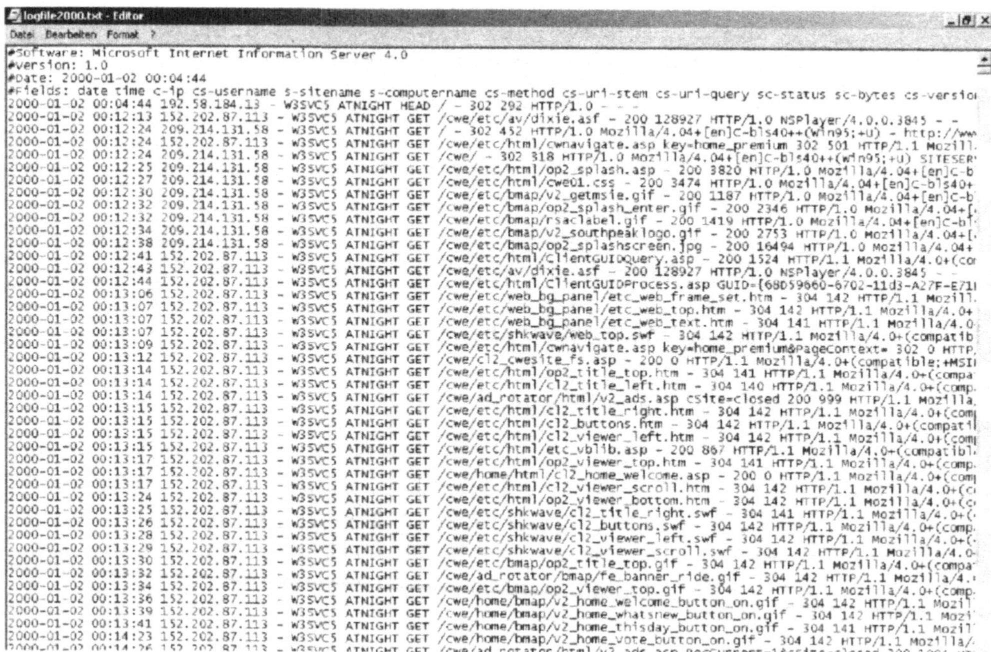

Abbildung 5 Auszug aus einem Logfile

3.2   Cookies

Die nächste Hierachiestufe' im Aussagegehalt einer Webdatei lässt sich erreichen, indem zusätzlich zu den operativen Browsing-Informationen des Logfiles Identifikatoren wie Cookies[25] eingesetzt werden. Cookies versetzen den Analytiker in die Lage, einen Besucher (bzw. nur dessen Rechner) der Website bei erneuten Besuchen wieder zu erkennen, indem dem Logfile eine zusätzliche Information, nämlich eine eindeutige Identifikationsvariable, angefügt wird. So lässt sich das Navigationsverhalten eines Besuchers über die Zeit hinweg nachvollziehen, auch wenn über die Person selbst immer noch keine Informationen zur Verfügung stehen. Jedoch ist zu beachten, dass der verwendete Rechner und nicht der tatsächliche Anwender identifiziert wird. Vor allem bei Web-Besuchen aus Firmen- oder Hochschulnetzen kann das Surfverhalten nicht mit einer einzigen Person in Verbindung gebracht werden – dieses muss berücksichtigt werden, um Fehlinterpretationen zu verhindern.

3.3 Personifizierte Datenbestände

Sowohl die direkte, personalisierte Ansprache des Kunden, als auch die Prognose seines Verhaltens lässt sich selbstverständlich erst dann durchführen, wenn die Navigationsspuren einer natürlichen Person zugeordnet werden und zur Prognose ihres zukünftigen Verhaltens externe Daten an den Datensatz dieses Web-Kunden angehängt werden können - Daten, die entweder durch operative CRM-Kanäle (Call Center, Sales Force Automation etc.) erhoben oder von Datenanbietern zugekauft wurden.

Dabei gilt: Je mehr Einzelinformationen in die Analyseverfahren zur Bestimmung des zukünftigen Verhaltens integriert werden können, desto größer ist die Wahrscheinlichkeit, trennscharf zwischen einzelnen Kundensegmenten unterscheiden zu können. Sämtliche über den e-Kunden im Unternehmen bekannten Informationen sollten dabei zu einem konsistenten Bild zusammengefügt werden können – unabhängig von Datenformat, Datenbankstandort oder Erhebungszeitpunkt. Die Verknüpfung von Logdaten mit anderen Datenbeständen setzt dabei natürlich eine Registrierung und eindeutige Kennzeichnung des e-Kunden voraus.

---

[25] Dateien auf der Festplatte eines Internet-Nutzers, die Informationen über dessen Surf-Verhalten enthalten.

4 Datenkonsolidierung im Data Warehouse

Trash in – Trash out. Ob personalisierte Ansprache eines Web-
kunden beim Internet-Buchhändler, Credit Scoring im Online-
Banking oder Churn Management[26] in der Telekommunikations-
branche: Die Qualität einer Datenanalyse zur Kundensegmentie-
rung steht und fällt mit der Qualität der zugrundeliegenden Datenbestände. Diese Aussage wird durch die Tatsache unterstri-
chen, dass siebzig bis achtzig Prozent des Aufwandes, der zur
erfolgreichen Durchführung eines CRM-Projektes notwendig ist
(sowohl traditionell als auch im e-Bereich), auf der Vor- und
Aufbereitung der verfügbaren Datenbestände liegen.

---

[26] Churn Management: Das rechtzeitige Erkennen von Kündigern im
Telekommunikationsbereich.

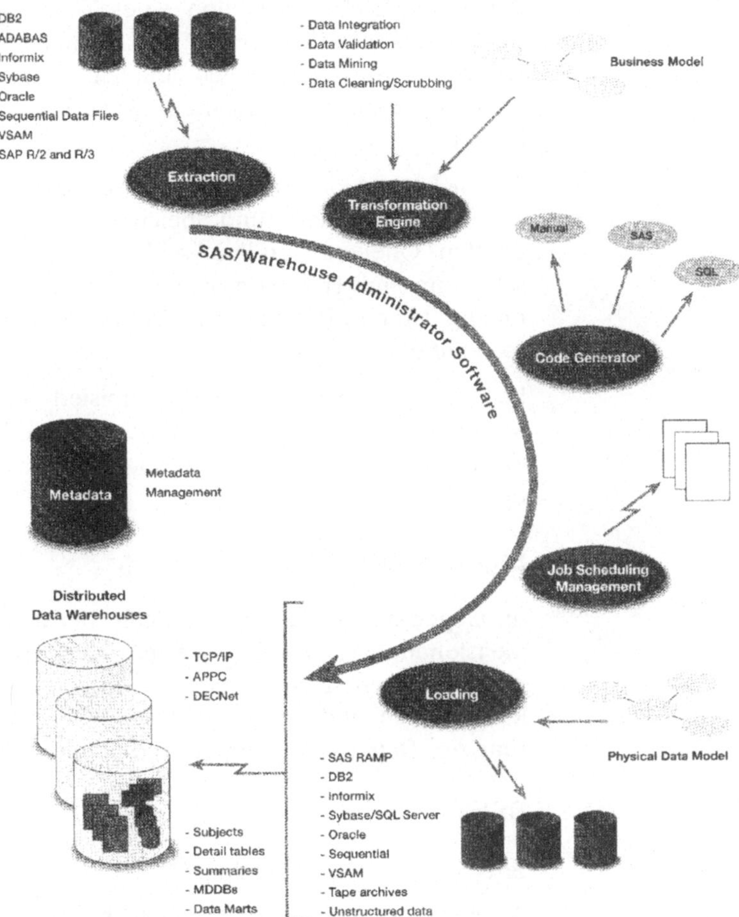

Abbildung 6 Systematik des DWH Prozesses

Unabhängig vom Betriebssystem oder der eingesetzten Hardware-Plattform sollte im Idealfall jede Information, die im Unternehmen über einen Kunden existiert, zu einem konsistenten Bild zusammengesetzt werden können. Datenzugriff, Datenmanagement und Beschreibung der Inhalte durch Metadaten: Data Warehouse-Technologie (beispielsweise von SAS) organisiert beliebig viele Datenquellen in relationalen, multidimensionalen oder hybriden Mustern zur Weiterverarbeitung durch Top-Down oder Bottom-Up Analysen (OLAP bzw. Data Mining).

Die Dynamik eines CRM-Prozesses erfordert die stetige Anreicherung von historischen Datenbeständen mit neu erhobenen Daten. Die Automatisierung dieses Vorgangs im Zusammenspiel mit der automatischen Selektion eines Teils dieses Datenpools zur Analyse (unerlässlich gerade im e-Commerce, wo täglich neue Daten im Gigabyte-Bereich anfallen können) ist eine weitere Aufgabe, die der Administrator eines Data Warehouses bearbeiten muss.

Die Sicherung der Datenqualität schließlich bedeutet nicht nur das korrekte Einlesen und Speichern von Daten aus unterschiedlichsten Quellen, sondern schließt auch die umfassende Beschreibung mit Hilfe von Metadaten und Schritte zur Datenbereinigung (Adress-Bereinigung, Definition von fehlenden Werten etc.) mit ein.

Erst eine konsistente, flexibel organisierte und in allen ihren Teilen umfassend beschriebene Datenbasis sollte als Grundlage für die folgenden Analyseverfahren oder Reporting-Automatismen herangezogen werden.

5 Segmentierung durch Profilbildung

Im Gegensatz zu OLAP[27]-Abfragen, bei denen in bekannten Dimensionen nach Ergebnissen navigiert wird, suchen Data Mining-Verfahren nach Zusammenhängen, die bis dato nicht bekannt waren und mit deren Hilfe eine trennscharfe Segmentierung des Datenbestandes vorgenommen werden kann.

BEISPIELE

Beispiel für eine OLAP-Abfrage:

Auf welcher Web-Seite verlassen werktags die meisten Besucher die Site des Anbieters?

Beispiel für Data Mining-Fragestellung:

Welche Merkmale kennzeichnen die (bekannten) Besucher, deren Bedürfnisse auf der Website offensichtlich nicht befriedigt wurden (denn sonst hätten Sie etwas bestellt)?

Erfolgreiches Data Mining setzt dabei eine Methodik voraus, mit der alle relevanten Arbeitsschritte in der effektivsten Reihenfolge durchgeführt werden können. Die Data Mining-Software SAS Enterprise Miner® bietet hier dem Anwender mit der sog. SEMMA-

---

[27] **On**line **A**nalytical **P**rocessing

Methodik[28] einen Prozess an, in dessen Verlauf der Dateninput geregelt, Modifizierungen vorgenommen, Einblicke in die Datenstrukturen gegeben, Modellierung durchgeführt und die Bewertung bzw. die Weiterverarbeitung der Analyseergebnisse ermöglicht werden können.

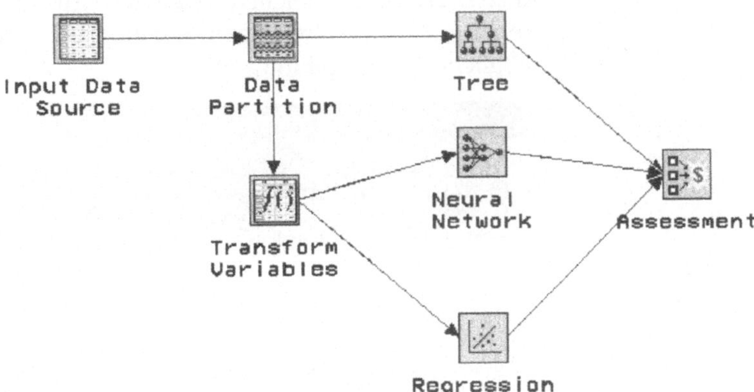

Abbildung 7 Prozessflussdiagramm zur Logfile-Analyse (SAS Enterprise Miner)

Herzstück des Data Mining-Prozesses sind dabei die zugrundeliegenden Verfahren aus der Statistik oder der Künstlichen Intelligenz (siehe Abbildung 5 bzw. Abbildung 8). Je nach Aufgabenstellung sind es ganz unterschiedliche Data Mining-Verfahren, die zur Anwendung kommen können *(vgl. Säuberlich 2001):*

Aufgabenstellung	**Data Mining-Verfahren**
Analyse von Nutzerpfaden (Clickstream Analyse)	• Assoziationsanalyse • Sequenzanalyse
Erkennen von Nutzertypen	• Clusteranalyse • Kohonen SOM[29]
Beschreiben/Vorhersage von Nutzertypen	• Entscheidungsbaumverfahren • (Logistische) Regression • Neuronale Netze

---

[28] SEMMA: **S**ample, **E**xplore, **M**odify, **M**odel, **A**ssess (vgl. Zipser 2001, S. 46f)

[29] SOM: **S**elf **O**rganizing **M**ap

Selektionsmechanismen, die früher willkürlich oder auf Basis von mehr oder weniger kompetentem Expertenwissen entstanden sind, führen nun mit Hilfe der Modellierungsverfahren zur trennscharfen Definition von Zielgruppen (wobei der Einsatz von Expertenwissen durchaus immer noch wertvolle Inhalte beitragen kann). Darüber hinaus geben Module zur Veranschaulichung der Analyseergebnisse leicht verständlich Auskunft darüber, welches Verfahren in der jeweiligen Situation die optimale Selektion ermöglicht (vgl. Abbildung 9).

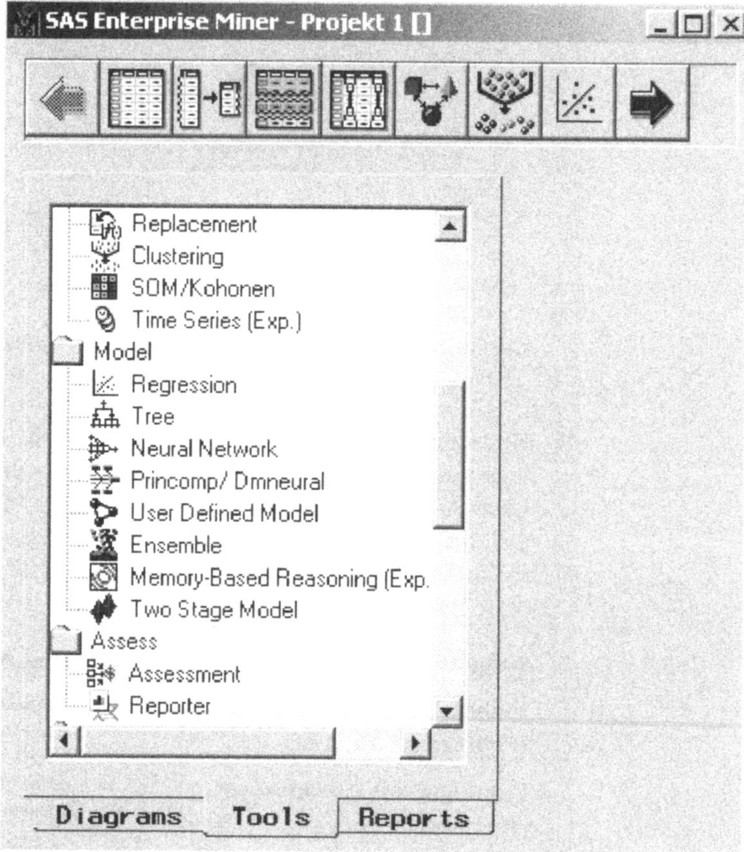

Abbildung 8 Statistik als Kernstück des Data Mining-Verfahrens

Die vom Unternehmen aufgestellten Geschäftsregeln lassen sich auf diese Art und Weise effektiv mit Leben erfüllen: Dem (identifizierbaren) Besucher des Online-Shops werden automatisiert die seinem Profil entsprechenden Angebote unterbreitet. Ein Navigationspfad, der bei Gelegenheits- oder Einmalkäufern zum Verlassen der Website führt, wird angepasst, Umwege oder Hindernisse in den Navigationspfaden werden ausgeräumt. Der nächste Login-Vorgang (zu dem ein Unternehmen den kritischen' Käufer vielleicht direkt durch Marketing-Maßnahmen anregen muss) erhöht so die Zufriedenheit - die Chance, einen loyalen Kunden gewonnen zu haben, steigt.

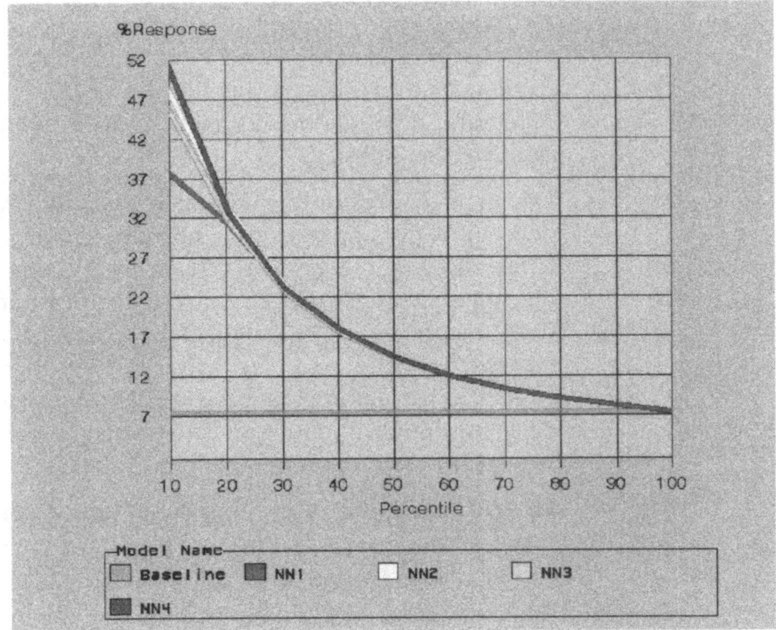

Abbildung 9 Modellgütevergleich neuronaler Netze zur Zielgruppenselektion

Die personalisierte Ansprache, das Ausschöpfen von Kundenpotenzialen, das rechtzeitige Erkennen von Kreditbetrügern oder die Reaktivierung von passiven Kunden im eigenen Kundenstamm: Wie auch immer eine Zielgruppe definiert wird und welche Maßnahmen dieser Gruppe zugedacht sind - je konsistenter und umfangreicher die Datenbasis, je größer die statistische Tiefe und je umfangreicher die Auswahlmöglichkeiten an Verfahren, umso höher ist die Wahrscheinlichkeit, dem Einzelnendie Wünsche von den Lippen' abzulesen und so aus dem Einmalkäufer einen loyalen Kunden zu machen.

Doch auch die beste CRM Software kann den Anwender im Unternehmen nicht ersetzen. Sowohl die Kompetenz (entweder durch geeignete Hochschulausbildung oder effektive Weiterbildungsmaßnahmen, angeboten im Idealfall vom Softwarehersteller) als auch die Akzeptanz der CRM-Maßnahmen beim Bearbeiter in der jeweiligen Fachabteilung müssen integraler Bestandteil einer von ständiger Modifikation und Anpassung geprägten Lösung sein.

6 Informationsverteilung durch Reporting

E-CRM benötigt dynamisches Reporting, mit dessen Hilfe jederzeit der momentane Stand von Marketingaktionen abgerufen werden kann, Abfragen auf Grundlage von historischen Daten durchführbar sind oder Budget- und Geschäftsvorgaben dargestellt werden können.

Der richtigen Person zur richtigen Zeit die richtigen Informationen zur Verfügung stellen: Hinter dieser Anforderung an ein intelligentes Reportingsystem stehen zwei Komponenten, nämlich die unternehmensweite Zugriffsmöglichkeit auf Reports (geografisch und bezogen auf unterschiedliche Kanäle wie PC, Handy, Handheld Devices etc.) auf der einen und der gefilterte Zugang zu einzelnen Informationen aus dem gesamten Datenpool für einzelne Benutzergruppen auf der anderen Seite (Portal Technologie).

Maßgeschneiderter, den Entscheidungskompetenzen der Mitarbeiter angepasster Zugang zu Informationen ermöglicht die effektive Abwicklung von Marketingkampagnen, dient als Entscheidungsgrundlage bei Zieldefinitionen und schafft Kontrollmechanismen zur rechtzeitigen Erkennung von Fehlentwicklungen.

7 Die Automatisierung: Schlüssel zum Erfolg?

Viele der hier angesprochenen Arbeitsschritte, die notwendig sind, um ein effektives (e-)CRM-Projekt durchzuführen, ließen sich auch manuell von ausgesuchten Fachkräften und mit enorm viel Programmieraufwand durchführen. Neben den nicht unerheblichen Kosten, die ein solches Szenario verursachen würde, ist es jedoch vor allem der Faktor Zeit', der den Einsatz anwenderfreundlicher Software für dispositives CRM unerlässlich macht. Nicht nur die Programmierarbeit (und damit auch die Fehleranfälligkeit) wird minimiert, es wird auch eine Multiplizierbarkeit der Arbeitsschritte ermöglicht. Die Automatisierung von Reporting, Datenanalyse oder Datenmanagement schafft die Voraussetzung – im Sinne eines Kapazitätsmodells – für die Konzentration der Mitarbeiter auf konzeptionelle und kreative Arbeitsschritte.

Stetiger und umfassender Informationsfluss führt Fachabteilungen zueinander, erhöht die Transparenz des Projektflusses, ermöglicht eine Erfolgskontrolle und steigert so Qualität und Akzeptanz des Projektes.

Die Folge: Die Personalisierung der Ansprache und Anpassung des Angebots an die Wünsche des Kunden (Customization) führt zu besserem Kundenservice – ein Service, der notwendig ist, um den Kunden an das Unternehmen zu binden. Ein loyaler Kunde ist ein profitabler Kunde und trägt somit maßgeblich zum zukünftigen Erfolg des Unternehmens auf dem Markt bei.

8   Literatur

Bauer, A; Günzel, H. (Hg.) (2001): Data Warehouse Systeme. Architektur, Entwicklung, Anwendung, Heidelberg

Frielitz, C.; Hippner, H.; Martin, S. et al. (2001): eCRM – Kundenbindung im Internet, in: eCRM 2001. Innovative Kundenbindung im Internet. Studie der Absatzwirtschaft

Goldman, L.F. (2001): Customer Relationship Management: Misadventures in Database Marketing, in: DM Direct, März 2001

Hippner, H.; Meyer, M.; Wilde, K.D. (Hg.) (1999): Computer Based Marketing, Braunschweig, Wiesbaden

Imhoff, C. (2001): Intelligent Solutions: My Way or the Highway: Customer-Driven Personalization, in: DMReview, Oktober 2001

Kehl, R.; Zipser, A. (2000): Kundenzufriedenheit als wichtiger Erfolgsmaßstab für CRM-Prozesse, in: IM (1/2000)

Muther, A.; Österle, H.; Tomczak, T. (1999): Electronic Customer Care. In: Hippner et al. (Hg.), Computer Based Marketing. Braunschweig, Wiesbaden

Säuberlich, F. (2000): Web Mining: Effektives Marketing im Internet, in: Wiedmann, K.-P.; Buckler, F. (Hg.): Neuronale Netze im Marketing-Management, Wiesbaden

Säuberlich, F. (2001): Web Mining – effektive Analyse des Nutzer-Verhaltens im Internet, in: Schumacher, E, Streichfuss, K. (Hg.): Proceedings der 5. Konferenz der SAS-Anwender in Forschung und Entwicklung (KSFE), Hohenheim

Schumacher, E, Streichfuss, K. (Hg.), Proceedings der 5. Konferenz der SAS-Anwender in Forschung und Entwicklung (KSFE), Hohenheim

Shahnam, E.(2000): The Customer Relationship Management Ecosystem, Meta Group (Web Edition Delta)

Wiedmann, K.-P.; Buckler, F. (Hg.) (2001): Neuronale Netze im Marketing-Management, Wiesbaden

Zipser, A. (2001): Business Intelligence im CRM, in: Link, J. (Hg.): Customer Relationship Management, Berlin, Heidelberg

Hans-Cristian Eppich, Thomas Gerick, Wolfgang Krah und Simon Spelthahn

Wettbewerbsvorteile durch Knowledge Management am Beispiel der FIDUCIA AG

Abstract

Information Access Management ist mit den Bereichen Klassifizierung, Recherche und Navigation einer der Kernanforderungen für erfolgreich praktiziertes Knowledge Management. Im folgenden werden Bausteine, Methoden und mit dem USU KnowledgeMiner ein Werkzeug beschrieben, die eine anwenderorientierte, proaktive Versorgung mit relevanten Informationen in heterogenen IT-Landschaften sicherstellen können. Wie damit Wissen und Geschäftsprozesse in der täglichen Praxis effektiv miteinander verknüpft werden können, zeigt ein aktuelles Projekt bei der FIDUCIA AG.

1 Ausgangslage

1.1 Entwicklung der Informationsmenge

Nach einer Studie der University of California in Berkeley beträgt die aktuelle Datenmenge der weltweit verfügbaren Informationen mittlerweile 12 Exabyte. Ein Exabyte entspricht 1 Milliarde Gigabyte oder 10 ₁Byte. Dabei liegen nur noch 0,003 Prozent der Inhalte in gedruckter Form vor. Nach der amerikanischen Unternehmensberatung IDC ist bis zum Jahr 2006 mit einem Anstieg der zu verarbeitenden Informationsmengen in den weltweiten Intranets auf über 1100 Terabytes pro Tag zu rechnen.

Verschärft wird die Situation noch dadurch, dass ca. 80 % der strategisch relevanten Informationen in Form von Berichten, Gutachten, Produktbeschreibungen, Patenten usw. vorliegen, also kaum oder eher schwach strukturiert und stark kontextabhängig.[30] Mitarbeiter in Unternehmen werden mit diesen ungeheuer großen Datenbeständen konfrontiert. Allein die Deutsche Telekom AG verfügte im September 2001 über ca. 4 Millonen Intranetseiten, ein Datenvolumen von 100 Terabyte und mehr als 1000 logischen Web-Servern[31].

1.2 Auswirkungen auf Mitarbeiter und Unternehmen

Die Verwaltung dieser Informationsflut und natürlich auch der Zugang zu den täglich benötigten Informationen beansprucht die Ressourcen eines jeden Mitarbeiters. Mittlerweile verwenden viele Mitarbeiter bis zu der Hälfte ihrer Arbeitszeit für die Beschaffung von Informationen. BMW schätzt sogar, dass Entwicklungsingenieure bis zu 50-70% ihrer Arbeitszeit mit Beschaffung und Verwertung von Informationen verbringen. Kein Wunder, sind bei weitem die meisten Mitarbeiter in führenden Unternehmen mit dem Vorgang der Informationsbeschaffung unzufrieden.

In zwei Studien von Reuters („Dying for Information" und „Glued to the screen") wurden 2.300 Entscheidungsträger befragt. 67 % der Manager sind der Meinung, dass vorhandene Informationen zu wenig genutzt werden. 38 % verbringen einen erheblichen Zeitaufwand mit dem Auffinden von relevanten Informationen. Weitere 47 % sind der Meinung, dass sie durch die Informationsbeschaffung von ihren eigentlichen Aufgaben und Verantwortlichkeiten abgelenkt werden. Dadurch verzögern sich laut 43 % der Manager wichtige Entscheidungen.

Die Fähigkeit zur Entscheidungsfindung wird aufgrund des Informationsüberflusses in Mitleidenschaft gezogen. Sind zu viele Informationen vorhanden, werden diese von mehr als der Hälfte aller Manager ignoriert, 61 % leiten diese zur Bearbeitung an andere weiter, 84 % legen diese für zukünftige Aufgaben ab und tragen so ihren Teil zur Entstehung von Informationsbeständen bei, deren Verwaltung und Pflege nahezu unmöglich ist.[32]

---

[30] Quelle: Zahlen auf Basis einer Studie der Berkeley´s School of Information Management and Systems, veröffentlicht im Oktober 2000. Die Ergebnisse sind abrufbar unter www.sims.berkeley.edu/how-much-info; vgl. auch IDC 1998.

[31] Quelle: Deutsche Telekom, J. Wennmacher, IFM CIS 2001

[32] Quelle: Gartner Group, Electronic Workplace 99 Day 2, February 15-16, Rome, p. 11.

2   Warum Wissensmanagement ?

Wissensmanagement ist zu einem entscheidenden Innovations- und Wettbewerbsfaktor geworden, wenn es darum geht, den Herausforderungen der Zukunft gewachsen zu sein. Stichpunktartig genannt seien hier immer kürzer werdende Produktionszyklen, Rationalisierungsbestrebungen und zunehmende Konkurrenz aufgrund von Globalisierung. Wettbewerbsvorteile erwachsen aus Wissensvorsprung gegenüber Konkurrenten oder schnelleren Innovationszyklen durch bessere Zugänglichkeit und Verfügbarkeit von internem und externem Wissen.

Wissensmanagement wirft aber auch Fragen auf:

- Was ist eigentlich Wissen? Wie entsteht es?

- In welche Bausteine lässt sich Wissensmanagement gliedern?

- Wie kann man Wissen nutzbar gemacht werden? Oder wie lässt sich Wissen managen?

Diese Fragen wollen wir im weiteren näher beleuchten.

2.1   Was ist Wissen?

Wissen ist ein Entstehungsprozess, der sich über Jahre aus dem Sammeln von Erfahrungen entwickelt, und sich permanent aufgrund neuer Informationen weiterentwickelt. Der Mensch speichert Wissen in Form von miteinander verknüpften Informationen in seinem Gehirn. Er kann in Bruchteilen von Sekunden auf bereits miteinander verknüpfte Informationen zugreifen, neue Informationen mit einbeziehen und das daraus entstandene individuelle Wissen weitergeben.

Dieses personengebundene Wissen wird als „implizites Wissen" bezeichnet. Es beruht auf persönlichen Erfahrungen und Eindrücken und ist anderen nicht zugänglich.

Demgegenüber steht das „explizite Wissen", dass strukturierbar und formalisierbar ist. Es lässt sich dokumentieren und ist anderen Interessierten frei zugänglich. Wissensmanagement beschäftigt sich vor allem mit dem expliziten Wissen (nach Nonaka).

2.1.1   Definition

Probst, Raub und Romhardt definieren Wissen als die Gesamtheit der Erfahrungen, Kenntnisse und Fähigkeiten, die Personen zum

Lösen von Problemen einsetzen.[33] Sie gehen damit noch einen Schritt weiter, indem sie das Wissen in einen Handlungsbezug einbinden. Explizites Wissen im Sinne Nonakas würde erst dann zu Wissen im Sinne dieser Definition, wenn es tatsächlich zur Lösung einer Aufgabe eingesetzt wird.

2.1.2   Wie entsteht Wissen?

Wie Wissen entsteht, lässt sich anhand einer Wissenspyramide aufzeigen[34]

Abbildung 10 Wissenspyramide

Das Datum (= Sachverhaltsbeschreibung) ergibt im Vergleich eine erste Zweckorientierung: die Information. Informationen sind also übersetzte, zweckbezogene Daten. Wissen ergibt sich aus begründeten, miteinander in Beziehung gesetzten Informationen.

Dazu ein Beispiel:

Zeichen	l g e i c h e r g n e t s e
Daten	Obige Zeichen ergeben mit der richtigen Syntax (hier die Reihenfolge der Buchstaben) eine Aussage: „Gleich regnet es."
Information	„Gleich regnet es" wiederum bedeutet: „Regentropfen fallen vom Himmel."

---

[33] Quelle: „Wissen managen" Probst, Raub und Romhardt 1999, erschienen bei Gabler.

[34] Aamodt, Nygård/ Data, Information and Knowledge/ 1995

Wissen

Die Information „Regentropfen fallen vom Himmel" ist verknüpft mit Erfahrungen und Erwartungen wie: Man kann nass werden; es kann in die Wohnung regnen.

Aktion

Daraus leiten sich Handlungen ab: Ich nehme einen Regenschirm mit, ich schließe das Fenster, etc.

Wissen ist das, was uns zum Handeln befähigt. Darin steckt auch die Kernidee des Wissensmanagements.

2.2 Bausteine des Wissensmanagement

Die „Bausteine des Wissensmanagement" von Probst, Raub und Romhardt (1998) zählen zu den bekanntesten Ansätzen. Sechs problembezogene Kernprozesse

- Wissensidentifikation

- Wissenserwerb

- Wissensentwicklung

- Wissens(ver)teilung

- Wissensnutzung

- Wissensbewahrung

werden ergänzt um zwei übergeordnete Bausteine, bestehend aus

- Wissensziele und

- Wissensbewertung.

Daraus lässt sich ein vernetzter Regelkreis bilden, der sich zur Strukturierung und Analyse von Wissensmanagementprozessen eignet.

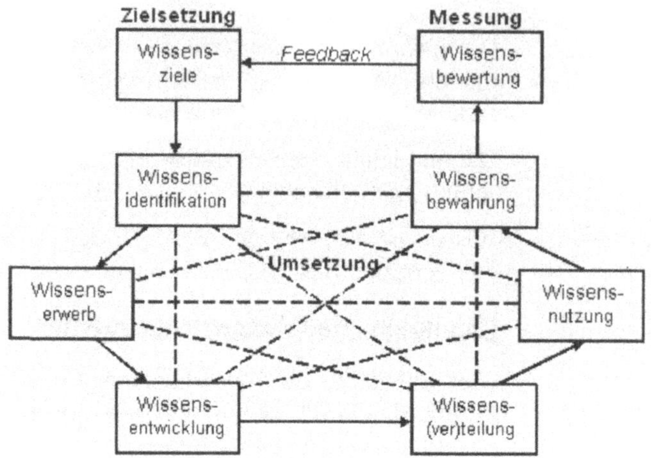

Abbildung 11: Regelkreis des Wissensmanagement (Probst et al.)

Auf allen sechs Kernebenen wird heutzutage auf die Unterstützung durch Computerhard- und -software zurückgegriffen. Am stärksten gilt dies für die Bausteine Wissensentwicklung, die Wissens(ver)teilung, Wissensnutzung und die Wissensbewahrung. Als Beispiele seien nur Datenbanken und -speicher oder spezielle Software zur Kundenverwaltung, zur Suche und Recherche etc. genannt.

Die Schaffung einer geeigneten IT-Infrastruktur ist also von zentraler Bedeutung für den Erfolg von erfolgreichen Wissensmanagement-Lösungen. Allerdings kann die Technologie grundsätzlich nur einzelne Aspekte eines ganzheitlichen Wissensmanagement Ansatzes unterstützen. Daneben müssen immer auch die Interessen der Mitarbeiter (Unternehmenskultur) und der organisatorischen Gestaltung (Prozesse) berücksichtigt werden.

Wie lässt sich Wissen nutzbar machen?

Ein effizienter und schneller Betriebsablauf ist für den wirtschaftlichen Erfolg eines Unternehmens unabdingbar. Das erfordert schnelle und sichere Entscheidungen, die aufgrund von qualitativ hochwertigen Informationen getroffen werden.

Die Zeitspanne, in der sich das Informationsvolumen verdoppelt, wird allerdings immer kürzer. Die Vielzahl an Informationen macht das Finden der richtigen Antworten immer schwieriger.

Die benötigte Zeitspanne, um Aufgaben zu bewältigen und Entscheidungen fundiert vorzubereiten, wird immer länger.

Definition
Information Ac-
cess

Unter dem Schlagwort „Information Access" versteht man das Erschließen und Verwerten relevanter Inhalte aus heterogenen Informationsbeständen in Konzernen und Großunternehmen. Information Access im Wissensmanagement bedeutet dabei, den Kunden bei der Wissensbeschaffung im Intranet, Extranet und Internet zu unterstützen.

2.3 Anwender Szenarien

Untersuchungen zum Verhalten von Anwendern bei der Wissensbeschaffung zeigen, dass es sowohl unterschiedliche Such-Typen gibt, als auch die unterschiedlichsten Suchsituationen und Vorgehensweisen bei der Informationsbeschaffung. Fast die Hälfte aller Anwender benutzt tendenziell eher die Volltextsuchmöglichkeit. Ein großer Anwenderkreis bevorzugt aber trotz Vorhandensein einer Volltextsuche die Navigation durch Hierarchien, in webbasierten Systemen meist als Hyperlinks dargestellt. Diese User sind laut Nielsen "link-dominant". [35]

Eine Softwarelösung zur Unterstützung der Anwender muss also die verschiedenen Anwendertypen, die unterschiedlichen Stationen der Wissensbeschaffung sowie die Informationsversorgungssituation in einem modernen Unternehmen berücksichtigen.

2.4 Vereinheitlichung der Zugriffssysteme

Zunächst werden die vorhandenen Zugriffssysteme vereinheitlicht. Alle Funktionalitäten werden über leicht bedienbare Browser wie z.B. Microsoft Internet Explorer oder Netscape Communicator bereitgestellt.

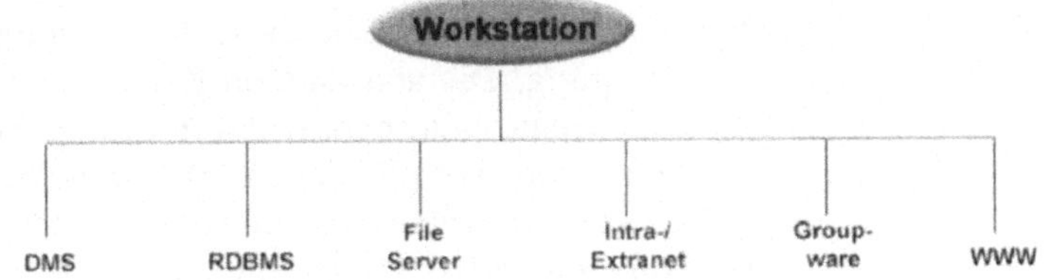

Abbildung 12 Vereinheitlichung des Informationszugangs

---

[35] vgl. Jacob Nielsen, www.useit.com

Bereits mit diesem einfachen Mittel erhält man sofort eine Verbesserung der Situation. Das mehrfache Abfragen mit unterschiedlichen Interfaces entfällt. Und es ist gewährleistet, dass wirklich in allen vorhandenen (und angeschlossenen) Datenquellen recherchiert wird. Der Anwender muss nicht mehr wissen, wo ein Dokument abgelegt wurde. Unabhängig von der Ablagestruktur werden die benötigten Informationen gefunden und geliefert. Moderne "web-orientierte" Software stellt über marktgängige Internet Browser ein leicht zu bedienendes, einheitliches Zugriffssystem für alle darunter liegenden Repositories zur Verfügung. Somit ist keine Softwareverteilung auf den Arbeitsplätzen notwendig.

2.5 Abbilden des Kern Know-how

Zur Abbildung des Kern Know-how eines Unternehmens werden vorhandene Textbestände analysiert und relevante Themen und Beziehungen extrahiert. Die vorhandenen Repositories müssen dazu weder verändert noch müssen die Dokumente bearbeitet oder verschlagwortet werden. Dies bedeutet einen enormen Effizienzgewinn. Die aus der Analyse resultierende Strukturierung der Themen erlaubt dem Anwender einen effizienten Wissenszugang.

Um dem Anwender bei seinen Anfragen auch gezielt die benötigten Dokumente liefern zu können, werden semantische Strukturen verwendet. So genannte Themennetze auf Basis des ISO/IEC Standards 13250, können neben dem Kern Know-how des Unternehmens auch die spezielle Begriffswelt der Anwender abbilden. Da die Beziehungen zwischen den Begriffen nicht hierarchisch aufgebaut werden müssen, sondern Netzwerk-Charakter haben können, lässt sich hierdurch wesentlich bequemer und intuitiver navigieren, als in den üblichen "Explorer Trees".

Aber wie und wo stehen diese Informationen den Anwendern zur Verfügung? Die analysierten Kernthemen und ihre Beziehungen stellen eine unternehmensweit gültige Strukturierung der Inhalte aus den verschiedenen Datenquellen dar. Wenn diese Struktur die Navigation zu- und den Informationszugriff auf alle Datenquellen unterstützen soll, muss sie auf einer Meta-Ebene liegen.

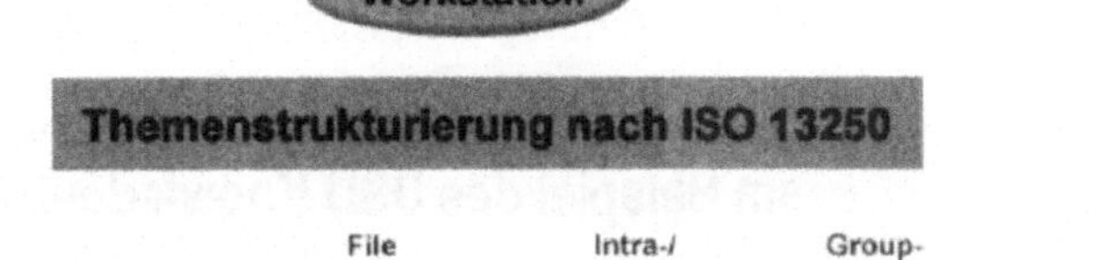

Abbildung 13 Themenstrukturierung auf Meta-Ebene

2.6 Wissensrepräsentation nach ISO/IEC 13250

Die ISO/IEC 13250 beschreibt die Abbildung von Wissensstrukturen, sogenannten "Topic Maps". Topic Maps sind Strukturen, mit deren Hilfe der effiziente Zugang zu großen unstrukturierten Informationsmengen ermöglicht wird. Natürlich können auch bereits vorhandene Strukturen übernommen werden. Als neue Strukturierungsform ermöglicht die Topic Map im Gegensatz zur hierarchischen Hinterlegung von Kategorien auch die Anzeige von Querbeziehungen.

Die Strukturen sind auf einer Metaebene vom eigentlichen Datenbestand losgelöst. Die Trennung von Struktur und Dokumenten ermöglicht dabei die Pflege und Nutzung der Struktur unabhängig von den Dokumenten.

Jede dieser Strukturen besteht aus „Topics" (Themen, Knoten) und „Topic Occurences" (statische Dokumentenzuordnung zu einem Knoten). Verweise (Assoziationen, Kanten) verknüpfen diese Topics und machen deren Beziehung zueinander deutlich. Daraus wird der Kontext zwischen zwei miteinander verknüpften Topics ersichtlich. Das Austauschformat für Topic Maps und deren Konzepte bildet SGML bzw., daraus abgeleitet, XML. Mit anderen Worten ist eine Topic Map ein SGML bzw. XML Dokument.

Da als Datenformat XML gewählt wurde, können die Strukturen unterschiedlich repräsentiert werden. Zum Beispiel als Themenkatalog, oder als alphabetische Themenliste, oder sogar als Knowledge Map, welche ein hohes Maß an Informationsverdichtung liefert und Zusammenhänge sichtbar werden lässt. Einarbeitungen in neue Themengebiete werden drastisch erleichtert. Zusammen mit dynamischen Synonymlisten entsteht jetzt eine Lösung, welche den Anwendern einen einheitlichen Informationszugang verschafft und sie außerdem sowohl bei der Suche als auch bei der Navigation zu den benötigten Informationen unterstützt.

3 Softwareunterstützung der Wissensmanagement Bausteine am Beispiel des USU KnowledgeMiner

Wie kann Standard Software wie der USU KnowledgeMiner die Bausteine des Wissensmanagement unterstützen ?

3.1 Wissensentwicklung

Die Aufgabe des Bausteins Wissensentwicklung ist die Entwicklung neuer Fähigkeiten, neuer Produkte, besserer Ideen und leistungsfähigerer Prozesse.

Der USU KnowledgeMiner unterstützt dies v.a. durch die grafische Darstellung von Informationen im KnowledgeVisualizer und die übersichtliche Anordnung im KnowledgeTree. Das Erstellen von Themennetzen erfolgt mittels eines speziellen Werkzeugs, dem Topic Map Builder, oder in Workshops mit erfahrenen Beratern.

Durch die dynamische Aktualisierung der Wissensrepräsentation wird das Expertenwissen einzelner für alle Anwender nutzbar im System abgelegt.

Darüber hinaus unterstützt der Aufbau eigener Themennetze auch die Bildung und Wissensverteilung in Communities of Practice. In eine entsprechende Extranet- oder Portallösung eingebaut, ermöglicht der USU KnowledgeMiner auch die Bildung und Ablage unternehmensübergreifender Expertennetze.

Damit können Kommunikationsprozesse entlang einer Wertschöpfungskette deutlich verschlankt werden. (-> 3.3. Wissensnutzung).

3.2 Wissens(ver)teilung

Im wesentlichen geht es bei der Wissens(ver)teilung darum, dass das Wissen zum richtigen Zeitpunkt im benötigten Umfang bei der oder den richtigen Person vorliegt. Es geht nicht darum, möglichst allen alles zugänglich zu machen; das ist oft sogar kontraproduktiv i.S. einer Informationsüberlastung („information overload"). Vielmehr geht es darum, den Bedarf der einzelnen Anwender zu kennen und relevantes Wissen gezielt zu verbreiten.

Der USU KnowledgeMiner unterstützt dies einerseits durch ein
individuell anpassbares Rollenkonzept, andererseits durch Module wie den Messenger, einen individuellen Benachrichtigungs-
dienst.

3.3 Wissensnutzung

Die Wissensnutzung umfasst die Strukturierung und Aufbereitung
von Wissen. Ziel ist es, die Anwendung durch den Mitarbeiter zu
erleichtern, zum Beispiel durch Navigations- und Suchfunktiona-
litäten oder durch benutzerspezifische Darstellungsmöglichkeiten
von Wissensstrukturen. Darin liegt ein wesentlicher Nutzen des
USU KnowledgeMiner: Informationen werden zur Verfügung gestellt, wie der Anwender es will: klar strukturiert und informativ
im KnowledgeTree, grafisch im KnowledgeVisualiser oder als
immer aktuelle Ergebnisliste im KnowledgeLocator.

Mit dem Modul Optimizer lassen sich die Interaktionen der Anwender mit dem System protokollieren und auswerten. Man
nutzt hier die recherchebedingte Motivation der Anwender um
die Informationsversorgung dynamisch zu verbessern. Welche
Anfragen finden welche Dokumente ?, Wie wird gesucht ?, Was
wird gefunden ?, Welche Anfragen finden keine Dokumente ?

Dauerhaft wird solchermaßen das Wissensangebot an die Bedürfnisse der Wissensnachfrage angepasst. Lücken im Wissensangebot oder in der Strukturierung werden sofort sichtbar. Investitionen in die Informationsversorgung werden mess- und steu-
erbar (-> 3.1 Wissensentwicklung).

3.4 Wissensbewahrung

Über die Interaktion des Anwenders mit dem KnowledgeMiner
wird implizites in explizites Wissen überführt. Ausgangspunkt ist
die Feststellung, dass eine Suchanfrage, die ein Anwender formuliert, bereits einen semantischen Zusammenhang darstellt. Bisher
waren diese Zusammenhänge lediglich in seinem Kopf, also in
impliziter Form vorhanden. Das Zusatzmodul Optimizer sorgt dafür, dass dieses neu gewonnene explizite Wissen nicht verloren
geht.

Über semantische Beziehungen werden diese Zusammenhänge
in Themennetzen modelliert, so dass sie nicht nur einer einzelnen Person, sondern einem größeren Personenkreis zur Verfügung stehen. Die Aspekte der Speicherung und Archivierung von
Wissen, deckt der USU KnowledgeMiner durch Kooperationen

mit kompetenten Partnern ab, die sich auf DMS (=Dokumenten-Management-System), CMS (=Content-Management-System) und Archivierungssoftware spezialisiert haben.

3.5 Wissensbewertung

Dazu gehört die Beurteilung des Wissensangebotes durch die Anwender.

Mit dem Zusatzmodul Commentator bietet der USU Knowledge-Miner den Anwendern die Möglichkeit, gezielt Feedback zu den angebotenen Informationen abzugeben. Das Wissensangebot wird solchermaßen aktuell und fachlich korrekt gehalten. Durch die Interaktionsmöglichkeit der Anwender erhöht sich gleichzeitig auch die Nutzung des Systems

Die Strukturierung auf Meta-Ebene bildet also die Grundlage einer umfangreichen Information Access Lösung und kann durch Visualisierungs, Navigations, und Knowledge Retrieval-Komponenten Wissensmanagement effizient unterstützen.

4 Fazit

Der USU KnowledgeMiner bietet, basierend auf den Ansätzen des Wissensmanagement und Untersuchungen zu Aspekten der Wissensbeschaffung, die Möglichkeit, den Wirkungsgrad von Informationen und Wissen zu optimieren. Er ist ein damit ein effektives und effizientes Werkzeug für die Bewältigung wissensintensiver Aufgabenstellungen.

5 Wissensmanagement bei der FIDUCIA AG

Als größte Rechenzentrale Deutschlands bietet die FIDUCIA AG mit derzeit rund 2400 Mitarbeitern Banken und Unternehmen einen Full-Service im IT-Umfeld. In diesem wettbewerbsintensiven und sehr dynamischen Markt führt das erfolgreiche Management der Ressource „IT-Wissen" und „Fachwissen" zu entscheidenden Vorteilen.

5.1 Ausgangslage und Zielsetzung

Bei der FIDUCIA als IT-Dienstleister hat das Thema Wissensmanagement seit einigen Jahren strategische Bedeutung erlangt. Der Innovationsdruck in der Branche ist erheblich. Der möglichst effiziente Umgang mit dem gerade im IT-Umfeld äußerst kurzlebigen Produktivitätsfaktor Wissen bildet die Grundlage für die notwendige Differenzierung im Markt. Die kontinuierliche Aktualisierung, Erweiterung, der Austausch und die individuelle Versorgung der Mitarbeiter mit dem benötigten Wissen stellen die Kernanforderungen dar. Neben der rasanten Entwicklung wird die FIDUCIA mit der Situation steten Wachstums durch Fusionen und Beteiligungen konfrontiert. Wissensmanagement wird so zu einer komplexen Herausforderung für die ganze Unternehmung. Die Aufgabe war, die Stärken der verschiedenen Standorte und das entsprechende Wissensnetzwerk der Mitarbeiter optimal zu kombinieren, um den Kunden schnelle und umfassende IT-Lösungen anbieten zu können.

5.2   Projektarbeit und Umsetzung

Im Frühjahr 2000 startete man ein internes ganzheitliches Projekt „Wissensmanagement". Das in Workshops zusammen mit Experten der USU AG erarbeitete Konzept sah die Umsetzung verschiedener Module des Wissensmanagements vor, die integraler Bestandteil eines Gesamtkonzeptes waren. Besonderes Augenmerk wurde dabei neben der technischen Infrastruktur auf die Motivation der Mitarbeiter gelegt. Ziel war es, den Anwendern eine effektivere Nutzung der Ressource Wissen in ihrem täglichen Arbeitsumfeld zu ermöglichen.

Der Bereich Anwendungsentwicklung (AEW) wurde als Pilotbereich ausgewählt. Anhand einer Mitarbeiterbefragung wurde hier zunächst die Informationsversorgung analysiert und Verbesserungspotenziale identifiziert.

Konzernweit gibt es – durch die verschiedenen Standorte noch verstärkt – viele dezentrale Datenpools und sehr heterogene Datenquellen. Bedingt durch die Kundenstruktur existiert eine Vielfalt von Anwendungen (z.B. Microsoft, Lotus, OS/2) im C/S- wie im Großrechner-Umfeld.

Gerade die Dokumentation von Software-Entwicklungs Projekten war stark fragmentiert. So wurden Informationen in Lotus-Notes-Datenbanken, auf verschiedenen Laufwerken oder auf dem Host abgelegt. Ein Grundproblem dieses wissensintensiven Bereiches war die zeitnahe Beschaffung von relevanten Informationen über verschiedene Standorte und Systeme hinweg. Die Befragung der Mitarbeiter zum Thema Informationsversorgung ergab ein unterschiedliches, in der Summe jedoch nicht befriedigendes Bild. Langjährige Mitarbeiter hatten dabei mit der Informationssuche deutlich weniger Probleme als neue Kollegen, die vielfach nicht wussten, wo bestimmte Inhalte zu finden sind und abgelegt werden. Ferner ergab sich die Notwendigkeit, Wissensträger besser zu identifizieren, da Ansprechpartner für fachliche Fragestellungen oft gesucht wurden. Insgesamt wurde festgestellt, dass die bislang verwendeten Strukturen nicht mehr geeignet waren, das stete Wachstum der Inhalte effektiv abzubilden. In dieser Situation entschied man sich von Seiten der FIDUCIA, eine Lösung zur intelligenten Wissensrecherche, den USU KnowledgeMiner, einzusetzen.

Voraussetzung für eine effiziente Nutzung dieses Werkzeugs war die Entwicklung von Themennetzen, sog. Topic Maps, die das spezifische Kern Know-how der Unternehmung strukturiert darstellen können. Diese Themennetze wurden ab September 2000 im Rahmen des Projektes erarbeitet.

Die Ergebnisse der Analyse zeigten auf zu welchen Themenfeldern eine Wissensnachfrage von Seiten der Mitarbeiter besteht. Zu diesen interessanten Themengebieten wurden in Zusammenarbeit mit den Fachleuten der FIDUCIA verschiedene wichtige Themennetze unterschiedlicher Detaildichte entwickelt.

Die großen Datenbestände aus der zentralen Host-Dokumentation werden regelmäßig in HTML konvertiert und auf einem File-Server hinterlegt. Für die Analyse dieser umfangreichen unstrukturierten Textdaten wurde der Topic Map Builder eingesetzt. Das innovative Werkzeug analysiert automatisch große Dokumentenbestände und filtert sie nach relevanten Zusammenhängen. Die Analyse der Informationsbestände erfolgt mittels eines statistischen Extraktionsverfahrens über Kollokationen, wobei die Ergebnisse mit einer umfangreichen linguistischen Datenbank abgeglichen und semantisch qualifiziert werden.

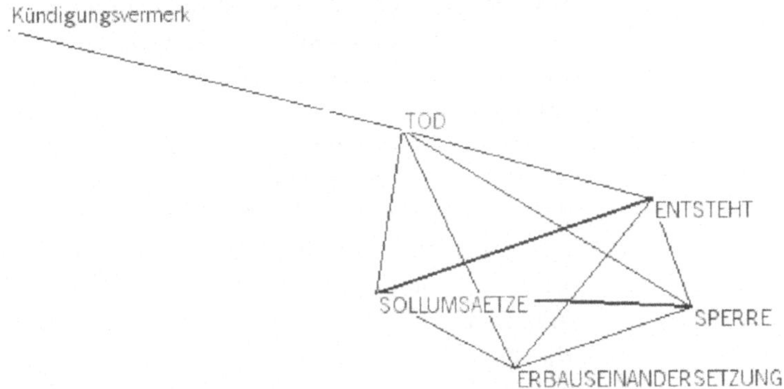

Abbildung 14 Analyseergebnis des Topic Map Builder

Der in Abbildung 5 dargestellte Graph ist das Ergebnis solch einer Textanalyse des Topic Map Builders. Hier werden Maßnahmen aufgezeigt, die von einer Bank durchzuführen sind wenn ein Kunde verstirbt. So erfolgt ein Kündigungsvermerk und bei einer Erbauseinandersetzung ist eine Sperre vorzunehmen. Neben dem Tod eines Kunden kann die Sperre eines Kontos aber auch durch zu hohe Sollumsätze bedingt werden.

Bei der FIDUCIA entstand so innerhalb weniger Wochen ein Abbild der unternehmensspezifischen Wissensstrukturen, eine strukturierte mehrdimensionale Wissenslandkarte, die neue Möglichkeiten für die Navigation und inhaltliche Erschließung des elektronisch vorhandenen Wissen bot.

Hinter den Themen in den modellierten Netzen verbergen sich eingestellte Volltext-Suchstrings, die durch einfaches Anklicken aktiviert, ergänzt und kombiniert werden können. Aus der grafischen Darstellung der semantischen Wissenslandkarte heraus können die FIDUCIA-Mitarbeiter so komfortabel Suchpfade zusammenstellen. Erst mit dem Abschicken der Suchanfrage wird die Verbindung zwischen der Topic Map als Metaebene und den Datenquellen hergestellt. Die Suchmechanismen lassen sich dabei flexibel steuern bis die gewünschte Ergebnisdichte und – menge vorliegt.

Ein einfaches Beispiel mag dies verdeutlichen: Die Frau eines FIDUCIA-Mitarbeiters ist schwanger. Der Geburtstermin ist in 4 Wochen. Er will sich darüber informieren, ob es gesetzliche oder firmenspezifische Regelungen für Sonderurlaub gibt. Nach Eingabe der Suchbegriffe Urlaub und Geburt zeigt ihm das System eine Reihe von nützlichen Zusatzinformationen wie z.B. verwandte Themen und auch direkte Ergebnisdokumente an. Ferner besteht die Möglichkeit, in die visuelle Darstellung zu wechseln, die ein Themennetz den zusammenhängenden Begriffe wie z.B. „Mutterschutz", „Umzug", „Erziehungsurlaub", „Leistungen für Mitarbeiter" oder eben „Geburt" präsentiert. Das Navigieren im Themennetz schafft einen raschen Überblick über alle relevanten Aspekte, die man vielleicht teilweise noch gar nicht berücksichtigt hatte. Das Ergebnis der Suche sind 13 gefundene Einträge. Über im Kontext des Anwenders automatisch generierte Inhaltsangaben der gefundenen Dokumente erkennt man sofort, dass die Datei mit dem Titel „Manteltarifvertrag" entsprechende Aussagen über Sonderurlaub enthält. Dieses Dokument enthält einen Abschnitt in dem es heißt: bei Niederkunft der Ehefrau erhält der Arbeitnehmer 2 Tage Sonderurlaub. Durch die hinterlegten Volltext-Suchstrings, in diesem Fall Niederkunft' als synonymer Begriff für Geburt' konnte das Gesuchte einfach gefunden werden.

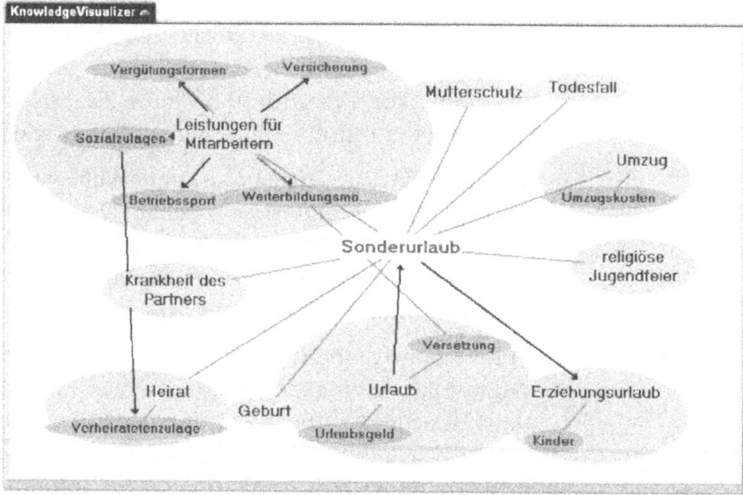

Abbildung 15 Themenstrukturierung mit dem USU Knowledge-Miner

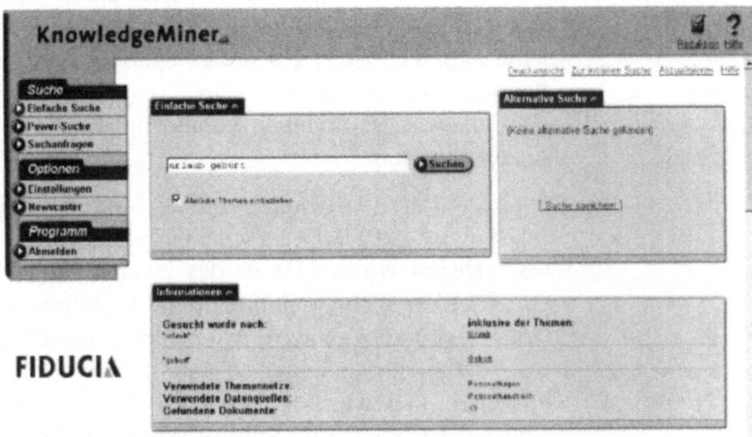

Abbildung 16 Recherche mit dem USU KnowledgeMiner

Darüber hinaus wird der Anwender auf Basis vordefinierter Interessenprofile täglich mit allen neuen bzw. geänderten Dokumenten seines Wunschthemas versorgt. Ein Pushdienst agiert als persönlicher Informations-Service, ohne dass der Benutzer aktiv nach qualifizierten Inhalten suchen muss und zeigt dem FIDUCIA-Mitarbeiter z.B. alle neuen Dokumente, die sich mit der Implementierung einer graphischen Benutzeroberfläche für das Softwaremodul MIS beschäftigen.

Ein großer Vorteil ist die Möglichkeit, eine Vielzahl von Informationsquellen parallel zu durchsuchen. Entscheidend für die Motivation der Anwender war die Tatsache, dass sich die Entwicklung der Themennetze auf Basis des Mitarbeiter-Feedbacks in einem iterativen Prozess vollzog. So war gewährleistet, dass sich die durch das System zugänglich gemachten Inhalte an den tatsächlichen Bedürfnissen orientierten und damit der Nutzen der Inhalte und der Informationsversorgung in der täglichen Praxis direkt spürbar war. Das Controlling der Wissensmanagement-Prozesse, zum Beispiel auch die Auswertung von Such- bzw. Lesestatistiken, ist neben der technischen Seite für eine nachhaltige Etablierung des Systems sehr wichtig. Bei der FIDUCIA legt man auf diese fachliche Betriebsführung besonderen Wert. Seit August 2001 arbeiten die 250 Mitarbeiter der Abteilung AEW standortübergreifend produktiv mit dem USU KnowledgeMiner. Die Akzeptanz des Systems in der Praxis ist hoch.

Im Bestreben, die Kommunikations- und Informationsflüsse konzernweit zu verbessern, wurde neben dem erfolgreichen Einsatz des USU KnowledgeMiner im Bereich Anwendungsentwicklung ein weiteres Thema aufgegriffen: ein effektives Skillmanagement. Über sog. Yellow Pages sollten Wissensträger zusammengebracht werden, Qualifikationen über Topic Maps dynamisch hinterlegt werden und für Kollegen damit implizites Erfahrungswissen besser nutzbar sein.

Im April 2001 erarbeitete die USU hierfür die fachliche Konzeption, welche bei FIDUCIA auf der technischen Plattform Lotus Notes realisiert wurde. Da es das ausdrückliche Ziel ist, Ansprechpartner über ihre Qualifikationen zu finden, wurden diese in einer Topic Map „Yellow Pages" hinterlegt. Eine initiale Erstellung der Qualifikationsprofile erfolgt vor allem im Rahmen von Schulungen – so wird die Motivation der Anwender genutzt. Damit sind die Experten und deren Kompetenzthemen für die Mitarbeiter verfügbar. Natürlich war auch der Betriebsrat von Anfang an in diesen Prozess involviert, so dass die Belange des Datenschutzes und der Mitarbeiterbestimmung gewährleistet sind.

Beide Module, die Gelben Seiten und der USU KnowledgeMiner, sind Bestandteile des FIDUCIA-(AEW)-Wissensportals. Hier finden die Mitarbeiter stets aktuelle Informationen und können die Einzelnen Anwendungen nutzen.

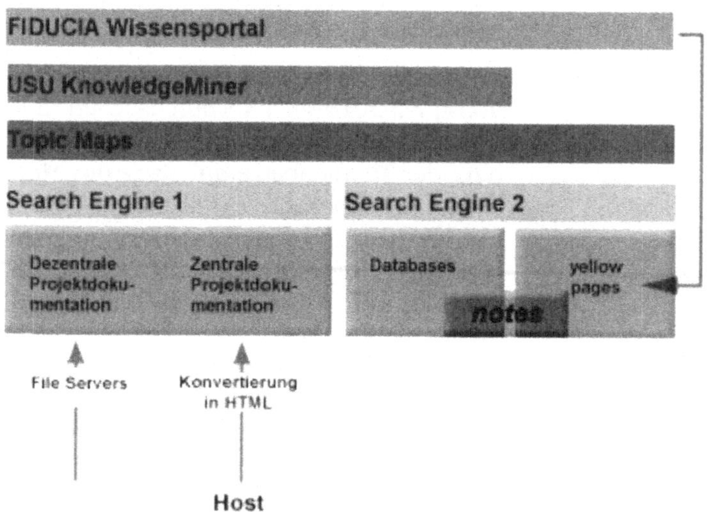

Abbildung 17 USU KnowledgeMiner-Integration in der FIDUCIA-IT-Infrastruktur

Neben diesen genannten Modulen wurden im Rahmen des ganzheitlichen Wissensmanagement auch Einsatzszenarien für multimediales Lernen sowie „Best-Practice"-Lösungen zu AEW-Internen Beratungen bzw. Reviews untersuch und erarbeitet.

5.3   Fazit

Bei einer heterogenen IT-Landschaft können die Mitarbeiter des Bereiches Anwendungsentwicklung heute über das Wissensportal mit seiner zentralen Anwendung USU KnowledgeMiner, auf eine Vielzahl relevanter Informationen zugreifen. Für die Lösung von Aufgabenstellungen im täglichen Arbeitsumfeld wird jetzt ebenso schnell auf dokumentenbasiertes Wissen zugegriffen, und auch Wissensträger können über die Yellow Pages einbezogen werden.

Aber gerade IT-Wissen erweist sich als sehr kurzlebig; es muss daher kontinuierlich aktualisiert, erweitert und den Mitarbeiterinnen und Mitarbeitern zugänglich gemacht werden. Als nächsten Schritt gilt es, Knowledge Management mittel- und langfristigen zu etablieren und die erzielten Erfolge auf andere Unternehmensbereiche zu übertragen.

Ziel der FIDUCIA ist es, über ein erfolgreiches Management der Ressource Wissen nachhaltige Wettbewerbsvorteile zu erzielen, d. h. den Kunden zeitnah ganzheitliche IT-Lösungen anzubieten, welche die Stärken der Standorte und das entsprechende Wissensnetzwerk der Mitarbeiter optimal miteinander kombinieren.

Veit Florian Lier

Unterstützung des Wissenstransfers in globalen Teams

1 Situationsanalyse für globale Zusammenarbeit

Besonders in projektorientierten, räumlich verteilten Organisationen wie Softwareentwicklungsabteilungen oder Beratungsunternehmen ist die Verteilung von Wissen und die Gewährleistung des Wissensflusses ein erfolgskritischer Faktor.

Der Einsatz von sogenannten TeamRooms ist eine Möglichkeit, um die Explikation des Wissens der einzelnen Projektteilnehmer zu unterstützen und eine einheitliche Informationsbasis zu schaffen.

Dieser Artikel skizziert die Informationsprobleme von globalen Teams und stellt einen in der Automobilbranche verwendeten Lösungsansatz dar.

Der Fokus wird hierbei auf die positiven und negativen Implikationen auf das Unternehmenswissen im Allgemeinen und das Wissen des Projektteams im Speziellen gelegt.

Im Rahmen dieses Artikels werden die Ergebnisse in einem Anforderungskatalog für zukünftige Produkte in diesem Umfeld aggregiert.

1.1 Allgemeine Anforderungen an das System

Global agierende Projektteams, wie sie bei fast allen großen Automobilkonzernen existieren, stehen einer Vielzahl verschiedenster Anforderungen gegenüber. Beispiele hierfür sind:

- Mehrsprachigkeit
- Unterschiedliche kulturell geprägte Erwartungen und Anforderungen
- Zeitverschiebungen
- Vielzahl von verschiedenen Interessengruppen

Um die reibungslose Zusammenarbeit eines Entwicklungsteams mit Ingenieuren aus Japan, den Niederlanden, Frankreich und Deutschland zu ermöglichen, sollen verschiedene unterstützende Informationstechnologien eingesetzt werden.

Neben zahlreichen Standardkommunikationsmitteln zur Unterstützung der Zusammenarbeit wie Besprechungen, Email, Telefon oder Fax wurde nach weiteren Tools gesucht, welche die offensichtlichen Nachteile der oben beschriebenen Hilfsmittel besser ausgleichen können.

Eine Telefonkonferenz zwischen einem Asiaten, einem Amerikaner und einem Mitteleuropäer führt alleine aufgrund der zeitlichen Verschiebung zu großen Problemen.

Diese Unterstützungstools sollen den beteiligten Personengruppen primär einen Überblick über den aktuellen Projektstand geben, sowie die Option bieten, die nächsten Projektschritte (Milestones) zu definieren und zu steuern.

Zentrale Elemente ihres Zielsystems sind demnach Informationsverteilung und die Projektsteuerung.

Die Relevanz dieser Tätigkeiten für den Themenkomplex „Wissensmanagement" ergibt sich aus der folgenden Definition aus einer Studie der KPMG (Knowledge Management Research Report 1998, KPMG Management Consulting, 1998) :

"Knowledge Management' means a systematic and organised attempt to use knowledge within an organisation to transform its ability to store and use knowledge to improve performance"

Insbesondere die Punkte Verteilung und Nutzung von Wissen stehen an dieser Stelle im Vordergrund. Die Transformation des bestehenden - oder noch zu generierenden – Unternehmenswissens in Unternehmenswert ist ein nicht zu vernachlässigender Nebeneffekt bei der Erstellung neuer Produkte wie z.B. die Übernahme von elektronischen Fahrwerksabstimmungen aus dem Automobilsport in die Serienproduktion von „gewöhnlichen" Automobilen.

1.2   Mission-Statement

Ziel des Projektes ist die gemeinsame Konzeptionierung und Entwicklung eines neuen Produktes im Automobilsektor. Hierzu werden Experten aus verschiedenen Unternehmen herangezogen, die bereits in diesem Marktsegment erfolgreich aufgetreten sind. Für dieses Team wurden zwischen Dezember 2000 und

März 2001, also im Vorfeld und zu Beginn des eigentlichen Projektes, von der smartiX consulting GmbH eine Reihe an unterstützenden Softwarelösungen ausgewählt und angepasst.

Im Zuge der globalen Unternehmenszusammenschlüsse sollen die bisher individuell getätigten Bemühungen zusammengefasst und auf Basis der bestehenden Einzellösungen gemeinsam ein verbessertes, neuartiges Automobil generiert werden.

Da in vielen Bereichen der industriellen Produktion auf modulare Herstellung der Endprodukte Wert gelegt wird, müssen im Rahmen dieses Projektes nicht nur die neu gewonnenen Erkenntnisse dokumentiert werden, sondern auch die in den einzelnen Unternehmen vorliegenden Bauteile dem beteiligten Personenkreis zur Verfügung gestellt werden.

Jedes einzelne Hauptmodul kann sozusagen als Meilenstein in diesem Projekt angesehen werden.

1.3 Heterogene Umgebung

In jedem Projekt werden unterschiedlichste Anforderungen und Erwartungen an die Projektteilnehmer herangetragen. Dieser Effekt verstärkt sich in globalen Projektteams wie beim vorliegenden Beispielprojekt aus der Automobilbranche überproportional.

Ganz abgesehen von internen Zwistigkeiten zwischen Interessengruppen, die im Weiteren nicht detailliert betrachtet werden, stehen hauptsächlich kulturelle beziehungsweise sprachliche Thematiken auf der Liste der zu lösenden Aufgaben ganz oben.

So implizieren Begriffe wie „schnell" und „dringend" in verschiedenen Kulturkreisen sehr stark variierende Anforderungen an die Sachbearbeiter. In manchen Kulturen heißt schnell jetzt, in anderen trägt jede Routineangelegenheit den Vermerk "dringend".

Auch bei der Definition von Zielvorgaben können z.B. starke Differenzen zwischen dem Verständnis der Vertreter verschiedener Volksgruppen auftreten.

Um diese Probleme sinnvoll zu lösen, muss ein gemeinsames Sprachverständnis der in der Gruppe verwendeten Begriffe getroffen werden, das für alle frei zugängig dargestellt wird.

1.4 IT-Infrastruktur

Besonderes Augenmerk soll an dieser Stelle der projektweit im Regelfall vorliegenden heterogenen Systemlandschaft – und den sich hieraus ergebenden Anforderungen an die unterstützenden Systeme - gelten.

Dies beginnt bereits bei dem Einsatz unterschiedlichster Betriebssysteme.

Die weitgehenden Freiheiten bei der individuellen Konfiguration von EDV-Systemen, die in den meisten Fällen Führungskräften zugestanden werden, verhindern den Einsatz von vielen Softwareprodukten und erschweren die Offenlegung von Informationen entscheidend.

Weitere Probleme stellen sprachliche Sonderzeichen, wie die „deutschen" Umlaute Ä, Ö, Ü und ß dar. Diese sind für Personen mit anderen Spracheinstellungen an ihren Rechnern bestenfalls nicht interpretierbar. Die sich daraus ergebenden Folgen können bis zum Absturz zentraler Systeme führen.

Von der Problematik des OS (Operating System) und dessen Konfiguration abgesehen, kommen strategische Vorgaben in den beteiligten Unternehmensteilen in Bezug auf Standardsoftware und einzusetzende Hilfsmittel zu tragen.

Klassische Beispiele hierfür sind: SAP / Baan; IE oder Netscape, MS Word oder Lotus Smartsuite.

Bestenfalls können diese Probleme über spezielle Importfilter gelöst werden – im schlimmsten Fall ist ein gemeinsamer Zugriff auf die Systeme unmöglich.

2 TeamRoom und Dokumentenbibliotheken

In diesem Kapitel werden aus den in Kapitel 1 genannten Problemen Anforderungen in Form einer Spezifikation abgeleitet (2.1). Diese Anforderungen werden von verschiedenen Standpunkten aus bewertet (2.2).

Anschließend werden verschiedene Tools (Hilfsmittel) vorgestellt, welche die angesprochenen Anforderungen bewältigen können (2.3). Zum Abschluss dieses Kapitels wird die gewählte Form der Integration der Teilsysteme in ein kompaktes Gesamtsystem dargestellt (2.4).

2.1 Spezifikation

Das zu verwendende Toolset (Kombination verschiedener Hilfsmittel zur Erreichung eines übergeordneten Ziels) muss den folgenden Anforderungen genügen:

Transparenz

Die Offenlegung eines von allen Seiten akzeptierten Mission-Statements sowie der im Rahmen des Projektes zu verwendenden Begrifflichkeiten ist zwingend erforderlich.

Eine Auflistung aller Projektbeteiligter, möglichst in Verbindung mit Kontaktinformationen und Aufgabengebieten sowie individuellen Fähigkeiten, ist unentbehrlich.

Eine Verwaltung der bewältigten und noch zu erfüllenden Aufgaben muss möglich sein. Insbesondere die direkte Information der von einzelnen Aufgaben unmittelbar betroffenen Personen ist zwingend notwendig.

Die Möglichkeit, bestehende Informationen einzuspielen und allen Teilnehmern zur Verfügung zu stellen, sollte eine weitere Basisfunktionalität des Systems sein.

Ausfallsicherheit

Die Einsatzfähigkeit des Tools muss unabhängig von Zeit und Ort sein. Demzufolge dürfen keine relevanten Informationen auf lokalen Speichermedien (z.B. Arbeitsplatzrechnern) abgelegt werden. Eine 24-Stunden-Verfügbarkeit des Systems muss gewährleistet werden. Lediglich in schmalen Zeitfenstern (abhängig von den beteiligten Zeitzonen) könnten die Systeme zu Wartungszwecken heruntergefahren werden.

Aus diesen Gründen, und um eine hohe Ausfallsicherheit zu gewähren, ist eine Client-Server-Technologie zwingend erforderlich.

Eine automatisierte Verteilung der Informationen erscheint aufgrund eines transkontinentalen Einsatzes unter Berücksichtigung von Zugriffszeiten dringend ratsam. Eine Replikation (Abgleich von Daten über verteilte Systeme) der Daten wäre sehr hilfreich.

Stabilität / Verfügbarkeit / Intuitivität

Eine Plattform- und Softwareinterdependenz des gewählten Systems muss gegeben sein. Daher ist die Verwendung von Standardübertragungsprotokollen zwingend erforderlich. Der Einsatz einer Softwarelösung, auf die über einen Browser zugegriffen werden kann und die sich an Standards wie denen des WWW3-Konsortiums richtet, erfüllt diese Ansprüche.

Eine intuitive Benutzerführung ist zwingend erforderlich.

Sicherheit / Zugriffsberechtigungen

Aufgrund der Brisanz der Informationen ist ein Einsatz ohne ausgereifte Verschlüsselungstechnik und Zugriffsbeschränkung undenkbar.

Für jedes abzulegende Dokument muss der Autor die Möglichkeit haben, Zugriffsberechtigungen zu vergeben. Um unnötige Arbeit zu vermeiden, sollten verschiedene Benutzergruppen vorliegen, denen zeitgleich der Zugriff auf ein Dokument – und damit das enthaltene Wissen – gegeben oder verwehrt werden kann.

Dies ist zwingend notwendig, um zum einen Wissensansätze den beteiligten Personen frühzeitig zukommen zu lassen und zum anderen nicht abgenommene Ansätze einer nicht unnötig großen Gruppe zukommen zu lassen.

Dies umfasst auch einen Freigabemechanismus auf Datensatzebene.

Sprache und Globalisierungsaspekte

Der Einsatz einer multilingualen Software wäre wünschenswert. Definitiv müssen jedoch sowohl die Software selber wie auch die diese unterstützende Dokumentationen in einer von allen Teilnehmern beherrschten Sprache vorliegen.

Weitere Anforderungen für einen globalen Einsatz ergeben sich aus den bereits erwähnten Aspekten in Bezug auf die Zeitverschiebung. Dies unterstreicht eine hohe Verfügbarkeit des Systems als grundlegende Voraussetzung für dessen Einsatz.

Die Klarstellung der verwendeten Begrifflichkeiten muss von dem System ebenso gelöst werden wie dessen Integration in die heterogenen Arbeitsumgebungen bei den einzelnen Projektteilnehmern.

2.2 Bewertung der Anforderungen

Transparenz

Auch wenn diese Anforderungen als technisch trivial anzusehen sind, stellt sie das erfolgskritische Moment einer jeden Knowledge-Management (KM)-Anwendung dar. Nur auf Basis eines gemeinsamen Sprachverständnisses können Informationen von verschiedenen Personen identisch interpretiert und verwertet werden. Daher handelt es sich bei diesem Punkt gemäß Balzert

(Lehrbuch der Softwaretechnik, Spektrum, Akademischer Verlag, 1996) um eine Muss-Anforderung.

Eine zentrale Erweiterung hierzu ist der Zugriff auf ein unternehmensweites Glossary, dass eine zentrale Ablage dieser Definitionen erlaubt. Anderenfalls entwickelt sich ein dynamisches System aus verschiedensten Insellösungen, die in der Zukunft nicht mehr aufgelöst werden können.

Um dieses Problem dauerhaft auszuschließen, ist eine global definierte und allseits akzeptierte Anwendungsentwicklungsinfrastruktur zwingend erforderlich.

Ausfallsicherheit

Von den beteiligten Personen wird die Verwendung einer Client-Server-basierten Technologie im Normalfall negativ beurteilt. Gründe hierfür sind die erfahrungsgemäß langsameren Antwortzeiten und die Einschnitte in gewohnte Arbeitsabläufe.

Eine systembedingte Erzwingung von Verhaltensregeln führt unter Umständen nur zu einer bedingten Akzeptanz der eingesetzten Systeme und sollte nach Möglichkeiten vermieden werden.

Um den Benutzer zur Speicherung der Daten auf einem Server zu zwingen und eine schnelle Antwortzeit zu garantieren, müssen sog. „Thin Clients" eingesetzt werden. Ideal geeignet sind hierfür Applikationen, die über einen Webbrowser gesteuert und bedient werden können. Eine Verteilung der Informationen auf verschiedene Standorte über einen automatisierten Datenabgleich (sog. Replikation zwischen den Servern) stellt technisch keine Herausforderung dar und ist aus funktionalen Aspekten dringend ratsam.

Aus diesem Grund fiel die Wahl auf das Produkt Lotus Domino, das mit seinem integrierten http-Server die Vorteile von Webapplikationen mit den Replikationspotentialen von Lotus Notes kombiniert.

Stabilität / Verfügbarkeit / Intuitivität

Seitens der IT-Verantwortlichen ist der Einsatz von Standard-Produkten erstrebenswert, um administrative Aufgaben gering zu halten und eine hohe System-Verfügbarkeit zu gewährleisten. Durch die Schnittstellenkompetenz der smartiX consulting gmbH in Kombination mit der Einbindung von Standards in die zu generierende Anwendung konnten sowohl die Entwicklungszeiten, als auch der Pflegeaufwand minimiert werden.

Vom Standpunkt der Anwender wird die Verwendung ihres eigenen Wortschatzes in Bezug auf Menüsteuerung und Feldbeschriftungen erwartet und als unabdingbar angesehen.

An dieser Stelle muss ein für beide Seiten akzeptabler Kompromiss gefunden werden, der die beiden sich widersprechenden Anforderungen bestmöglich erfüllt.

Durch die Trennung des Systems in eine verarbeitende und eine darstellende Ebene konnte dieses Paradoxon problemlos gelöst werden.

Sicherheit / Zugriffsberechtigungen

Der Wunsch nach der Einrichtung verschiedener Benutzergruppen stellt grundsätzlich einen erhöhten, wenn auch aus Anwendersicht einen unverzichtbaren, administrativen Aufwand dar.

Um an dieser Stelle unternehmensweit effizient agieren zu können, ist der Zugriff auf zentrale Organisationsverzeichnisse zwingend erforderlich. Dies erfordert den Einsatz von Standardprodukten, die diese Schnittstellen bereits enthalten oder bedingt entsprechend die Entwicklung von generische Schnittstellen, die auf alle vorhandenen und benötigten Organisationsverzeichnisse schnell und effizient zugreifen können.

Lotus Notes mit seinem breitgefächerten Kanon an integrierbaren Organisationsverzeichnissen (z.B. LDAP) bietet sich hier wiederum als ausgezeichnet geeignete Plattform an.

Sprache

Zur Optimierung der Anwenderfreundlichkeit sollte die Erscheinungsform der Applikationen in der jeweiligen Muttersprache des Anwenders erfolgen. Hieraus ergibt sich implizit die Gefahr, dass der Anwender auch Inhalte in seiner Muttersprache ablegt.

Dieses Risiko sollte in jedem Falle vermieden werden, da sonst der Einsatz von Data-Mining- Tools erschwert wird und Übersetzungs-Tools notwendig werden. Die dadurch entstehenden Mehrkosten sind ökonomisch nicht vertretbar.

Daher sollten sowohl Inhalte wie auch Darstellungsform einer „Corporate Language" folgen. Hierfür bietet sich die Weltsprache Englisch an.

2.3   ToolSet - Auswahl

Um den diversen oben ausführlich betrachteten Anforderungen gerecht zu werden, wurde in diesem Fall ein Set von Standard-Tools für die Umsetzung des Systems herangezogen.

TeamRoom

Aspekte des Projektmanagements wie Aufgabenzuweisung, Begriffsdefinition, Verfolgung der einzelnen Projektwege und insbesondere Kontrolle der Deadlines, wurden durch einen sogenannten „TeamRoom" abgebildet.

Die Lotus Development GmbH (2001) beschreibt den TeamRoom intern wie folgt: „Die Lotus Notes Anwendung TeamRoom (TM) unterstützt Prozesse, die die Zusammenarbeit von Menschen erleichtern.".

Standardfunktionen eines TeamRooms sind:

- Das Einbringen von Themen und diese zur Diskussion stellen zu können.

- Das Erstellen von gemeinsamen Ergebnissen wie Memos, Präsentationen usw.

- Die Option des Brainstormings und die sich daraus ergebenden Beschlüsse und Aktionen zu dokumentieren und kommunizieren.

- Die Unterstützung der Vorbereitung auf Besprechungen durch einen frühzeitigen Informationsaustausch, so dass während der Besprechungen die Konzentration auf die Entscheidungsfindung gelegt werden kann.

- Die Definition von Meilensteinen und deren Überwachung.

- Die Vergabe von Zugriffsrechten sowie Verwaltung von persönlichen und öffentlichen Informationen.

- Eine zentrale Struktur zur Verschlagwortung und Beschreibung von Informationen. Daraus ergibt sich eine projektweit übereinstimmende Struktur der vorliegenden Metainformationen über die eigentlichen Inhalte.

Diese Funktionen wurden noch geringfügig angepasst und mit einem neutralen Frontend versehen. Dies war notwendig, um eine hohe Akzeptanz des Systems bei den Angestellten der verschiedenen Automobilhersteller zu erreichen.

Verschiedene Sortierkriterien in der Navigation (siehe Abbildung 18) garantieren ein schnelles Auffinden der gesuchten Dokumente.

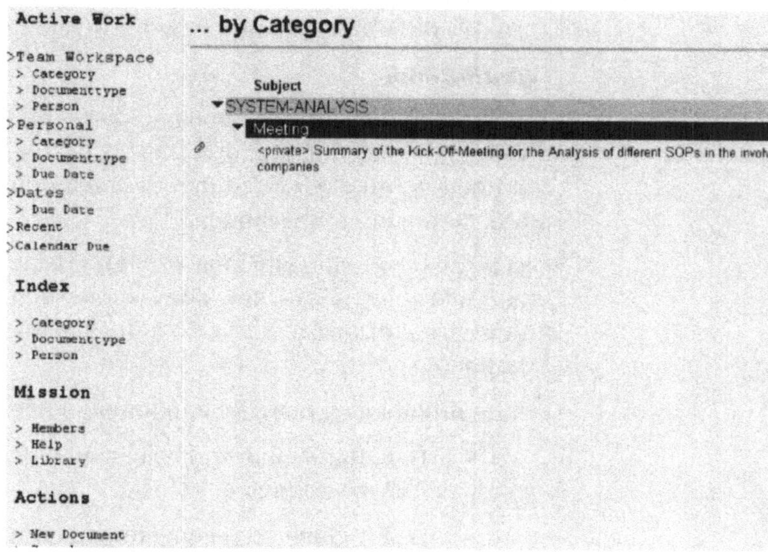

Abbildung 18 Navigation TeamRoom

Neben den öffentlichen Dokumenten gibt es zusätzlich einen Bereich für „private" Dokumente. Diese sind dem jeweiligen Anwender zur Durchsicht, Kommentierung oder aufgrund einer Aufgabenzuweisung zugeordnet sind.

Zusätzlich zu der Option des Auffindens von Dokumenten in der Ablagestruktur (aktive Suche seitens des Anwenders) wurde eine erweiterte Email-gestützte Benachrichtigungsfunktionalität implementiert. Diese soll Personen über vorliegende Aufgaben informieren, auch wenn diese nicht aufgrund eigener Initiative das System geöffnet haben.

Diese Reminder-Funktionalitäten haben sich in verschiedensten KM-Projekten als Quasi-Standard durchgesetzt, um eine schnelle und umgehende Information der beteiligten Personen zu gewährleisten.

Ein weiterer zentraler Aspekt zur Steigerung der Akzeptanz ist die Verwendung von einfachen Erfassungsmasken mit einer intuitiven Benutzerführung. Aus diesem Grund wurde das Frontend der Eingabemasken geringfügig angepasst und eine vorgegebene Definitions- und Ablagestruktur eingeführt.

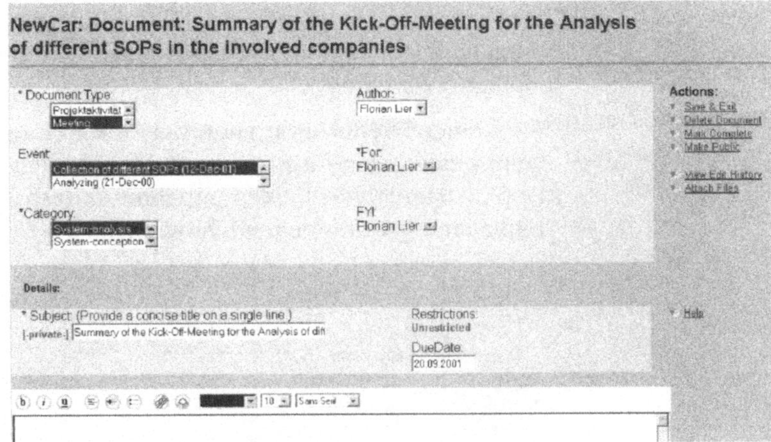

Abbildung 19 Eingabemaske für TeamRoom

Die vorgegebene Struktur verhindert einen „Wildwuchs" bei der Ablage von Informationen und führt zu einer einheitlichen Indizierung des vorliegenden Wissens.

Rechtschreibfehler oder die Verwendung von Begrifflichkeiten, die nur Teilen der beteiligten Personen bekannt sind, werden nahezu ausgeschlossen.

DocumentLibrary

Zur strukturierten Ablage und Beschreibung weiterer für die Projektabwicklung benötigter Dokumente (Studien, Beschreibungen etc.) wurde eine so genannte Dokumentenbibliothek ausgewählt.

Diese Datenbank wird vom Hersteller Lotus wie folgt beschrieben: „Die Anwendung ' Dokumentbibliothek' ist ein elektronischer Aktenschrank mit Referenzdokumenten, auf die eine Arbeitsgruppe zugreifen kann.".

Standardfunktionen dieser Applikation sind ein Dokumentenprüfzyklus, die Vergabe von Zugriffsrechten, der konfigurierbare Aufbau eines für die Anwender zentralen Ablagesystems sowie die Markierung von Favoriten.

Über das integrierte Diskussionsforum können zu den eingestellten Dokumenten zusätzliche Kommentare und Anmerkungen angefügt werden. Idealerweise entwickelt sich hierbei ein fruchtbarer Dialog, der zusätzliche Denkansätze zu Tage fördert.

Neben den schon beim TeamRoom angesprochenen Reminderfunktionalitäten, waren an dieser Stelle keine weiteren Modifikationen notwendig.

Besonderen Wert wurde auch hier auf ein einfaches Eingabeformular gelegt (siehe Abbildung 20). Hierdurch wird den beteiligten Personen die Offenlegung ihres derzeit „privaten" Wissens (Explikation) weitestgehend vereinfacht.

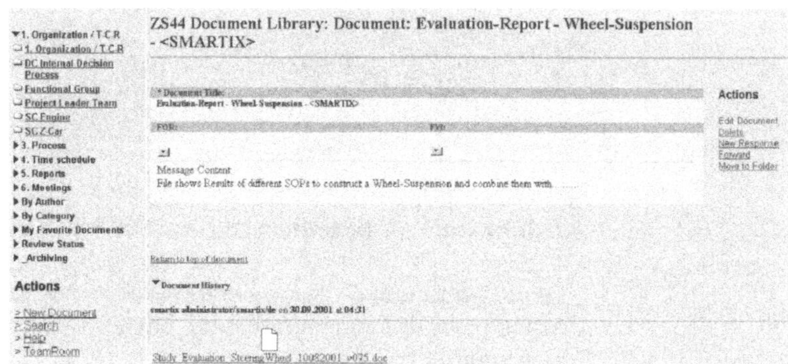

Abbildung 20 Aufbau der DocumentLibrary

Durch die Integration der beiden Teil-Systeme (TR und DL) hat smartiX ein mächtiges KM-Tool zur Verfügung gestellt, das durch eine vorgegebene Ablagestruktur das vorhandene Wissen publiziert und durch die Option auf Diskussionen neues Wissen generiert.

Unterstützt durch die Verwendung eines zentralen Schlagwortkataloges in beiden Teilsystemen, kann mittels eines systemübergreifenden Suchalgorithmus das komplette vorliegende Wissen schnell und erfolgreich nach Informationen durchsucht werden.

System-Kernel

Mit der wichtigste Aspekt bei der Konzeption des Systems besteht in dessen Integration in die bestehende IT-Infrastruktur.   .

Um sowohl die interne als auch die externe Integration erfolgreich zu bewältigen, bietet sich der Einsatz einer Architekturplattform an.

Diese Plattform muss die Steuerung des Zugriffs auf die Systeme, die Verwaltung der zur Verfügung stehenden Schlagworte und zusätzlich die Implementierung eines einheitlichen und benutzerfreundlichen Frontends unterstützen.

Lotus Notes / Domino als Entwicklungsplattform erlaubt den Einsatz von webbasierten Datenbanken. In dem Standardpaket dieser Software sind bereits verschiedene Datenbankschablonen integriert, die einfach angepasst und schnell installiert und verteilt werden können. Sowohl ein TeamRoom als auch eine Dokumentenbibliothek gehören zu diesen Standardschablonen.

Messaging und Datenabgleich über verschiedene Lokationen (eine sogenannte Replikation) sind weitere Kernkompetenzen des Produktes Lotus Domino.

Unter diesen Gegebenheiten bietet sich der Einsatz des Produktes „LiSA" (Lotus i-net Solution Architecture) als Architektur- und Entwicklungsplattform an. Da alle genannten Produkte der gleichen Produktfamilie entstammen, kann die interne Integration der Teilsysteme über Standardschnittstellen erfolgen und externe Zugriffe über eine mächtige Menge bewährter Schnittstellen abgewickelt werden. Eine Softwarelösung, die diese Eigenschaften anbietet, wird als Kernel bezeichnet.

Dies ermöglicht die kostengünstige Implementierung eines stabilen Systems.

2.4 ToolSet – Integration der Einzelkomponenten

Wie in den vorhergehenden Kapiteln mehrfach angesprochen, wird ein integriertes System angestrebt, das auf verschiedenen weltweit verteilten Servern den Benutzern zur Verfügung gestellt wird.

Abbildung 21 skizziert den Aufbau dieses von smartiX implementierten Gesamtsystems. Ein besonderes Augenmerk wird hierbei auf die geographische Verteilung der Datenspeicher gelegt.

„N&A" (Names & Addresses) soll das zentrale Organisationsverzeichnis (Verzeichnis aller Benutzer- und Benutzergruppen) darstellen. Dieses wird wie die anderen Datenbanken über mehrere Server hinweg gespiegelt. „TR" symbolisiert den TeamRoom an sich und „DL" die zusätzlich eingesetzte Dokumentenbibliothek.

„Search" bietet eine über beide Systeme zur Verfügung gestellte Suchfunktionalität, die ein Auffinden der gewünschten Daten in dem Gesamtsystem ermöglicht. Problemlos kann diese Suche auf weitere Datenbanken ausgedehnt werden, so dass im Idealfall das gesamte vorliegende Wissen bei der Suchabfrage durchsucht werden kann.

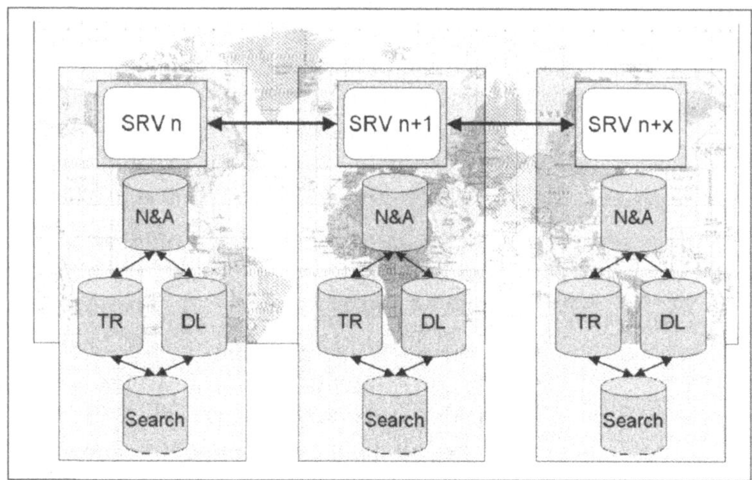

Abbildung 21 Systemarchitektur

Aus dieser Graphik ergibt sich offensichtlich die letzte Problemstellung des Lösungsansatzes: „Wie wird eine mehrfache gleichzeitige Bearbeitung desselben Datensatzes auf verschiedenen Servern verhindert?".

Zum einen kann Lotus Domino eine Datenreplikation auf Feldebene durchführen, d. h. gleichzeitige Änderungen an verschiedenen Feldern im identischen Datensatz werden zusammengeführt und der jeweils aktuellere Wert beibehalten.

Zum anderen wurde ein zusätzlicher Lock-Mechanismus implementiert, der beim Öffnen eines Datensatzes im Bearbeitungsmodus diesen automatisch über alle Server hinweg für weitere Benutzer zur Bearbeitung sperrt. Dies ist vergleichbar mit dem Check-In / Check-Out-Mechanismus der in zahlreichen Dokumenten-Management-Systemen angewendet wird.

3   Fazit und Ausblick

In diesem Kapitel wird das vorgestellte System abschließend bewertet (3.1), dessen Chancen aufgezeigt (3.2) und die Risiken eines Einsatzes angesprochen (3.3).

In Kapitel 3.4 werden noch einmal die Ergebnisse für das unterstützte Projekt zusammengefasst.

3.1 Bewertung des TeamRooms

Der beschriebene TeamRoom eignet sich hervorragend, um die computergestützte Zusammenarbeit von über mehrere Standorte verteilte Projektteams wie bei der gemeinsamen Produktentwicklung in der Automobilbranche zu unterstützen.

Die Projektbeteiligten konnten unabhängig von der auf Ihren Arbeitsplatzrechnern installierten Software zusammenarbeiten, da die Programm-Logik vom Client hin zu einer verteilten Serverlandschaft verlagert worden ist.

Dank des Einsatzes von standardisierten Schnittstellen wurde die Integration in die bestehende IT-Infrastruktur einfach realisiert. Dies erleichterte zudem die Integration in weitere KM-Projekte und Aktivitäten bei den beteiligten Automobilherstellern.

Mit der Vergabe von Zugriffsrechten konnte ein ungewünschter Informationsabfluss unterbunden und den beteiligten Personen die notwendige Privatsphäre angeboten werden.

Die erweiterten Email-Funktionalitäten erlaubten eine schnelle und einfache Information der betroffenen Personen über Neuerungen oder Änderungen.

Aufgrund der einfachen Benutzeroberfläche und einer intuitiven Benutzerführung konnte der Aufwand für Schulung und Systemeinführung sowie Wartung kostengünstig bewältigt werden.

Trotz ungünstiger Rahmenbedingungen (Jahreswechsel, große Anzahl verschiedener Interessengruppen) konnte die smartiX consulting gmbH das System rechtzeitig vor Start des Projektes fertigstellen und erfolgreich ausrollen. Verglichen mit anderen KM-Projekten fällt die Gesamtbearbeitungszeit (beinhaltet die Anforderungsanalyse, Systemkonzeption, Entwicklung und Installation) mit wenigen Mannmonaten sehr gering aus.

Abgesehen von einigen administrativen Aufgaben (Anlegen neuer Benutzer) sind seit der Inbetriebnahme keine weiteren Kosten für Anpassungen oder Erweiterungen angefallen.

3.2 Chancen des TeamRooms

Der TeamRoom basiert auf wenigen Standarddatenbanken. Dies ermöglicht eine schnelle Aufsetzung und Inbetriebnahme beziehungsweise eine schnelle Anpassung an neue Anforderungen.

Durch die Reduktion des Systems auf die Ablage von Informationen und die Aufgabenverwaltung, ist der TeamRoom kein auf sich alleine gestelltes KM-System sondern ein Rahmenwerk zur Verwaltung und Speicherung des Wissens der zugriffsberechtigten Personen.

Viele in anderen KM-Systemen als Standard angesehene Funktionen werden durch den TeamRoom nicht unterstützt.

Sobald jedoch die mit ihm arbeitenden Personen ihr individuelles Wissen eingestellt haben, ist eine der wichtigsten Hürden im KM-Management überwunden. Die Mitarbeiter teilen ihr individuelles Wissen und stellen es durch diese Veröffentlichung der Organisation, in die sie eingebunden sind, zur Verfügung. Es erfolgt somit die Transformation vom individuellen zum organisationalen Wissen, also die Explikation des Wissens.

Werden aus den vorliegenden Datenbankschablonen auch in anderen Bereichen TeamRooms aufgesetzt, wird das Wissen in diesen Bereichen in einer identischen Form abgelegt – unabhängig von der verwendeten Terminologie und Ordner-Struktur.

Die Inhalte werden in Objekten mit identischem Aufbau gespeichert und können demzufolge über die gemeinsame Methoden wieder zum Vorschein gebracht werden.

3.3 Risiken

Die größten Vorteile des TeamRooms sind zugleich auch die größten Risiken. Durch die schnelle und einfache Einrichtung eines neuen TeamRooms besteht permanent die Gefahr, dass es zu einem „Wildwuchs" an unterschiedlichen Systemen kommt.

Dieses unkoordiniertes Wachsen eines Gesamtsystems kann nur vermieden werden, wenn eine zentrale Stelle über den Einsatz verschiedener KM-Aktivitäten wacht und diese koordiniert.

Nach Abschluss des Projektes ist das in dem TeamRoom so gespeicherte Wissen in einer Form zu archivieren und in die bestehenden KM-Systeme einzubinden, dass zukünftig ein direkter Zugriff auf die „außer Betrieb" genommenen TeamRooms möglich ist.

Die zentrale Koordination der zu verwendenden Terminologie und Benutzergruppen ist ein erfolgskritischer Faktor. Ohne die Zentralisierung an diesen Stellen entstehen zahlreiche „Wissensinseln" mit vermeintlich analogen Begrifflichkeiten und unterschiedlichen Bedeutungen.

Eine von zentralisierten Systemen getrennte Benutzerverwaltung erlaubt eine flexible Reaktion bei der Aufnahme weiterer Personen. Sie ist aber aus Gründen der Revision (getrennte Aufbewahrung von Benutzer-IDs und Zugangspasswörtern) als sehr bedenklich anzusehen.

Das Risiko einer Nicht-Akzeptanz seitens der Benutzer kann bei diesem System erfahrungsgemäß als gering angesehen werden. Erweiterte Funktionalitäten sind einfach realisierbar, sollten jedoch wegen des Standardisierungsgedankens nur sehr restriktiv umgesetzt werden.

3.4 Fazit

Auf Basis der vorgegebenen Plattform Lotus Domino hat die smartiX für ein neu zusammengestelltes Entwicklungsteam in kürzester Zeit ein Hilfsmittel zur Verfügung gestellt, dass alle geforderten Funktionen umfasst.

Hierbei wurden bewusst Standardfunktionen (z.B. individuelle Portale oder Einstiegsseiten) des KM nicht berücksichtigt, um eine einfache Benutzerführung zu ermöglichen und dadurch eine hohe Benutzerakzeptanz zu erreichen.

Die hohe Benutzerakzeptanz, mit ausgelöst durch eine intensive Zusammenarbeit der smartiX mit den verschiedenen Organisationseinheiten des Kunden, hatte einen entscheidenden Anteil an der erfolgreichen Bewältigung der anstehenden Aufgaben.

Das Ergebnis des Projektteams kann in den nächsten Jahren sicher als Fallstudie auf den bekannten Automobilmessen begutachtet werden.

Swetlana Sacharowa

Kulturabhängigkeit des Wissens in der internationalen Managementpraxis

1   Interkulturelle Fragestellungen als Mode und/oder Notwendigkeit

Seit Mitte der 90-er Jahre beobachtet man ein erhöhtes Interesse an interkulturellen Fragen: Lehrbücher und Studien schießen wie Pilze aus dem Boden. Ist dies eine Modeerscheinung, die nach einigen Jahren "Blütezeit" wieder verkommt, oder haben wir es mit einer neuen Wissenschaft zu tun? Weder - noch. Interkulturelle Fragestellungen sind mehr als eine Mode, weil sie in unserer globalisierten Welt zum Alltag gehören und diese Öffnung der Welt sich nicht mehr zurück entwickeln wird. Andererseits, ist zum Beispiel "Interkulturelles Management" keine neue selbständige Wissenschaft , sondern ein Teil der Disziplin "Unternehmensführung". Genauer formuliert, sind interkulturelle Fragestellungen eine neue Betrachtungsperspektive, die von den Besonderheiten unserer Zeit ins Leben gerufen wurde.

Eine Bewegung in diese Richtung hat sich bereits in den 50-er Jahren vollzogen, mit der wachsenden Aufmerksamkeit gegenüber dem "Faktor Mensch" in der Betriebswirtschaftslehre und insbesondere in der Unternehmensführung. Die daraus entstandene Betrachtung des Managements aus der verhaltenswissenschaftlichen Perspektive hat die Persönlichkeit und die Kultur in den Mittelpunkt gestellt. Insbesondere unter dem Einfluss der Internationalisierung und Globalisierung der letzten Jahrzehnte sind interkulturelle Fragen zum Alltagsproblem geworden, nicht nur in den zahlreichen internationalen Geschäften und Kooperationen, sondern auch in den offenen westlichen Gesellschaften mit ihren hohen Ausländerquoten an den Bevölkerungszahlen. Eine interkulturelle Betrachtungsperspektive ist auch auf dem Teilgebiet des Wissensmanagements von großer Bedeutung, da viele Aspekte der Wissensbildung, -verarbeitung und –weiterleitung kulturabhängig sind.

Für die weiteren Betrachtungen ist es notwendig vorher die Grundbegriffe „Kultur" und „Wissen" zu definieren.

2 Zur Definition der „Kultur"

Die Vielfältigkeit der Definitionen in der Literatur macht es notwendig, den Begriff „Kultur" aus einer eigenen Betrachtungsperspektive zu beschreiben.

Ganz allgemein nach Meyers Lexikon ist Kultur „das von den Menschen zu bestimmten Zeiten in abgrenzbaren Regionen aufgrund der ihnen vorgegebenen Fähigkeiten in Auseinandersetzung mit der Umwelt und ihrer Gestaltung in ihrem Handeln in Theorie und Praxis Hervorgebrachte (Sprache, Religion, Staat, Politik, Technik, Kunst...), auch der Prozess des Hervorbringens und des Reproduzierens der verschiedenen kulturellen Inhalte und Modelle". Diese Definition bezieht sich direkt auf eine Nationalkultur („zu bestimmten Zeiten in abgrenzbaren Regionen") und hebt zwei Aspekte der Kultur hervor: „das Hervorgebrachte" und „der Prozess des Hervorbringens".

Zahlreiche Kulturdefinitionen in der Literatur variieren von ganz kurzen und einfachen bis zu sehr komplexen Formulierungen. Für Clifford Geertz (1983)[36] ist Kultur ein harmonisches Ganzes, Trompenaars (1994)[37] versteht unter Kultur Normen und Werte. Nach Hall (1984)[38] ist Kultur „ein System zur Produktion, Übermittlung, Speicherung und Verarbeitung von Information." Für Hoecklin (1995)[39] bedeutet Kultur ein System geteilter Bedeutungen, das relativ, gelernt und gruppenbezogen ist. Kluckhohn (1951)[40] gibt eine besonders umfassende Definition der Kultur:

- "Culture is learned.

---

36 Geertz, C.: Local Knowledge: Further Essays in Interpretive Anthropology. New York, 1983

37 Trompenaars, F.: Riding the Waves of Culture. Understanding Diversity in Global Buseness. Chicago, 1994, S. 26

38 Hall, Edward /Hall, Mildred: Verborgene Signale. Studien zur internationalen Kommunikation. Hamburg, Gruner+Jahr, 1984, S. 16

39 Hoecklin, L. Managing Cultural Differences. Strategies for Competitive Advantage. 1 reprint. Wokingham, 1995

40 Kluckhohn, 1951, S. 87

- Culture is structured.

- Culture derives from the biological, environmental, psychological and historical components of human existence.

- Culture is divided into aspects.

- Culture is dynamic.

- Culture is variable.

- Culture exhibits regularities that permits ist analysis by the methods of science. Culture is the instrument, whereby adjusts to his total setting, and gains the means for creative expression".

Dabei wird Kultur als ein umfassender Zusammenhang des menschlichen Verhaltens mit verschiedenen Komponenten und dynamischem Charakter verstanden.

Hofstede (1984) bezeichnet Kultur als „mentale Software", die in einem Sozialisationsprozess kulturell programmiert wird. Im Laufe dieser Sozialisation und vor allem in der Kindheit, der Primärsozialisation, erwirbt das Individuum bestimmte Muster des Denkens, Fühlens und Handels, die als Werte und Haltungen beschrieben werden.

Aus der verhaltensorientierten Perspektive unserer Betrachtung kann man zusammenfassend Kultur wie folgt definieren: Kultur ist ein unbewusstes verhaltensbeeinflussendes Werte- und Normensystem (bestimmte Muster des Denkens, Fühlens und Handels), das im Laufe der Sozialisation erlernt und in einer Gemeinschaft kollektiv geteilt und weiter getragen wird.

In dieser Definition kann man unter "Kultur" eine Nationalkultur, Unternehmenskultur, Familienkultur, Kultur der Menschheit usw. verstehen. Unabhängig von der Größe einer Einheit kann sich eine eigene Kultur entwickeln. In jeder Gesellschaft (Nationalkultur) existieren mehrere Subkulturen (nach der Religion, Region, Geschlecht, Generation, dem Beruf, Alter und weiteren Merkmalen zusammengestellt). Eine Person kann gleichzeitig mehreren Subkulturen angehören, wobei die jeweilige Nationalkultur im Verhalten meistens die dominierende Rolle spielt.

3 Zum Begriff "Wissen" im Sinne der Betrachtung

Wie jedes andere Objekt, kann man auch "Wissen" aus vielen unterschiedlichen Perspektiven betrachten.

Sozialwissenschaftler verstehen Wissen am meisten "als Fähigkeit zum sozialen Handeln (Handlungsvermögen)"[41.] Für die Hirnforscher ist unser Wissen über die Welt "über Stärke und Ausmaß von Verbindungen der Neurone im Gehirn kodiert"[42] . Informatiker und Fachleute im Bereich „Künstliche Intelligenz" setzen häufig die Begriffe „Wissen" und „Information" gleich[43.] Betriebswirtschaftler benutzen für die Definition die verwandten Begriffe "Informationen" und "Kenntnisse". Zum Beispiel, ist Wissen nach Oberschulte[44] „ein Zustand, der sich aus einer Menge von Informationen zusammensetzt, die im Gedächtnis gespeichert wird." Nach Kluwe[45] umfasst Wissen „sämtliche Kenntnisse über die Realität, Sachverhalte, Personen, Normen, Werte und Handlungen". Diese Formulierungen weisen große Ähnlichkeit mit dem Begriff "Kultur" auf.

Für interkulturelle Fragestellungen eignet sich am besten eine verhaltensorientierte Definition. Das soll nicht bedeuten, dass wir die berühmte Formulierung "Wissen ist Macht" benutzen werden, die wegen falscher Übersetzung irrtümlich Francis Bacon zugeschrieben wird. Seine These "scientia est potentia" bedeutet tatsächlich Macht des Wissens als eine Fähigkeit, etwas in Gang zu setzen[46].

Unserer Verhaltensperspektive steht die Wissensdefinition von Probst (1997) als die Gesamtheit der Kenntnisse, Fähigkeiten und Fertigkeiten, die Personen zur Lösung von Problemen einsetzen am nächsten. Insofern wird das Wissen persönlich erworben und im Verhalten umgesetzt.

---

41 z.B. Nico Stehr: Wissen und Wirtschaften. Suhrkamp Verlag, Frankfurt am Main, 2001, S.62

42 Frei zitiert nach Harald Lachnit: Assoziatives Lernen und Kognition. Spektrum, 1994, S. 21

43 Z.B. Wilhelm Steinmüller: Informationstechnologie und Gesellschaft, Wissenschaftliche Buchgesellschaft Darmstadt.

44 Oberschulte, Hans: Organisatorische Intelligenz. Rainer Hampp Verlag, München und Mering, 1990, S. 17.

45 Kluwe, Rainer H.:Wissen, in: Sarges, Werner (Hrsg.), Management-Diagnostik, Göttingen-Toronto-Zürich, 1990,S. 174-181.

[46] Frei nach Nico Stehr: Wissen und Wirtschaften. Suhrkamp Verlag, Frankfurt am Main, 2001, S.62

Wir werden uns mit dem Wissen im weiten und im engen Sinn auseinandersetzen.

Unter " Wissen im weiten Sinn" wird die ganze Summe der verarbeiteten Erfahrungen der Menschheit verstanden. Diese Definition steht dem Begriff "Kultur" nach Meyers Lexikon sehr nah.

Unter "Wissen im engen Sinn" werden wir das Wissen einer Person verstehen, d. h. das Ergebnis der Verarbeitung von theoretisch und praktisch im Laufe des Lebens erworbenen Informationen, das die Grundlage für das persönliche Handeln bildet. Das persönliche Wissen führt zu drei Formen von Kompetenzen - das so genannte Drei-Komponenten-Modell: kognitive, emotionale und konative Kompetenz. Dieses Drei-Komponenten-Modell ist den Menschen bereits seit Jahrtausenden bekannt, z.B. die triadische Einleitung der Persönlichkeit von Platon (Begierde, Wille, Vernunft), von Pestalozzi (Herz, Hand, Kopf) oder von Steiner (Geist, Seele und Körper).

Unter kognitiver Kompetenz sind Kenntnisse, unter emotionaler Kompetenz Einstellungen und Empfindungen zu verstehen. Konative Kompetenz (Fertigkeiten und Handeln) bedeutet die Fähigkeit, Einstellungen und Kenntnisse in der Praxis umsetzen zu können.

Außerdem ist für eine verhaltensorientierte Definition des Wissens seine Klassifikation in explizites und implizites besonders wichtig. Explizites Wissen ist dem Individuum bewusst, lässt sich verbalisieren, dokumentieren und übertragen. Implizites Wissen ist nicht bewusst und nicht verbalisierbar. Diese Art von Wissen ist schlecht dokumentierbar, es wird so zu sagen "zwischen den Zeilen" gespeichert. Dabei bildet genau das implizite Wissen die Grundlage einer Kultur, es wird in den Traditionen, üblichen Verhaltensweisen, authentischen Formen der Nationalkunst usw. verankert und weiterentwickelt. Das implizite Wissen kann nur in der Praxis erlernt (in erster Linie durch primäre Sozialisation - Muttersprache, Familie, Erziehung usw.) und weitergetragen werden.

Für die interkulturelle Betrachtung sind auch die Dimensionen des Wissens von Bedeutung: syntaktische, semantische und pragmatische. Jede Wissenseinheit ist demnach nicht nur eine Zusammenstellung von Zeichen bestimmter Art (syntaktische), die einen Sinn ergibt (semantische), sondern sie hat immer einen Zweck (pragmatische Dimension). Und der Zweck wird dabei von der handelnden Person eingebracht. "Macht des Wissens" nach Bacon ist nur durch einen Menschen möglich. Das macht die Analyse von Wissensdimensionen für verhaltensorientierte und interkulturelle Fragestellungen unverzichtbar.

4   Das Verhältnis zwischen "Kultur" und "Wissen"

Wie die diskutierten Definitionen aufzeigen, gibt es sowohl bei dem Begriff "Kultur" als auch bei dem Begriff "Wissen" mehrere Betrachtungsperspektiven, die eine einheitliche Begrifflichkeit praktisch ausschließen. Das gleiche gilt für das Verhältnis von Kultur und Wissen.

Zuerst möchte ich Kultur und Wissen auf der persönlichen Ebene betrachten.

Bereits vor einigen Jahrtausenden hat Konfuzius[47] gesagt: "Von Natur aus sind die Menschen gleich. Durch ihre Gewohnheiten werden sie verschieden." Zur Zeit ist das kulturanthropologische Konzept der subjektiven Kultur allgemein verbreitet[48]: die Vertreter verschiedener Kulturen unterscheiden sich in ihrer Wahrnehmung, ihrem Denken und Verhalten. Einige moderne sprachwissenschaftlich-philosophische Theorien[49] besagen, dass unser Denken davon abhängig sei, was für eine Muttersprache wir sprechen, denn die Denkprozesse, die zumindest teilweise in Wortform ablaufen, sind unmittelbar mit dem entsprechenden sprachlichen System verbunden.

Ein Mensch wird in eine Kultur herein geboren: man kommt nicht als Deutsche oder Russin zur Welt, man wird es in einem Sozialisationsprozess. Psychologen und Erziehungswissenschaftler messen der Primärsozialisation in der frühen Kindheit eine besonders große Rolle bei. In dieser Zeit wird sehr viel und intensiv gelernt, insbesondere das Wissen der eigenen Kultur erworben (in Form von explizitem und implizitem Wissen). Danach handelt ein Mensch unbewusst nach den geschriebenen und ungeschriebenen Regeln der Gesellschaft, ohne sich selbst seiner eigenen Kultur bewusst zu sein. Im Laufe der allgemeinen und beruflichen Bildung wird nicht nur neutrales, universelles Wissen vermittelt, sondern gleichzeitig die jeweiligen kulturellen

---

47 Konfuzius, chinesischer Philosoph, Lunyü 17.2, 551 – 471 v. Chr.

48 Vgl. Hall 1976, Triandis 1977, Hofstede 1984 u.a.

49 z.B. "Das linguistische Relativitätsprinzip" von Whorf (1956), "Theorie des sprachlichen Zeichens" von Ferdinand de Saussures u.a.

Normen und Werte, traditionelle Denk-, Kommunikations- und Verhaltensweisen. Das gleiche gilt für die Selbst- und Weiterbildung. Im beruflichen Leben, in der Familie, in den gesellschaftlichen Institutionen, im Alltag - das erworbene und benutzte Wissen ist immer Wissen innerhalb einer Kultur.

Das bedeutet, dass persönliches Wissen, wie wir es definiert haben, - als das Ergebnis der Verarbeitung von theoretisch und praktisch im Laufe des Lebens erworbenen Informationen, das die Grundlage für das persönliche Handeln bildet - relativ kulturabhängig ist. Diese Abhängigkeit wird als *relative* bezeichnet, weil das Wissen im weiten Sinn relativ kulturunabhängig ist, was weiter ausführlich diskutiert wird.

Die relative Kulturabhängigkeit des persönlichen Wissens bezieht sich insbesondere auf die implizite Komponente des Wissens: ungeschriebene, in der Kindheit angeeignete Wertvorstellungen und Verhaltensformen, die eine Kultur ausmachen. Diese Komponente ist stark mit der emotionalen und konativen Kompetenz des Handelns verbunden, die entsprechend stark kulturell geprägt werden. Kognitive Kompetenz (Kenntnisse, "kulturneutrale" Daten und Fakten) ist weniger kulturabhängig.

Aus den oben genannten Wissensdimensionen ist die pragmatische besonders kulturrelevant, weil die Ziele und Motive einer Person in hohem Maße von dem Wertsystem der jeweiligen Nationalkultur und/oder Subkultur beeinflusst werden.

Das Verhältnis zwischen "Kultur" und "Wissen im weiten Sinn" ist nicht weniger kompliziert. "Kultur" haben wir als ein unbewusstes verhaltensbeeinflussendes Werte- und Normensystem (bestimmte Muster des Denkens, Fühlens und Handels), das im Laufe der Sozialisation erlernt und in einer Gemeinschaft kollektiv geteilt und weiter getragen wird, definiert. Danach ist das Wissen im weiten Sinn - die Summe von verarbeiteten Erfahrungen der Menschheit - gleichzusetzen mit der Weltkultur. Die Nationalkulturen bilden in ihrem Austausch und der gegenseitigen Ergänzung das menschliche Wissen. Dabei spielen jeweilige Nationalkulturen und Subkulturen (die auch international sein können - z.B. Hippi-Bewegung, Green Peace, Genforscher aus verschiedenen Ländern usw.) ihren eigenen Part und befinden sich in einem dialektischen Verhältnis mit dem Wissen: sie bereichern und ergänzen sich gegenseitig durch Wissens- und Kulturaustausch, Konflikte und Widersprüche.

Alle 198 Länder der Welt haben ihre eigene Geschichte und einmalige Nationalkultur. Damit leistet jedes Volk seinen unersetzbaren Beitrag in die Weltkultur und in das Wissen der Menschheit. Zahlreiche Forscher und Wissenschaftler (Hofstede (1984), Ronen/Kraut (1977), Trompenaars (1994)) haben versucht, Kulturen und ihre Dimensionen zu untersuchen und bestimmte Vergleichskriterien für die Beschreibung einzelner Länder zu entwickeln. Die berühmteste, auch wenn nicht unumstrittene, empirische Studie stammt von dem niederländischen Wissenschaftler Geert Hofstede, der in seiner Untersuchung in den 80-er Jahren über 116000 Fragebögen aus 67 Länder analysiert hat. Dabei hat er seine bekannten Kulturdimensionen (Machtdistanz, Unsicherheitsvermeidung, Individualismus versus Kollektivismus, Maskulinität versus Feminität, Kurzzeit- versus Langzeitorientierung) eingeführt, die in verschiedenen Gesellschaften unterschiedlich stark ausgeprägt seien ("länderspezifische Punktzahlen") und deswegen ein kulturelles Bild des Landes bilden. Auch wenn es, meiner Meinung nach, eine unerläßliche Pauschalisierung bedeutet (das menschliche Verhalten ist stark personenabhängig; die Gesellschaften sind nicht starr, sondern entwickeln sich ständig; es gibt mehrere Subkulturen im Rahmen einer Kultur usw.), spielen die Hofstede´schen Dimensionen und Länderpunktzahlen eine bedeutsame Rolle in der interkulturellen Praxis, zum Beispiel, für die Entwicklung von interkultureller Sensibilität, bei der Vorbereitung auf einen Auslandsaufenthalt oder für die Manager in internationalen Teams.

Die nationalkulturellen Differenzen kommen insbesondere in den internationalen Kooperationen und multikulturellen Unternehmen zum Ausdruck. Wie die Statistiken zeigen, "scheitern bis zu 70% der transnationalen Unternehmungen und/oder Kooperationen an interkulturellen Problemen".[50]

Die relative Kulturabhängigkeit des Wissens hat dabei zwei Seiten: sowohl die *Wissensinhalte* von Einheiten (von Unternehmen oder Mitarbeitern), als auch ihr *Wissensverhalten* sind länderspezifisch geprägt.

Die relative Kulturabhängigkeit der Wissensinhalte wird dadurch verursacht, dass das Wissen einer Einheit (eines Unternehmens) im Rahmen einer Kultur erworben, dokumentiert, gepflegt, entwickelt, benutzt und weiter getragen wird. Wie auch bei persön-

---

50 Apfelthaler(1999), S. 13

lichem Wissen, spiegelt sich diese Kulturabhängigkeit der Wissensinhalte in dem impliziten Wissensteil und in der pragmatischen Wissensdimension wieder. Noch stärker kulturabhängig ist das Wissensverhalten (der Umgang mit dem Wissen) eines Unternehmens oder eines Mitarbeiters. Diese Aspekte sind für die Managementpraxis besonders relevant und werden weiter betrachtet.

Die interkulturelle Problematik wird dadurch besonders kompliziert, dass das Verhalten von Einzelpersonen nicht nur von der Zugehörigkeit zu den verschiedenen Nationalkulturen verursacht wird, sondern von mehreren Subkulturen und individuellen Merkmalen. Außerdem steht den geschichtlich geprägten Unterschieden zwischen Nationalkulturen die Tendenz der Globalisierung und der Internationalisierung der Welt gegenüber.

5   Einfluss von Internationalisierungs- und Globalisierungstendenzen

Die Internationalisierung des Wissens ist genau genommen keine Erfindung unserer Zeit - bereits im Altertum und im Mittelalter gab es einen breiten Wissens- und Kulturaustausch. Die Entwicklung der Drucktechnik hat diesen Prozess beschleunigt und verstärkt. Erfindung und Verbreitung von Massenmedien im zwanzigsten Jahrhundert hat die Grenzen zwischen den Ländern transparent gemacht und zu einer Konvergenz der Gesellschaften geführt. Dank dem Informationsaustausch, den internationalen Kooperationen, der Migration und den Fernreisen rücken viele Länder der Welt immer mehr zusammen. Man kann von einer Homogenisierung der Kulturen reden. Aber diese Homogenisierung vollzieht sich am meisten an der Oberfläche: Konsumgewohnheiten, Musikvorlieben und Modetrends nähern sich an, nicht doch die Werte und Normen, auf welchen die jeweiligen Gesellschaften basieren. Deswegen bezeichnet, zum Beispiel, Scholz[51] diesen Prozess als "Oberflächenharmonisierung".

Mit der Entwicklung der Datenverarbeitung, Satellitentechnik und insbesondere des Internets hat der Wissensaustausch einen qualitativen Sprung gemacht: die Welt ist zu einer Einheit geworden. Wird deswegen das Wissen automatisch international? Die Antwort lautet: international zugänglich. Das Wissen könnte als *in-*

---

51 Scholz, Personalmanagement, 1993, S. 777

ternationales Wissen bezeichnet werden, wenn folgende Bedingungen erfüllt sind:

- Das Wissen ist international zugänglich (zumindest für die Fachleute),

- Das Wissen ist dokumentierbar und/oder kommunizierbar (das gilt vorerst nur für explizites Wissen, das implizite Wissen geht verloren; ferner hat jedes Wissen einen kulturellen Hintergrund, und ohne ihn ist es nicht immer möglich das Geschriebene richtig - im Sinne des Autors - zu verstehen),

- Das Wissen kann verstanden werden (ist fachlich korrekt übersetzt oder zumindest übersetzbar, was im Alltag immer noch problematisch sein kann),

- Die pragmatische Dimension des Wissens wird erkannt (diese Bedingung ist ebenfalls mit dem bereits erwähnten kulturellen Hintergrund verbunden, sie kann das Verständnis besonders extrem verhindern, wenn z.B. politisch-propagandistische Zwecke verfolgt werden, oder wenn eine Information ein reiner Werbespott ist usw.)

Wie diese Aufzählung zeigt, ist ein "international zugängliches" Wissen nicht immer zugleich "internationales" Wissen.

Zu den weiteren Auswirkungen des globalen Informationszeitalter gehört ein aktuelles, sich immer mehr zuspitzendes Problem: Wie kann man aus der Flut von international zugänglichen Informationen das gewünschte persönliche Wissen gewinnen? Dabei steht das internationale Angebot an Informationen dem kulturabhängigen Charakter des individuellen Wissens gegenüber. Ein Individuum muß nicht nur den expliziten Teil des Wissens verstehen können (dies setzt ein Verständnis von Sprache, Begriffssystemen, spezifischen Fachtermini usw. voraus), sondern auch den impliziten, um Information richtig zu interpretieren (dafür sind Kenntnisse von Kultur, Geschichte und Mentalität des jeweiligen Landes notwendig, es muss die pragmatische Komponente verstanden werden).

Zusammenfassend kann man behaupten: Globalisierung der Welt macht das Wissen im weiten Sinn international zugänglich, was langfristig unter bestimmten Bedingungen zur Milderung der relativen Kulturabhängigkeit der Wissensinhalte und des Wissensverhaltens führen kann. Andererseits, greift diese Tendenz eher oberflächlich und ändert wenig an dem Werte- und Normensystem, das heißt an der Kultur einer Gesellschaft. Das bedeutet, dass die relative Kulturabhängigkeit des Wissens prinzipiell nicht überwunden werden kann.

Insofern ist es wichtig, mit der kulturellen Abhängigkeit des Wissens und des Wissensverhaltens in der interkulturellen Praxis umgehen zu können.

6 Kulturabhängigkeit des Wissens in der Managementpraxis

Das Wissen einer Einheit (eines Unternehmens, einer Person) wird im Rahmen einer Kultur erworben, verarbeitet, dokumentiert, entwickelt und weitergetragen. Dabei werden sowohl die Wissensinhalte, als auch das Wissensverhalten von dieser Kultur beeinflusst.

Wissensinhalte sind weniger kulturell geprägt, weil die universellen Informationen praktisch kulturunabhängig sind. Und trotzdem sind die Wissensinhalte zumindest in folgenden Aspekten kulturspezifisch: syntaktisch - die Sprache (verbale oder Zeichensprache) ist länderspezifisch; semantisch - entsprechendes Strukturierungs- und Dokumentierungssystem, Zusammenhänge von Informationen aufgrund der kulturüblichen Logik; pragmatisch - Ziele und Zwecke der Wissensbeschaffung, -benutzung oder -entwicklung sind von dem Wertesystem einer Kultur geprägt.

Das Wissensverhalten einer Einheit - der Umgang mit dem Wissen - ist im größeren Maße kulturell beeinflusst, wie eben das Verhalten allgemein. Die "mentale Programmierung" des Verhaltens nach Hofstede spielt dabei eine wichtige Rolle: die länderspezifischen Verhaltensweisen werden unbewusst angeeignet und benutzt. Das gilt auch für den Umgang mit dem Wissen: wie werden Informationen in einem Unternehmen benutzt, was wird geheim gehalten und was offengelegt etc. Der Umgang mit dem Wissen bildet einen wichtigen Bestandteil einer Nationalkultur und einer Unternehmenskultur. Die bekannten Beispiele dafür auf der nationalkulturellen Ebene sind: das Geheimhalten von politischen Informationen und Statistiken (geschlossene Archive, Verschweigen von Informationen), die Nichtveröffentlichung oder Vernichtung von Regime-kritischen Büchern in den autoritären Gesellschaften der Vergangenheit und Gegenwart. Auf der Ebene der Unternehmenskultur kann folgendes genannt werden: das Benutzen von Informationen als Machtinstrument, das Treffen von Entscheidungen hinter geschlossenen Türen, das Nichteinbeziehen von Mitarbeitern in die Unternehmenspolitik, das Erstellen von geheimen Dossiers über Mitarbeiter, Methoden der Industriespionage, das Geheimhalten von Firmeninformationen den Mitarbeitern, Aktionären oder Kunden gegenüber. Diese Merkmale sind für verschiedene Länder- und Unternehmenskulturen mehr oder weniger ausgeprägt und müssen in der interkulturellen Praxis berücksichtigt werden.

Eine Unternehmenskultur kann als eine spezifische Form der Subkultur betrachtet werden, die sich in einem Unternehmen entwickelt. Unternehmenskultur ist ein von den Mitgliedern dieses Unternehmens akzeptiertes und getragenes Werte- und Normensystem, welches das Verhalten von Menschen in dem Unternehmen beeinflusst. Zum Beispiel, Scholz (1987)[52] definiert Unternehmenskultur als "das implizite Bewusstsein eines Unternehmens, das sich aus dem Verhalten der Organisationsmitglieder ergibt und das umgekehrt die formalen sowie die informalen Verhaltensweisen der Individuen steuert". Hofstede versteht unter Unternehmenskultur "die gemeinsame mentale Software der Menschen in einem Unternehmen" [53]. Für Perlitz (1995)[54] ist Unternehmenskultur ein historisch gewachsenes, von den Erlebnissen der Vergangenheit geprägtes, gruppenspezifisches Phänomen, das von gemeinsam geteilten Wertehaltungen bestimmt ist.

Die Unternehmenskultur kann sich in der Firmenphilosophie, den -leitlinien, der Raumgestaltung, den Statussymbolen, dem gegenseitigen Alltagsverhalten von Mitarbeitern und anderen expliziten Elementen äußern, doch die Basis bilden die Wertevorstellungen und Grundnormen. Das sind vor allem: Machtverhältnisse, Umgang mit Wissen, Einstellung zu Erneuerungen, Umgang mit Fehlverhalten und Lernfähigkeit. Diese Grundeinstellungen und Normen können schwer von den länderspezifischen und nationalkulturellen getrennt werden.

In unserem Kontext ist der Umgang mit Wissen als eines der Hauptelemente der Unternehmenskultur von besonderer Wichtigkeit. Unter dem "Umgang mit Wissen" sollen alle Prozesse und Operationen von Wissensgewinnung, Wissensverarbeitung (be-

---

52 Scholz, Christian: Strategisches Management - Ein integrativer Ansatz. Berlin-New York, De Gruyter, 1987, S. 88

53 Hofstede (1993), S. 33

54 Perlitz, M.: Internationales Management, 2. Aufl., Stuttgart 1995, S. 511

stehend aus Wissensbeurteilung, -transformation, -speicherung und eventuell -beseitigung) und Wissensweitergabe verstanden werden. Dabei sind sowohl die Methoden jeder Phase, als auch die Ziele (pragmatische Dimension) kulturell geprägt.

Die zahlreichen Forschungen auf dem interkulturellen Gebiet beweisen, dass die Unterschiede im Wissensverhalten in internationalen Kooperationen zu kommunikativen Problemen führen können. Analytiker von amerikanisch - russischen Kooperationen[55] , zum Beispiel, nennen unter den Besonderheiten der russischen Unternehmenskultur "das Benutzen des Wissens als Machtinstrument" und das „Unterdrücken der Verbreitung von Informationen". In den US-amerikanischen Firmen, dagegen, pflegt man die Offenheit im Umgang mit Informationen. Eine Vergleichsstudie[56] der Arbeitsstile von deutschen und französischen Managern zeigt, dass die Manager aus Frankreich eher zur Alleinnutzung von Informationen neigen, als die deutschen Kollegen: die Entscheidungen werden individualistisch getroffen (in Deutschland eher kollektivistisch), die Mitarbeiterführung sieht meistens autoritär aus (im Vergleich zu der deutschen konsensorientierten Führung). In den Kooperationen mit ostasiatischen Unternehmen[57] wird häufig der gegenseitige Informationsaustausch durch die Bereitschaft der asiatischen Partnern (Vietnamesen, Chinesen) sich ein- oder unterzuordnen, wesentlich erschwert.

Diese kulturellen Unterschiede kommen insbesondere in internationalen Fusionen und Kooperationen, in ausländischen Niederlassungen und Tochtergesellschaften zum Ausdruck, das heißt, wenn verschiedene Kulturen aufeinander stoßen. Was kann die Anpassung von Unternehmenskulturen bzw. Schaffung einer "dritten" gemeinsamen Kultur erleichtern? Die Studien und Erfahrungen belegen: die Unternehmenskulturen sollen nicht unbedingt gleich oder ähnlich sein, sondern vor allem müssen die Grundwerte übereinstimmen: Rollen- und Machtverteilung, Umgang mit Wissen; die Mitarbeiter müssen nach einer Fusion (oder in einer Kooperation) ähnliche Rechte und Pflichten behalten, wie vorher.

---

55 Barnes, Crook, Kobaeva: Stafford in Long Range Planning, 30(1997)4, S. 540-550

56 Barmeyer (2000), S. 264

57 Rothlauf (2000), S. 201

Die Auswirkungen der kulturellen Abhängigkeit auf das Management in der interkulturellen Praxis erfordern bestimmte gezielte Maßnahmen. Die Manager im Auslandseinsatz oder in den internationalen Teams benötigen eine Weiterbildung zur Entwicklung einer interkulturellen Kompetenz.

Unter interkultureller Kompetenz versteht man die Fähigkeit mit den Angehörigen anderer Kulturen erfolgreich zu interagieren. Die interkulturelle Weiterbildung ist auf zwei Hauptziele ausgerichtet - die Steigerung der kulturellen Sensibilität und das Erwerben von speziellen länderspezifischen Kenntnissen.

Zur Zeit führen zahlreiche Unternehmensberatungen und Personalabteilungen einiger Großunternehmen (z.B. Daimler-Chrysler, Deutsche Bank, Bayer AG u.a.) spezielle Schulungen für die Vermittlung von interkultureller Kompetenz durch.

Interkulturelle Kompetenz setzt sich, nach Barmeyer (2000)[58] "aus kognitivem Wissen und affektiver, emotionaler Einstellung bzw. kultureller Sensibilität zusammen... Ziel ist es jedoch, Kognitives und Emotionales im Rahmen interkultureller Interaktionssituationen in Verhalten und Handlungen umzusetzen". Insofern kann man, in Anlehnung an das im Punkt 3 erwähnte „Drei-Komponenten-Modell", die interkulturelle Kompetenz auf drei Verhaltenskompetenzen beziehen: kognitive (Kenntnisse, Verstehen), emotionale (Einstellungen, Empfindungen) und konative (Umsetzen in der Praxis). Dabei sind alle drei Komponenten wichtig und müssen in der Weiterbildung gelehrt (kognitive Komponente) und trainiert werden (affektive und konative Elemente, können nur durch Praxis vermittelt werden). Dabei spielt die praktischen Auseinandersetzungen mit fremden Kulturen eine ganz besonders sensibilisierende Rolle.

Für die Entwicklung der kognitiven Kompetenz ist das Erlernen von länderspezifischen Kenntnissen und kulturellen Dimensionen notwendig. Das Erwerben von emotionaler Kompetenz kann schlecht bewusst gesteuert werden und setzt eine Sympathie zu der anderen Kultur (insgesamt zu allen fremden Kulturen) voraus. Ferner können in der Weiterbildung Offenheit, Selbstreflexion und Toleranz geübt werden, die die emotionale Komponente verstärken können. Das Umsetzen der kognitiven und affektiven

---

58 Barmeyer, Christoph: Interkulturelles Management und Lernstile. Campus Verlag, Frankfurt/New York, 2000, S. 270.

Kompetenzen muß trainiert werden, dazu gehört eine hohe kommunikative Kompetenz und sprachliche Vorbereitung.

Und trotzdem kann keine Weiterbildung persönliche Erfahrung ersetzen. Man kann theoretisch sehr viel von einer anderen Kultur lernen, eine praktische Begegnung aber wird immer überraschen. In dem Sinn kann nur ein dauerhafter Aufenthalt in einem Gastland helfen, die jeweilige Kultur verstehen zu können. Persönliche Erfahrung ist das einzige Mittel, mit der Kulturabhängigkeit in der interkulturellen Praxis umzugehen. Unsere unbewusste eigene Kultur wird uns nur in der Begegnung mit einer fremden Kultur bewusst.

Im Rahmen der Weiterbildungsmaßnahmen sollen unter anderem die Besonderheiten des Wissensverhaltens in verschiedenen Kulturen erlernt und in Übungen (z.B. Rollenspielen) die entsprechenden Managementmethoden trainiert werden. Um das Problem des unterschiedlichen Wissensverhaltens in einer Kooperation (Tochtergesellschaft, Joint Venture usw.) in den Griff zu bekommen, kann man es zum Thema einer offenen Diskussion machen. In der Kommunikation hilft nichts besser, als ein Problem zu besprechen. So werden die Einstellungen und Wertvorstellungen von Partnern offengelegt und man kann zusammen einen Konsens im Umgang mit Wissen finden.

Die theoretischen Kenntnisse über die anderen Kulturen, zusammen mit der positiven Einstellung zu fremden Kulturen allgemein, und die praktischen Übungen während der speziellen Weiterbildung helfen den Managern mit der Kulturabhängigkeit des Wissens und des Wissensverhaltens in der internationalen Praxis erfolgreich umgehen zu können.

7 Schlussfolgerungen

Eine interkulturelle Betrachtungsperspektive ist unter anderem auf dem Gebiet des Wissensmanagements besonders wichtig, weil viele Aspekte der Wissensbildung, -verarbeitung und –weiterleitung kulturabhängig sind.

"Kultur" als unbewusstes verhaltensbeeinflussendes Werte- und Normensystem, das im Laufe der Sozialisation erlernt und in einer Gemeinschaft kollektiv geteilt und weitergetragen wird, und "Wissen" als Summe der verarbeiteten Erfahrungen von Menschen, stehen in einem sich gegenseitig beeinflussenden Verhältnis zu einander.

Das persönliche Wissen - das Ergebnis der Verarbeitung von theoretisch und praktisch im Laufe des Lebens erworbenen Informationen, das die Grundlage für das persönliche Handeln bildet - ist relativ kulturabhängig.

Bei dem Wissen im weiten Sinn sind sowohl die Wissensinhalte von Handlungseinheiten (von Unternehmen oder Mitarbeitern), als auch ihr Wissensverhalten länderspezifisch geprägt.

Die Globalisierung der Welt macht das Wissen international zugänglich, was langfristig unter bestimmten Bedingungen zu weniger Kulturabhängigkeit der Wissensinhalte und des Wissensverhaltens führen kann. Diese Tendenz greift derzeit noch eher oberflächlich und ändert wenig an der Kultur einer Gesellschaft. Das bedeutet, dass die relative Kulturabhängigkeit des Wissens in absehbarer Zeit nicht überwunden werden kann.

Es ist wichtig, mit der kulturellen Abhängigkeit des Wissens und des Wissensverhaltens in der interkulturellen Praxis umgehen zu können. Eine spezielle Weiterbildung für die Entwicklung interkultureller Kompetenz kann dabei eine gute Hilfe leisten. Diese Kompetenz bezieht sich auf drei Verhaltenskomponenten: kognitive (Kenntnisse, Verstehen), emotionale (Einstellungen, Empfindungen) und konative (Umsetzen in der Praxis). Die Kenntnisse des Wissensverhaltens in anderen Kulturen und entsprechende Übungen und Trainingsprogramme tragen zum erfolgreichen Verhalten von Managern in der interkulturellen Praxis bei.

8 Literatur

Apfelthaler, Gerhard: Interkulturelles Management als soziales Handeln. Wien, Service-Fachverlag, 1998
Apfelthaler, Gerhard: Interkulturelles Management. Wien: Manz-Verl. Schulbuch, 1999
Barmeyer, Christoph: Interkulturelles Management und Lernstile. Campus Verlag, Frankfurt/New York, 2000
Hall, Edward : Beyond Culture, 1976
Hall, Edward /Hall, Mildred: Verborgene Signale. Studien zur internationalen Kommunikation. Hamburg, Gruner+Jahr, 1984
Hofstede, Geert : Culture´s Consequence, 1984
Hofstede, Geert: Interkulturelle Zusammenarbeit: Kulturen - Organisationen - Management. Wiesbaden: Gabler, 1993
Hofstede, Geert: Lokales Denken, globales Handeln: Kulturen, Zusammenarbeit und Management. München, DTV, 1997

Kluckhohn, C. The Study of culture, in: Lerner/Larswell (Hrsg.): The Policy Studies, Stanford 1951

Kluckhohn, Clyde: Culture and Behaviour. New York, 1962

Oberschulte, Hans: Organisatorische Intelligenz. Rainer Hampp Verlag, München und Mering, 1994.

Scholz, Christian: Personalmanagement. Informationsorientierte und verhaltenstheoretische Grundlagen. München, Vahlen, 1993.

Triandis, Harry : Subjective Culture and Interpersonal Relations Across Cultures, in: Loeb-Adler, Leonore (Hrsg.), Issues in Gross-Cultural Research 285, 1977, S. 418-434.

Whorf, B. L.: Language, thought and reality. Cambridge, MA: MIT Press, 1956.

Teil III

Instrumente und Methoden

Christa Holzenkamp

Beschaffung und Anwendung von Wissen. Praktische Beispiele im Umgang mit Informationen und Wissen

1 Informationen als Quelle für Wissen

Jeder Mensch braucht Wissen für seine tägliche Arbeit und sein tägliches Leben. Um Wissen zu erwerben und anzureichern, sind vorhandene und neue Informationen in individuelles, gebrauchsfertiges Wissen umzusetzen und verfügbar zu halten. Wissen ist die Grundlage für qualifizierte Entscheidungen.

Der auf diesem Bild dargestellte Prozess gilt immer und überall, wo Menschen eine Entscheidung zu treffen haben. Auf Basis von

vorhandenem Wissen lässt sich eine qualifizierte Entscheidung treffen und entsprechend handeln.

Wissen ist Grundlage für qualifizierte Entscheidungen

Beim Handeln wird möglicherweise etwas Neues gelernt, das den nächsten Entscheidungsprozess beeinflusst. Egal, an welchem der vier Schritte der Kreislauf begonnen wird – es führt immer wieder zu dem Punkt, dass richtiges Handeln auf richtigem Wissen beruht und wenn das Wissen fehlt, es zunächst zu beschaffen ist.

Im Geschäftsleben wird der so genannte Knowledge Worker versuchen, möglichst passgenau sein Wissen zu beschaffen und anzuwenden. Indirekt helfen ihm dabei seine Werkzeuge, die Software-Anwendungen, die knowledge-enabled sind, d.h. die auf Basis seines Wissens arbeiten.

Die kritischen Fragen bei der Entwicklung vom Informations- zum Wissenszeitalter sind folgende:

- Wie können wir die wachsende Informationsflut bewältigen und das für uns relevante Wissen heraus filtern?

- Wie können wir den gewünschten Qualitätslevel bei unseren täglichen Aufgaben beibehalten?

- Wie können wir unser Wissen speichern und gegebenenfalls anderen zugänglich machen?

1.1 Umgang mit Informationen und Wissen

Es gibt nur zwei Arten im Umgang mit Informationen und Wissen

- Die Verarbeitung von Informationen und Wissen

- Die Speicherung und der Zugriff auf Informationen und Wissen.

Die Verarbeitung von Informationen und Wissen lässt sich in drei Aspekte unterteilt betrachten:

- Creation:
  Etwas ganz Neues wird entworfen und entwickelt. Diese neue Creation wurde noch niemals zuvor abgespeichert.

- Verteilung und Weiterleitung der Informationen an die nächste Adresse, die eine Person, eine Gruppe oder eine Software-Anwendung sein kann.

- Re-Produktion, Modifikation und Löschung:
  Wiederholung einer Aufgabe (Kopie), z.B. Ersetzen eines Zahlenwertes durch einen anderen, Extrahieren und Abgleich.

Zwei Wege im Umgang mit Informationen und Wissen

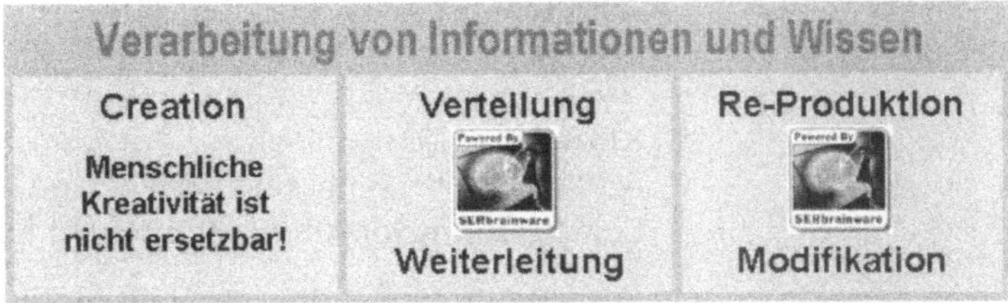

Abbildung 22 Umgang mit Informationen und Wissen

Unter Speichern und Zugriff von Informationen und Wissen werden drei Methoden betrachtet:

- Sequentiell (nicht-organisiert)

  Alle eingehenden Informationen werden aufeinander gestapelt so wie sie hereinkommen – sequentiell, eine auf die andere ohne jede weitere Art von Ablageorganisation. Ohne organisatorische Anhaltspunkte ist es allerdings eine Frage der Zeit, wie schnell sich die gewünschten Informationen aus dem Stapel herausziehen lassen.

- Indexiert (organisiert)

  Jede Information ist kategorisiert und indexiert anhand einer festgelegten Struktur. Jeder Zugriff auf die gewünschte Information beginnt damit beim Index. Da ein Index nur einen Bruchteil der ganzen Information wiedergeben kann, ist innerhalb einer Kategorie wieder sequentiell vorzugehen.

- Direkt und assoziativ

  Der direkte und assoziative Zugriff ist unabhängig von der Speichermethode (sequentiell, indexiert, ...). Die Informationen könnten sogar einfach chaotisch abgelegt sein. Anhand eines vorgegebenen Textbeispiels werden der jeweilige Kontext und damit auch verwandte Inhalte assoziiert. Der Zugriff auf Informationen und Dokumente erfolgt in einer ablage- und formatneutralen Knowledge Base. Die vielen weiteren Informationen, die in einer Knowledge Base reichlich vorliegen, bleiben bei diesem Ansatz einfach unberücksichtigt und stellen damit auch keine Informationsüberlastung mehr dar.

In der Verarbeitung ist nur die Creation unersetzlich, da die menschliche Kreativität bis heute nicht maschinell abgebildet werden kann. Aber alle weiteren Aspekte, die keine Kreativität erfordern, lassen sich durch die Softwaretechnologie SERbrainware abdecken. Diese Technologie lässt sich individuell trainieren und lernt anhand von vorzugebenden Beispielen, die den persönlichen Kontext beschreiben und Verarbeitungsweisen vormachen.

Wissen assoziieren, klassifizieren, extrahieren und speichern.
Mithilfe von maschinell gestützter Assoziation (Vergleich von Musterbeispielen mit dem Inhalt einer Knowledge Base), Klassifikation und Datenextraktion wird kontextgerecht Wissen beschafft und dem Benutzer und den Prozessen als Entscheidungsgrundlage zugeführt.

Die Frage, wo und nach welchen Methoden Informationen gespeichert wurden, ist eine Frage, die den IT-Endbenutzer nicht interessiert. Er will nur just-in-time auf das Wissen zugreifen, das er gerade in seinem persönlichen Kontext braucht, ohne lange das richtige Dateisystem zu suchen und sich Pfadnamen zu merken. Damit steht die Anforderung im Raum, den IT-Benutzer von den Speicher- und Zugriffsmethoden unabhängig zu machen und ihn auf die in seinem persönlichen Kontext relevanten Informationen zu fokussieren.

Unabhängigkeit liefert die knowledge-enabling Technologie SERbrainware, die das Wissen in einer Knowledge Base speichert und autorisierten Benutzern anhand individueller Interessensprofile den gezielten Zugriff gewährt. Die konventionellen Speicher- und Zugriffsmethoden (sequentiell und indexiert) bleiben unangetastet, während die direkte, assoziative Zugriffsmethode neu hinzukommt und alle konventionellen und neuen Wege zusammenführt. Alles, was auf einem Dateisystem oder in einem Dokumentenmanagementsystem abgespeichert wird, lässt sich in einer Knowledge Base für den inhaltlich und kontext-relevanten Zugriff bereitstellen.

Gerade, wo die Informationsflut weiter anschwillt und die herkömmlichen Methoden den heutigen Anforderungen nicht mehr genügen, wird der knowledge-enabling Effekt der SERbrainware-Technologie in der gleichbleibenden Qualität der Aufgabenerfüllung und der Arbeitsergebnisse sichtbar.

In den folgenden Abschnitten werden reale oder realisierbare Anwendungsszenarien aufgezeigt, die sich um die softwaregestützte Wissensbeschaffung oder die Verarbeitung von Informationen und Wissen drehen.

2 Beschaffung und Speicherung von Wissen

2.1 Schaffung einer Knowledge Base

Um auf Wissen zugreifen zu können, muss es zunächst greifbar gemacht werden. Wie die folgende Abbildung zeigt, lassen sich die verschiedensten Informationsquellen (z.B. File Server, Archive, Web-/Internet-Bereiche, Datenbanken) anzapfen, um die inhaltlich relevanten Informationen herauszuziehen und in der Knowledge Base formatneutral abzuspeichern.

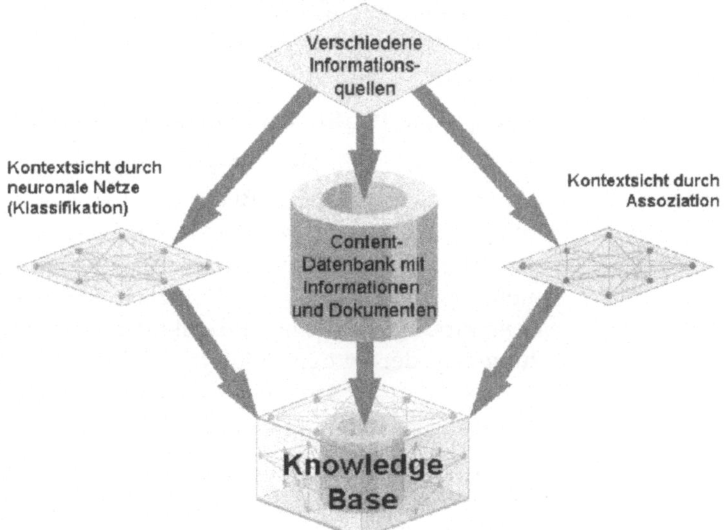

Abbildung 23 Knowledge Base

Das allein macht aber noch keine Knowledge Base aus. Ergänzend gehören dazu die individuellen Profile, die dem Content via Klassifikation und Assoziation den persönlichen Betrachtungswinkel in allen beliebigen Varianten geben.

Mit der Auswahl der Informationsquellen und der Definition des persönlichen Profils lässt sich ein unendlicher Fundus an zielgerichtetem Wissen aufbauen. Push-Dienste erweitern den Wissensfundus dadurch, dass der Push-Dienst als Wissenslieferant z.B. via Email auf Neuigkeiten aufmerksam macht. Solche persönlichen Interessensprofilen folgende Push-Dienste bieten zusätzlichen Komfort in der täglichen Anwendung.

2.2 Fallbeispiel: Marktbeobachtung

Marktbeobachtung und Marktforschung heißt, sich aktuell über den Markt zu informieren, in dem man sich selbst oder sich die adressierten Kundensegmente befinden. Kleinste Veränderungen im Wettbewerbsangebot oder neue Gesetzesvorschriften können die eigene Positionierung am Markt massiv beeinflussen.

Ein Knowledge Service zur Beobachtung der Wettbewerber

Für diese Art der Marktbeobachtung wurde ein firmenspezifischer Knowledge Service aufgebaut, der Produkte, Märkte und Wettbewerber beobachtet.

Dazu wurde ein gemeinsamer Informationsbestand auf Basis der verschiedensten Websites von Wettbewerbern, Fachzeitschriften, Foren, etc. zusammengestellt und in einer Knowledge Base gespeichert.

Knowledge Profile und Betrachtungswinkel

Parallel dazu wurden übergreifende Knowledge Profile erstellt, die allgemein nützliche Blickwinkel auf die Knowledge Base widerspiegeln. Ein Knowledge Profil definiert sich vor allem durch die erlernten typischen Beispieldokumente, die eine oder auch mehrere Klassen bilden. Zusätzlich kann jeder Mitarbeiter aus dem Produktmarketing, Produktmanagement, Vertriebsunterstützung etc., der an den Ergebnissen der Marktbeobachtung interessiert ist, sein persönliches Knowledge Profil mit weiteren Angaben erstellen und abspeichern.

Es gibt verschiedene Betrachtungswinkel oder Sichten auf den konsolidierten Informationsbestand, eben der Knowledge Base, die bei der Definition der Profile als sinnvoll erachtet wurden:

Anbieter

Die Sicht auf **Anbieter** beinhaltet alle Informationen, die zu einem Anbieter bzw. zu einem Wettbewerber gehören. Im Gegensatz zu den Produktsichten ist die Anbietersicht eher allgemein und fokussiert auf News, Trends, Ankündigungen, Presseveröffentlichungen etc.

Produkte   Die **Produktsicht** konzentriert sich auf die Produkte der Wettbewerber in einem bestimmten Bereich, z.B. Produkte für das Knowledge Management oder für das Knowledge Enablement.

Technologien   Die **Technologiebetrachtung** richtet sich auf die darunter liegenden Technologien der Produkte, z.B. neuronale Netze, Bayesianische Netze oder Fuzzy Mengen.

Themen   Die **thematische Sicht** separiert allgemein nach Themen in der Informationstechnologie, wie z.B. Knowledge Management, Prozess- oder Workflow-Management, Content Management oder Portale.

Branchen   Die **Branchensicht** zeigt die vertikalen Märkte, z.B. Finanzdienstleistungen, Telekommunikation, Energieversorger, Behörden oder Versicherungen.

Inhaltstypen   Die Sichtung nach verschiedenen **Inhaltstypen** separiert nach typischen Dokumentenarten, z.B. Pressemitteilungen, Fallstudien, Corporate News, Financial News, Marktberichte oder Produktbeschreibungen.

Profilierte Wissensbeschaffung

Die Benutzung der Knowledge Base ist anhand der Profile denkbar einfach. Entweder wird direkt via Assoziation (Textbeispiel eingeben und inhaltlich ähnliche Dokumente anzeigen lassen) auf die Knowledge Base zugegriffen, um die wesentlichen, kontextrelevanten Inhalte herauszuziehen oder es wird die Klasse ausgewählt, die zum Kontext passt, um daraus das benötigte Wissen zu schöpfen.

Als besonders wertvoll hat sich in dieser Umgebung der Push-Dienst erwiesen, der anhand des persönlichen Profils den Auftrag erhält, via Email das Hinzukommen von neuen kontextrelevanten Inhalten zu melden. Die Email zeigt einen kurzen Inhaltsausschnitt und verzweigt mit Links zu den gemeldeten Dokumenten.

Diese Art von persönlich zugeschnittener Wissensbeschaffung liefert den optimalen Filter, der durch den Marktbeobachter selbst definiert wurde. Ihm werden die gewünschten Inhalte für seine Grundlagenarbeiten geliefert und über den permanenten Update-Service erfährt er die relevanten Neuigkeiten.

2.3 Fallbeispiel: Analyse des Softwaremarktes (USA)

Die Aufgabe, die innerhalb von fünf Tagen zu erledigen war, hieß: „Ich brauche eine Zusammenfassung von maximal fünf Seiten über den amerikanischen Software-Markt und wie er sich vom amerikanischen produzierenden Industrie-Markt unterscheidet. Dieser Vergleich muss natürlich auch die vertikalen Segmente umfassen."

Begonnen wurde damit, zunächst die textbasierten Informationen diverser Websites in eine Knowledge Base zu übertragen. Die Auswahl dieser Websites fiel nicht schwer, denn einige Namen sind im Marketing-Umfeld gängig und weitere vielversprechende Sites wurden mit Hilfe der allgemein bekannten, webbasierten Suchmaschinen ermittelt.

Alles selbst zu lesen, war bei der Menge natürlich zeitlich völlig undenkbar.

Schließlich waren die vielfältigsten Websites als Informationsquellen angezapft und das gesammelte Wissen lag vor. Nun galt es, aus diesem üppigen Fundus das herauszufiltern, was wirklich für die Marktanalyse relevant war. Alles selbst zu lesen, war bei der Menge natürlich zeitlich völlig undenkbar.

Eine willkürliche, stichprobenartige Sichtung der gesammelten Informationen zeigte, welcher Gehalt zu erwarten war und führte damit zu einer ersten Struktur des Dokumentes der Marktanalyse. Mit dem assoziativen Zugriff auf das gespeicherte Wissen gelang es, Kapitel für Kapitel zu erarbeiten. Jeder Sinnzusammenhang des Entwurfs wurde als Anfrage in die Software-Applikation kopiert und die Trefferliste brachte wertvolle Inhalte der Knowledge Base zutage. Wenn die Treffer noch nicht explizit genug waren, dann wurde einfach eine ganze Textpassage aus einem der aufgezeigten Dokumente genutzt, um eine erneute Anfrage zu stellen. Spätestens dann waren die zuoberst angezeigten Dokumente echte Treffer und lieferten die gehaltvollen Sachverhalte.

Im Dialog mit einer Software-Anwendung, die die menschliche Sprache „versteht".

Es war damit schon fast ein Dialog mit der Applikation und nicht mehr nur die einfache Suche anhand von einzelnen oder kombinierten Schlagworten. Die Zusammenhänge und Details einer Anfrage wurden geradezu „verstanden". Eine Anfrage zum vertikalen Softwaremarkt in den USA lautete beispielsweise: "Ich suche nach Informationen zur Struktur des vertikalen Softwaremarktes in den USA zwischen 1999 und 2000". Tatsächlich wurden die Dokumente aufgezeigt, die gerade gebraucht wurden. Die relevanten Abschnitte wurden einfach markiert und in das neue Word-Dokument kopiert.

Das schwierigste war, sich immer wieder auf die ersten drei Treffer zu beschränken und nicht alles andere Interessante zu lesen und sich damit zu sehr in Details zu verstricken.

Der Rest war einfach: Die ersten drei Treffer wurden gelesen, die nützlichen Informationen zusammengefasst und umgeschrieben. In manchen Fällen bedurfte die gefundene Information keiner weiteren Bearbeitung. Sie wurde einfach kopiert und mit einer Fußnote versehen.

Das Ziel, eine Analyse des US-Softwaremarktes in nur fünf Tagen zu erstellen, war damit erreicht.

3 Verarbeitung eingehender Dokumente

3.1 Wissensgestützte Dokumenterfassung und Datenextraktion

Beim Posteingang oder beim Dokumenteneingang jedweder Art handelt es sich in der Regel um 20% strukturierte und 80% unstrukturierte Dokumente. Eine manuelle Bearbeitung ist bei Hunderten und Tausenden von eingehenden Dokumenten täglich kaum noch wirtschaftlich zu bewältigen. Daher werden die Dokumente zunächst digital erfasst. Bei diesem elektronischen Scan-Vorgang lassen sich bereits die Inhalte der Dokumente logisch erfassen. Anhand von gelernten typischen Musterbeispielen werden z.B. Beschwerdebriefe, Bewerbungsschreiben, Rezepte, Rechnungen oder Mahnungen erkannt und den entsprechenden Klassen zugeordnet. Anhand der Klassen lässt sich festlegen, ob und welche Daten zu extrahieren sind, z.B. Anschrift, Datum oder Bewerbung um welche Stelle.

Gewünschte Daten werden automatisch extrahiert.

Wo die Daten in den Dokumenten zu finden sind, wird anhand mehrerer Methoden ermittelt, z.B. anhand von relativen Textpositionen. Nahezu Intelligenz beweist das System, indem es selbständig lernt, anhand vorgegebener Buchstabenfolgen die gewollte Stelle im Dokument zu finden und durch die weitere Analyse des Kontexts die potentiellen Kandidaten zu identifizieren, z.B. wird in der Nähe der Buchstabenfolge „Rechnung ...“ eine Kunden-Nummer erkannt. Die Kandidaten lassen sich dann mit anderen Datenbeständen auf Richtigkeit oder Gültigkeit abgleichen, z.B. wird die Kundennummer in der Stammdatenbank mit dem zugehörigen Kundennamen verglichen. Erst nach erfolgreicher Validierung werden die Daten extrahiert. Dieser Datenabgleich führt zu einer erheblich verbesserten Qualität.

Durch diesen ständigen Abgleich von Kandidaten werden ganze Dokumente gegeneinander abgegrenzt und klassifiziert.

Durch frei setzbare Schwellenwerte wird festgelegt, bis wohin alles automatisiert abläuft und ab wann das Dokument mit den extrahierten Daten noch einmal sicherheitshalber einem Mitarbeiter vorgelegt wird.

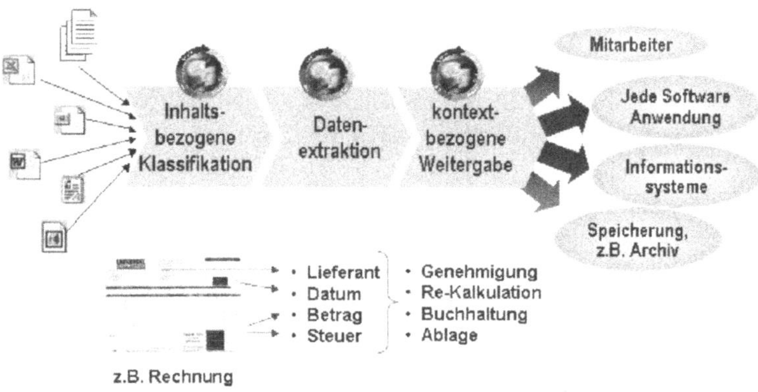

Abbildung 24 Wissensgestützte Verarbeitung

Anschließend werden die validierten Daten an nachfolgende Anwendungen (z.B. an ein ERP-System) weitergeleitet und die digitalen Dokumente z.B. mit Hilfe eines Dokumentenmanagement-Systems indexiert und abgelegt.

Dieser wissensgestützte Verarbeitungsvorgang automatisiert viele standardmäßige Bearbeitungsschritte von der einfachen Postverteilung bis hin zur gezielten Datenerfassung und -extraktion.

3.2 Fallbeispiel bei Stromversorgern

Durch die Öffnung des Strommarktes hat sich ein neues Geschäftsmodell für Stromzwischenhändler ergeben. Zuvor waren die Stromerzeuger die direkten Lieferanten zum Endverbraucher. Jetzt sind Stromanbieter hinzugekommen, die von verschiedenen Stromerzeugern die Leistung beziehen können und diese dann an die Endverbraucher weiterreichen.

Das Geschäftsmodell als solches soll hier nicht betrachtet werden, sondern der Prozess der Rechnungsstellung an den Endverbraucher, der sich ebenso vom Stromerzeuger auf den Stromhändler verlagert hat.

Knowledge-enabled Datenerfassung und -extraktion führen schnell zu rechenbaren Erfolgen.

Der Stromerzeuger ermittelt im üblicherweise jährlichen Rhythmus die Endverbraucher-bezogenen Werte, die als Grundlage für die Rechnungsstellung gegenüber dem Stromhändler dienen. Der Stromhändler erhält nun einmal jährlich Hunderttausende von Einzelabrechnungen - nicht digital, sondern in Papierformat - mit entsprechendem Zahlungsziel für ihn selbst.

Die Konsequenz für den Stromhändler ist klar: Es gilt, so schnell wie möglich die Papierrechnungen zu digitalisieren, um einerseits festzustellen, wie die Gesamtrechnung aussieht und ob sie stimmig ist und andererseits die Endverbraucherrechnungen unter eigenem Namen zu erstellen und zu versenden. Jeder Zeitgewinn bei diesem Verfahren lässt sich mit immensen Zinsgewinnen gegenrechnen.

Das im Abschnitt 3.1 beschriebene Verfahren der wissensgestützten Datenerfassung und -extraktion führt in diesem Fall zu sehr schnell rechenbaren Erfolgen. Die Rechnungen werden eingescannt, die erkannten Daten werden mit den eigenen Daten in einer Datenbank verglichen und gehen in die weitere Verarbeitung der Rechnungsstellung an den Endverbraucher.

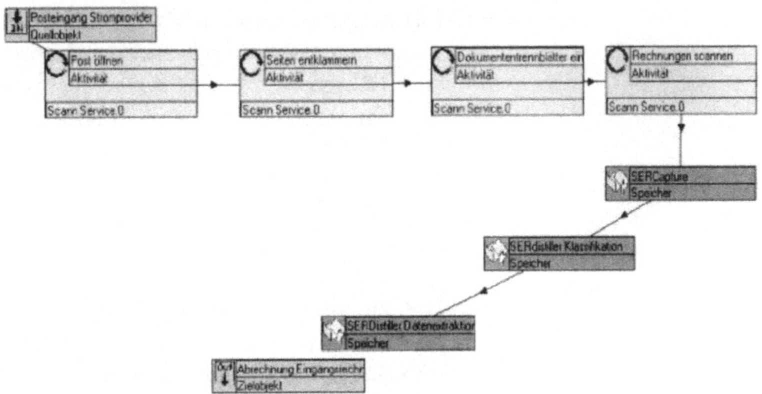

Abbildung 25: Prozessdarstellung.

Der Zeitgewinn ist gegenüber einer manuellen Bearbeitung enorm. Der Zinsgewinn entsprechend auch.

3.3 Fallbeispiele bei Versicherungen

Versicherer optimieren ihre Schadenaufwendungen durch die Verbesserung des Schadenmanagements. Die Schaden- und Unfallversicherer sehen sich laut einer Berechnung GDV (Gesamtverband der Deutschen Versicherungswirtschaft eV) der Tatsache gegenüber, dass im Jahr 2000 für die angefallenen Schadenaufwendungen 80% der Beitragseinnahmen verbraucht wurden. In der Kfz-Sparte überstiegen die Schadenaufwendungen mit 104% sogar deutlich die Einnahmen. Es ist damit höchste Zeit, die Optimierungspotenziale in der Schadenregulierung zu erkennen, umzusetzen und die Schadenquote zu senken.

Versicherer sehen Verbesserungspotenziale

Der beste Ansatz greift an dem Punkt, wo die Schadenmeldungen eintreffen:

- Es gilt, schon beim Eingang zu erkennen, um was für eine Art Leistungsanspruch es sich handelt, der per Post, Fax oder Email eintrifft.

- Es ist zwischen Bagatellfällen, komplizierten und Extremfällen zu differenzieren.

- Es ist festzustellen, ob es ein neuer oder ein schon bekannter Fall mit Historie ist.

Nach der Erkennung lassen sich die nächsten Schritte optimieren.

- Bagatellfälle können bis zu einem gesetzten Limit automatisch reguliert und durch Stichproben überprüft werden. Wertvolle Mitarbeiter sind produktiver und effizienter eingesetzt, da sie von einem Großteil der Routinetätigkeiten befreit sind.

- Die komplexeren Fälle werden automatisch an den zuständigen und qualifizierten Spezialisten zur manuellen Bearbeitung übergeben.

- Die zu allen Fällen zugehörigen Informationen werden in einer Knowledge Base festgehalten, um bei Bedarf den direkten und schnellen Zugriff sicher zu stellen.

Die Zielerreichung wird deutlich:

- Aufwand und Kosten der Schadenaufwendungen werden reduziert, da die internen Bearbeitungsverfahren schneller und effizienter wirksam werden. Bei konstanter Mitarbeiterzahl wird ein höheres Bearbeitungsvolumen erzielt. Sie gelangen zu einem schnelleren Exkasso.

- Ihr Service Level gegenüber den Versicherungsnehmern steigt deutlich, weil die Reaktionszeiten drastisch verkürzt werden und auf Nachfrage alle Daten für eine kompetente Beratung im direkten Zugriff liegen.

- Ihre Wettbewerbsfähigkeit wird verbessert und damit werden letztlich die Kunden stärker gebunden.

4 Automatisierte Beantwortung von Emails

4.1 Zero-Latency Response bei der Email-Kommunikation

Die Email-Kommunikation liegt nach der Telefon-Kommunikation mittlerweile schon auf Platz 2. In vielen Kunden- und Service-orientierten Unternehmen (z.B. Telekommunikationsunternehmen, Energieversorger und Banken) und Einrichtungen (Call Center, Kundendienst, Informationsportale oder eShops) ist damit die Flut der eingehenden Emails mit Anfragen, Beschwerden, Buchungen etc. enorm angestiegen. Trotzdem lautet das höchste Gebot, den Kunden nicht warten zu lassen und ihm den gewohnt schnellen und persönlichen Service zu bieten. Damit gilt es aber auch, dieser Flut Herr zu werden.

Mit einem lernenden Email-Beantworter lassen sich die Email-Fluten in den Griff bekommen.

Mit einem lernenden Email-Beantworter lassen sich die Email-Fluten in den Griff bekommen. Eingehende Emails werden bezüglich ihres Inhaltes analysiert und anhand ihres Inhaltes mit zuvor gelernten typischen Muster-Emails (Klassenbeispiele) in der Knowledge Base verglichen. Alle Email-Klassen sind mit ihren passenden Antworten verknüpft. Damit steht die Antwort fest, sobald die eingehende Email klassifiziert wurde, und wird dann innerhalb von Sekunden automatisch an den Email-Absender zurück adressiert. Dieser erhält damit eine seine schnelle und (vermeintlich) individuelle Antwort.

Wenn die eingehende Email sich nicht automatisch beantworten lässt, wird sie zusammen mit möglichen Antwortvorschlägen an einen geeigneten Mitarbeiter weitergeleitet. Der Mitarbeiter entscheidet nun, zu welcher Email-Klasse die neue Email gehört - damit ist gleichzeitig die Antwort entschieden - oder er richtet mit dieser Beispiel-Email eine neue Klasse in der Knowledge Base ein und erstellt manuell die zugehörige Antwort.

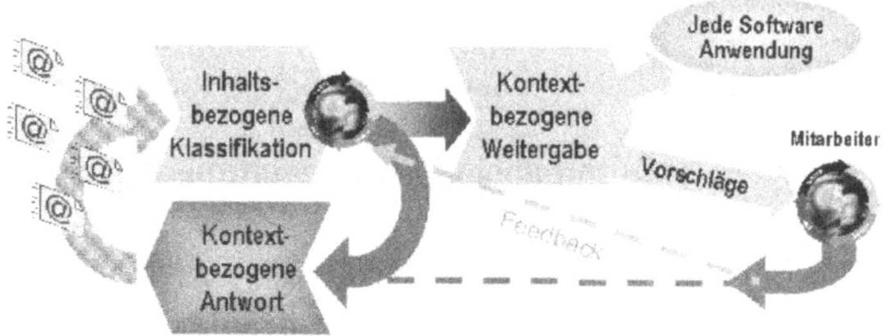

Abbildung 26 Wissensgestützte Email-Beantwortung

Für welchen Weg der Mitarbeiter sich auch entscheidet – der Kontext (= Inhalt der Email + Zuordnung zur Klasse + Antwort) wird wiederum von dem Email-Beantworter gelernt und bei der Beantwortung zukünftiger Emails mit herangezogen. Somit lässt sich eine Vielzahl von Emails, die wiederkehrende Themen betreffen, immer effizienter automatisch beantworten. Die Kundennähe wird eindeutig verbessert.

4.2 Fallbeispiel einer amerikanischen Darlehensorganisation für Bildungszwecke

Diese Dienstleistungsorganisation für Studenten hat ihren Sitz in Arizona. Sie bietet Studenten, Schulen, Arbeitgebern und Leihinstituten in ganz USA Darlehen und sonstige Finanzdienste für Bildungszwecke.

Die Herausforderung hieß, das immer größere Volumen komplexer Emails im Zusammenhang mit Studenten-Darlehen schnell und angemessen zu beantworten. Gleichzeitig sollten Flexibilität und Offenheit bezüglich Veränderungen in der Gesetzgebung und den Bedürfnissen der Studenten gewahrt bleiben.

Mit dem automatischen Email-Beantworter kann der Dienstleister nun komplizierte Email-Anfragen rasch und genau beantworten sowie eine nützliche und konsistente Knowledge Base über Kundenanfragen und Antworten anlegen.

Das Ergebnis zeigt den Nutzen:

- Zufriedenere Kunden durch rasche Beantwortung der Anfragen in hoher Qualität

- Höhere Produktivität und Arbeitseinsparungen durch intelligente Automatisierung

Herausforderung an den Email-Service

"Wir haben festgestellt, dass seit der Explosion des World Wide Web immer mehr unserer Kunden unsere Dienste via Email in Anspruch nehmen," erklärt ein Mitarbeiter dieses Dienstleisters. "Seit wir einen Email-Dienst auf unserer Homepage eingerichtet haben, ist das Volumen auf eine alarmierende Menge angestiegen."

Das Email-Volumen ist auf eine alarmierende Menge angewachsen

Bevor der automatische Email-Beantworter zum Einsatz kam, handhabte der Dienstleister die komplexen Email-Anfragen der Studenten bezüglich Erhalt, Status und Aufschub von Darlehen manuell. Die Antworten auf diese Fragen variierten im Laufe der Zeit durch Änderungen in Gesetzgebung und Steuervorschriften. In der Vergangenheit mussten die Servicemitarbeiter die Antworten, die zeitsensitive Gesetzgebungen und Vorschriften betrafen, von Hand zusammensuchen.

"Wir brauchten eine Lösung für das Email-Verwaltungs- und -Antwort-Management, mit der wir allen Service-Bedürfnissen unserer Kunden rasch und genau entsprechen konnten."

Die Lösung mit automatischem Email-Beantworter

Die Kunden des Dienstleisters erhalten innerhalb von Stunden statt Tagen detaillierte Antworten in hoher Qualität auf ihre Email-Anfragen. Dem Dienstleister wird eine auf die eigenen Bedürfnisse anpassbare Email-Management-Lösung geboten, mit der sie aus jeder Email-Interaktion einen Mehrwert ziehen können.

Der automatische Email-Beantworter erhält sein Wissen durch die knowledge-enabling Technologie SERbrainware. Damit lässt sich der gesamte Inhalt und Kontext (nicht nur Schlüsselwörter oder –sätze) von Emails analysieren, mit Inhalten früherer Emails vergleichen und automatisch beantworten.

Ein Großteil der beim Dienstleister eingehenden Emails wird mit einem gleich bleibenden Niveau an Qualität in kürzester Zeit beantwortet - unabhängig von etwaigem Personalwechsel.

Produktivitätsgewinn

"Unsere Produktivität wurde seit der Installation um 25% gesteigert. Wir erwarten noch weitere sprunghafte Anstiege der

Produktivität und Kundenzufriedenheit durch die schnellen und exakten Email-Antworten. Wir sind von der knowledge-enabled Software und den vielseitigen Einsatzmöglichkeiten begeistert."

Der Darlehensdienstleister weiß die Vorteile einer knowledge-enabled Email-Management-Lösung zu schätzen, die auf intelligente Art die arbeitsintensiven Prozesse der manuellen Beantwortung detaillierter Email-Anfragen ersetzt.

5 Portale im individuellen Kontext

5.1 Interne und externe Knowledge Services

Ob es sich um öffentliche (Websites im Internet), halböffentliche (web-basierte Mehrwertdienste, Extranets) oder um unternehmensinterne Einrichtungen (Enterprise Information Portals, Intranets) handelt, spielt für die darunter liegende SERbrainware-Technologie keine große Rolle.

Das Prinzip der Wissensbeschaffung bleibt im Ansatz und Vorgehen immer identisch:

- Die Inhalte verschiedenster Informationsquellen werden erfasst und in einer Knowledge Base abgelegt.

- Der direkte, assoziative Zugriff hängt von persönlichen Profilen, Zugriffsberechtigungen und Kontext ab.

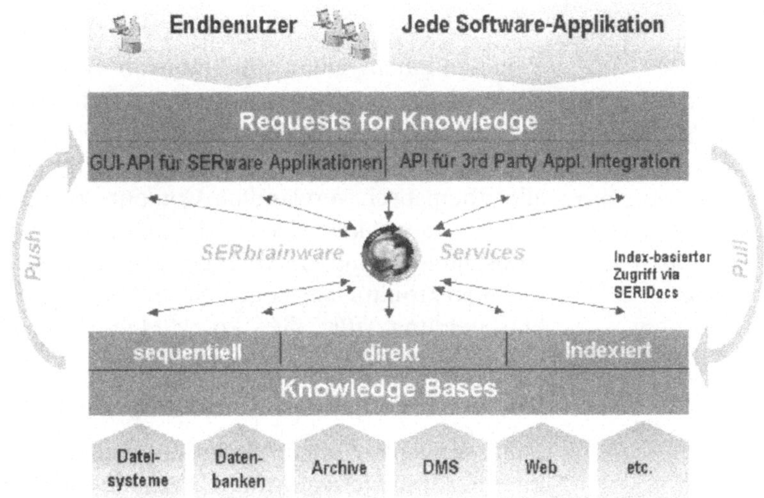

Abbildung 27 Knowledge-Services

Auf diese Grundlage setzen dezidierte Anwendungen zur Wissensbeschaffung oder –versorgung auf. Auch Software-Anwendungen von Dritten binden dieses lernende System mit ein und nutzen es zum Beispiel für knowledge-enabled Portale.

5.2 Fallbeispiel eines Zeitschriften-Portals

Ein Computer-Magazin hat für sein Online-Portal die neue Generation des InterRed Content-Management-Systems mit den SERbrainware-basierten Content-Agenten ausgewählt. Die Redaktion des Magazins steht mittlerweile einer Klickrate von mehr als 40 Millionen Webseitenzugriffen pro Monat gegenüber.

Die besagten Content-Agenten öffnen ganz neue Dimensionen der Portal-Personalisierung, die gepaart sind mit der automatischen Content-Steuerung für das Web-Portal.

Die intelligenten Content-Agenten zeigen dem Besucher „passende" Beiträge aufgrund inhaltlicher Verwandtschaft der Informationen und unterstützen den Redakteur schon bei der Bearbeitung von Webseiten, indem Sie auf Knopfdruck eine Vorschlagsliste mit themenverwandten Links anzeigen.

Grundlage ist die Fähigkeit der SERbrainware-Technologie, Textinhalte zu verstehen und somit jederzeit Wissen zu liefern, das den Interessen des Benutzers entspricht.

"Mit der intelligenten, SERbrainware-basierten Content-Agenten-Technologie realisieren wir die automatisierte Personalisierung unserer Inhalte. Die Nutzung dieser Technologie erlaubt uns mit minimalem Einsatz von Ressourcen eine maximale Verwendung aller thematisch verwandten Contents zu erreichen. Unsere Nutzer erhalten aktiv alle vorhandenen Informationen zum gewünschten Thema, unabhängig davon in welchem Bereich unserer Web-Struktur sie abgelegt sind" erläutert der Endkunde die Entscheidung für die knowledge-enabled Content-Agenten-Lösung.

Die vier intelligenten Content-Agenten

Beim Anwählen einer Webseite zeigt der **Kontext-Agent** dem Internet-Besucher sofort eine Liste mit Links zu weiteren Webseiten mit ähnlichen Inhalten. Die integrierte assoziative Suche von SERbrainware hat den gesamten Datenbestand der Website im direkten Zugriff und findet automatisch alle zugehörigen Inhalte. Das können neben Sachinformationen auch Links zu Werbung oder zu eCommerce-Angeboten sein. Wer zum Beispiel einen Beitrag zum Thema „Grafikkarten" liest, wird von den Kontext-Agenten mit Querverweisen zu inhaltlich verwandten Beiträgen versorgt. Er sieht so auch einen erst eben eingestellten aktuellen Beitrag, der darüber berichtet, dass die Grafikkarte einen Produktionsfehler hat.

Der **Profil-Agent** liefert auf Basis des bisherigen Benutzerverhaltens die passenden Inhalte. Beim „Surfen" über die Webseiten merkt sich der Agent die Themen, die den User besonders interessieren und fügt sie seinem Interessensprofil hinzu. Im Unterschied zum herkömmlichen Check-Box-Verfahren, bei dem der Benutzer vorgegebene Schlagworte aus einer Liste auszuwählen hat, verwendet SERbrainware den gesamten angezeigten Text als Muster für das gewählte Thema, so dass die Suchergebnisse wesentlich präziser sind. Zusätzlich kann der Benutzer seinem Profil Beiträge manuell hinzufügen. Bei jedem Aufruf des Profils erhält er dann aktuelle Informationen zum gewünschten Themengebiet.

Die **HotSpot-Agenten** können in Echtzeit die am häufigsten gelesenen Beiträge des gesamten Content-Pools bestimmen. Ein Portal, das mit einem HotSpot-Agenten automatisch die meistgelesenen Beiträge aller Websites der letzten Stunde anbieten kann, verstärkt die Klickrate dieser Presse-Informations-Lieferanten nochmals.

Die **Quality-Agenten** entscheiden aufgrund der durchschnittlichen Verweildauer auf einer Internetseite, was offensichtlich besonders lesenswert ist. Dabei werden die Ausreißer erkannt. So verfälschen beispielsweise Beiträge, die längere Zeit geöffnet sind, weil der Benutzer den Arbeitsplatz verlassen hat, das Ergebnis nicht.

5.3 Fiktives Beispiel eines eShops

Nehmen wir das Beispiel eines webbasierten Buchladens. Auf manch einer Webseite wird man mit primitiven Suchwerkzeugen allein gelassen, um zu finden, was man kaufen möchte. Wenn ich nicht genau weiß, was ich suche, ist es zeitaufwendig und frustrierend, mit immer neuen Stichworten hoffentlich das Gewünschte zu finden. Suchmaschinen liefern massenhaft Hinweise, aber wo ist der richtige Treffer unter den angezeigten 5.372 Treffern? Um beim Web-Einkauf das Gewünschte zu finden, muss man schon vorher wissen, was man will. Für ein Buch braucht man den Namen des Autors, den Buchtitel oder am besten die ISBN-Nummer.

Web-Shops mit individuellem Service

Stellen wir uns folgendes vor: Ich möchte irgendein Buch zu einem bestimmten Thema kaufen. In einem realen Buchladen würde ich einen Verkäufer um Hilfe bitten. Ich würde ihm das Thema z.B. so beschreiben: „Ritter in England im 15. Jahrhundert, die ...". Der Verkäufer würde einige Bücher vorschlagen und den ein oder anderen Titel besonders empfehlen. Warum können wir diesen persönlichen Service nicht auch beim Online-Einkauf erwarten?

Web-Applikationen mit neuer Dynamik

Die heutigen Online-Shops sind nicht dynamisch genug. Die Datenbank-Inhalte sind mehr oder weniger statisch mit der Shop-Anwendung verknüpft. Wenn der Shop-Inhaber sein Angebot neu sortieren oder erweitern will, dann ist die Reorganisation der Datenbank und gegebenenfalls die Anpassung der Shop-Applikation erforderlich. Eine Shop-Applikation, powered by SERbrainware, hätte nur einige Beispiele der neuen Sortimentklassen zu erlernen, um dem Online-Käufer neue Vorschläge machen zu können.

Kommen wir zurück auf den Online-Käufer, der seinen Buchtitel oder den Autor nicht weiß. Als Online-Käufer muss ich normalerweise anhand einer Reihe von Stichwörtern auswählen, was mich interessiert. Ich kann nicht einfach mit einem Textbeispiel aus einem anderen Buch, was mir gut gefallen hat z.B. "Hunderte von Rittern stürmten das Königsschloss und ..." auf die Suche gehen und auch noch annehmen, fündig zu werden.

Der Online-Shop in einer neuen Rolle

Knowledge-enabled Einkaufsprozesse verschaffen Erfolgserlebnisse

Wäre es nicht angenehm, wenn ich in einem Online Buchladen einfach ein paar kurze Sätze einer Geschichte vorgäbe und erhielte daraufhin eine Überblickliste über entsprechende Empfehlungen? Wäre es nicht ideal, wenn ich nicht auf Tippfehler und Grammatik achten müsste? Meine Buchempfehlungsliste könnte sogar die kurze Inhaltsbeschreibung von den Buchrückseiten liefern, soweit sie in der Wissensbasis des web-basierten Buchladens vorliegen.

Diese Art von Service, der mir ganz persönlich die richtigen Antworten auf meine Fragen liefert, und der mich von der Auswahl bis zur Kaufentscheidung kompetent begleitet, würde ich zu schätzen wissen. Auf Wunsch und ohne langes Ausfüllen von Online-Formularen dann auch noch den speziellen Service zu erhalten, anhand meiner Interessen und meines Käuferprofils per Email über Buchneuheiten informiert zu werden, wäre ein zusätzliches Plus für diesen Buchladen.

Dieses zur Zeit noch fiktive Anwendungsbeispiel zeigt bereits die Stärken von knowledge-enabled Einkaufsprozessen eines Online-Shops, die sowohl dem Geschäft als auch dem Kunden Erfolgserlebnisse verschaffen. Der Online-Shop gelangt viel näher an seine Kunden und bekommt eine neue Rolle als persönlicher Berater. Solch ein knowledge-enabled Web-Buchladen liefert viel mehr als nur ein Buch. Er liefert messbaren Mehrwert durch individuellen, kundenorientierten Service, den der Kunde auch beim nächsten Einkauf gern wieder wahrnehmen wird.

6   Wissensgestütztes Call Center

Kundenorientierung mit hoher Qualität

Contact oder Call Center repräsentieren ein Unternehmen gegenüber seinen Kunden, die von dem Gesprächspartner im Call Center neben Freundlichkeit auch kompetenten Service erwarten:

- Die Fragen, Wünsche und Beschwerden der Kunden sollen richtig verstanden werden.

- Die Fragen sollen zufriedenstellend beantwortet werden.

- Die Kundenaufträge zur weiteren Bearbeitung sollen richtig aufgenommen werden.

- Und das alles möglichst sofort.

Die Aufgabe des Call Center Managers ist es, den qualitativ hochwertigen Kundenservice sicher zu stellen. Seine Mitarbeiter müssen lernen, welche Kundenfragen am häufigsten vorkommen und wie diese umfassend hinterfragt und beantwortet werden. Sie sollen dabei die bestmögliche technische Unterstützung bekommen; denn dadurch lassen sich die Wartezeiten für den Kunden reduzieren.

Telefongespräche thematisch erkennen

Klassifizierung gesprochener Zusammenhänge

Mit der SERbrainware-basierten Applikation werden Kundentelefonate inhaltlich erfasst und klassifiziert. Das heißt, der gesprochene Text wird in Sekundenbruchteilen in einen digitalen Text umgesetzt und anhand dessen auf seine Inhalte analysiert. Durch den Vergleich mit beispielhaft vorgegebenen Themenklassen in der Knowledge Base lässt sich ein Gespräch schnell zuordnen.

Der Call Center Mitarbeiter bekommt beispielsweise einen Gesprächsleitfaden auf seinem Bildschirm eingeblendet, der ihm die typischen Schlüsselfragen und –antworten an die Hand gibt. Der Kunde wird die prompte und so verständnisvolle (Re-)Aktion zu schätzen wissen. Er braucht kaum auszusprechen, worum es ihm geht, denn der Call Center Mitarbeiter scheint den Grund seines Anrufes ohnehin sofort erfasst zu haben.

Leichte Anpassung an neue Kundenwünsche

Ein wertvoller Nebeneffekt ist, dass sich auch neue Themenklassen herauskristallisieren. Je öfter Themen angesprochen werden (z.B. in der Einführungsphase neuer Produkte), die sich noch nicht in einer vorhandenen Klasse widerspiegeln, lassen sich mit den gesammelten Beispielen einfach neue Klassen erstellen oder die vorhandenen umsortieren, so dass damit z.B. neue Themenfacetten erlernt werden und für die nächsten Telefonate als kontext-bezogenes Wissen greifbar sind.

Damit werden gleichbleibende Qualität und erhöhte Produktivität im telefonischen Kundenservice erreicht.

Klaus D. Leciejewski

Headhunting: Gezielte Beschaffung von personenbezogenem Wissen

1   Was ist ein Headhunter?

Headhunting ist ein ambivalenter Begriff. Einerseits weiß jeder Manager genau, welche Tätigkeit und welcher Personentyp mit diesem Begriff gemeint sind. Andererseits scheuen die meisten Vertreter dieser Zunft, sich selber so zu benennen, weil sie damit negative -sozial weniger anerkennenswerte - Assoziationen befürchten. Deshalb sind von ihnen verschiedene Synonyme kreiert worden:

Synonyme

Direktansprache, **Executive Search** oder **Direct Search**.

Headhunter verstehen sich als Personalberater. Der größte Teil ihrer Tätigkeit besteht aber kaum aus Beratung. Zumeist sind sie Personalbeschaffer .

Wenn in einem Unternehmen eine Position zu besetzen ist, wird ein Headhunter beauftragt, dafür den geeigneten Manager (oder auch Spezialisten) in einem anderen Unternehmen zu suchen. Zeitungsannoncen ermöglichen eine derartige Suche auch, doch diese erbringen immer seltener geeignete Resultate. Die Suche über Annoncen unterliegt dem Zufall, die über einen Headhunter ist gezielt und direkt.

Jobseeker

Die sogenannten "Jobseeker", also Manager, die auf dem Arbeitsmarkt sind, spielen nur eine untergeordnete Rolle.

Der Headhunter geht folgendermaßen vor:

Der Headhunter ermittelt Manager mit einer ähnlichen Position in einem anderen Unternehmen, ruft diese an ("spricht sie direkt an") und findet heraus, ob sie bezogen auf ihre Tätigkeit, ihr Alter und ihr Gehalt geeignet sowie wechselinteressiert sind.

Sind sie es, führt er ein persönliches Interview durch, um deren Eignung per Augenschein und in der Tiefe zu bestätigen. Danach stellt er den Manager (seinen Kandidaten) seinem Auftraggeber (seinem Klienten) im Unternehmen vor. Gelangt der Klient zur selben Auffassung und will der Kandidat tatsächlich die Position haben, ist der Auftrag für den Headhunter erfüllt.

Das ist zwar eine recht vereinfachende Darstellung der Tätigkeit des Headhunters, indessen ist sie für eine Analyse der Prozesse der Informationsbeschaffung in diesem - der Öffentlichkeit zumeist verschlossenem Beratungssegment - ausreichend. Der Headhunter ist also nichts weiter als ein Makler oder - um einen sozial anerkannteren englischen Begriff zu verwenden - ein Broker. Er bringt die Interessen des Unternehmens, seines Klienten, mit denen des Managers, seines Kandidaten, zusammen.

Der Klient ist zuerst nur an den aus seiner Sicht guten Kandidaten interessiert und der Kandidat nur an einem besseren Job.

2   Was verkauft der Headhunter?

Ein Headhunter ist ein Verkäufer, der allerdings vier mal verkaufen muss, um erfolgreich zu sein:

Erster Schritt

Zuerst muss er sich an seinen Klienten verkaufen. D.h. er muss, um einen Suchauftrag zu erhalten, das Vertrauen des Unternehmens erlangen. Er muss dem Klienten nachweisen können, der geeignete Headhunter zu sein. Dieser Nachweis umfasst zahlreiche Facetten, objektive wie subjektive, beispielsweise seinen Bekanntheitsgrad, seine persönliche Ausstrahlung, der Charakter seines Unternehmens, bisherige Erfolge, sein persönliches Beziehungsgeflecht u.a.m. Unter den objektiven Faktoren nimmt sein Wissen über die Branche, insbesondere über die darin agierenden Personen, eine Schlüsselfunktion ein.

Zweiter Schritt

Zweitens muss er sich dann dem Kandidaten verkaufen, d.h. dem Manager, den er an ein anderes Unternehmen vermitteln will. Er muss das Vertrauen des Managers gewinnen. Das erlangt er in der Regel ebenfalls über seine Seriosität und zugleich durch sein Wissen über die generellen Karrieremöglichkeiten des Managers in seiner Branche bzw. in der Wirtschaft insgesamt.

Dritter Schritt

Drittens muss er diesem Manager auch das Unternehmen verkaufen, an das er ihn vermitteln möchte, d.h. er muss den Manager überzeugen, dass sein Klient das richtige Unternehmen für ihn darstellt. Das gelingt ihm durch sein Wissen über das Unternehmen sowie dessen Stellung in der Branche.

Vierter Schritt

Und *viertens* muss er dann diesen Manager an seinen Klienten verkaufen, d.h. er muss dass Unternehmen überzeugen, den richtigen Manager ausgewählt zu haben.

Abbildung 28 „Vorgehensweise" eines Headhunters

Dafür ist sein Wissen über die persönlichen Eigenschaften und fachlichen Fähigkeiten des Managers sowie über das spezielle Segment des Arbeitsmarktes erforderlich, insbesondere über vergleichbare Manager in anderen Unternehmen.

Der Headhunter muss also wissen, wo geeignete Manager für seinen Klienten zu finden sind und wie er diese seinem Klienten verkaufen kann.

Wenn Wissen die Gesamtheit der Kenntnisse und Fähigkeiten zur Lösung von Problemen bezeichnet, dann verfügt auf dem Markt für Führungskräfte und Spezialisten nur der Headhunter über diese Gesamtheit, (vgl. Probst, S. 469).

Sein Kandidat und sein Klient können allein immer nur Ausschnitte dieser Informationen erlangen. Nur er kann das Gesamtgerüst verkaufen, aber er muss es mit Geschick verkaufen, d.h. er muss seine einzelnen Bestandteile kongruent mit dem Teilwissen von Kandidat und Klient präsentieren.

Informations-broker

Insofern ist der Headhunter auch ein Informationsbroker.

Dabei ist allerdings noch ein weiterer wichtiger Aspekt zu berücksichtigen, der oftmals in der Bewertung der Tätigkeit des Headhunters untergeht. Über seinen Kandidaten bringt der Headhunter neues bzw. fremdes Wissen in das Unternehmen seines Klienten, welches ohne ihn entweder gar nicht oder nur auf einem langwierigeren Weg dorthin gelangen könnte. Neue

Tätigkeiten mit neuen Inhalten entstehen zuerst immer nur in einigen Unternehmen. Indem der Headhunter den Trägern dieses Wissens berufliche Entwicklungen in anderen Unternehmen ermöglicht, verbreitet er damit auch indirekt dieses Wissen. Dies traf in den letzten Jahrzehnten auf verschiedene Berufe zu, wie beispielsweise den Controller, den Logistiker oder viele Tätigkeiten im IT-Segment, (vgl. Foschiani, S. 223).

3 Welche Informationsquellen benutzt der Headhunter für seine Suche?

Der Headhunter benötigt Informationen

- über die Branche bzw. die Wirtschaft insgesamt (Konjunktur, Wettbewerbsverhalten, Gehaltssituation, Perspektiven u.a.m.),

- über das Unternehmen und sein Umfeld (Produkte, Reputation, interne Situation, Entgeltabstufungen und Fringe Benefits sowie anderes mehr),

- über andere Unternehmen mit geeigneten Kandidaten (wirtschaftliche Situation, Aufbauorganisation, Fluktuation usw.),

- über die Kandidaten selber (Telefonnummer, Performance, Gehalt, Alter, Karrieremöglichkeiten, Wohnort u.v.a.m.).

Dafür stehen ihm fünf Informationsquellen zur Verfügung:

1. sein persönliches Netzwerk,

2. die öffentlich zugänglichen Datenbanken, Firmeninformationen und zahlreiche andere Informationen in Zeitungen, Zeitschriften u.ä.,

3. seine persönliche Datenbank,

4. die unmittelbar für einen Auftrag zu beschaffenden Informationen innerhalb der Suchunternehmen,

5. die Kandidaten selber.

4 Wie erlangt der Headhunter seine Informationen?

Zur 1. Quelle: Das persönliche Netzwerk existiert zuerst in seinem Kopf. Im Laufe der Zeit wird es jedoch so umfangreich, dass er es in einer speziellen Datenbank katalogisieren muss. Wird die immer noch vorhandene traditionelle Methode des Kartei- und Zettelkastens vernachlässigt, dann ist eine derartige Datenbank zumeist eine individuelle Applikation eines Standardproduktes.

Meine wichtigsten gesonderten Datenbanken sind

- sämtliche von mir jemals interviewten Kandidaten mit einer Kurzinformation, chronologisch und alphabetisch,

- sämtliche von mir platzierte Kandidaten,

- alle wichtigen Geschäftspartner (Klienten, Kandidaten, Journalisten, Kollegen und allgemein interessante Personen sowie Freunde) für eine regelmäßige Korrespondenz (Publikationszusendungen, Geburtstags und Weihnachtsgrüße).

Zur 2. Quelle: Die wichtigste Informationsquelle der meisten Headhunter ist immer noch die Hoppenstedt Datenbank über Groß- und mittlere Unternehmen. Es existieren jedoch inzwischen wenigstens zwei weitere, die eine vergleichbare Menge gut aufbereiteter Firmeninformationen zur Verfügung stellen: die Markus- und die Kompass Datei. Für weitergehende Informationen stehen verschiedene Datenbanken über das Internet zur Verfügung, allen voran die Genios Datenbank.

Jeder Headhunter wertet zudem individuell oder durch Mitarbeiter zahlreiche Zeitungen, Zeitschriften und Magazine aus.

Zur 3. Quelle: Dies ist eine Datenbank, in der sämtliche Kontakte und die dabei erlangten Informationen mit und über Unternehmen sowie darin tätige Manager aufgenommen werden.

Bei international tätigen Headhuntingorganisationen kann eine derartige Datenbank mehr als eine Million Datensätze umfassen. Meine eigene umfasst nur für Deutschland mehr als einhunderttausend.

Zur 4. Quelle: Für die allermeisten Headhunter ist dies die entscheidende Quelle. Er identifiziert in den Unternehmen geeignete Kandidaten. Dies ist im wesentlichen eine Informationsbeschaffung am Telefon. Diese Informationen werden in die dritte Quelle eingegeben und dann unmittelbar im weiteren Suchprozess umgesetzt.

Zur 5. Quelle: Öfters erweist sich diese Quelle als wenigstens genauso wichtig wie die vorhergehende. Im Interview erlangt der Headhunter Informationen über Details oder kann vorher gewonnene Informationen überprüfen. Je mehr Interviews er führt, desto umfangreicher wird in der Tendenz auch sein Wissen.

5   **Wie bereitet der Headhunter diese Informationen auf?**

Die zweite und die dritte Quelle liefern erste Grundinformationen. Die erste und die vierte Quelle stellen jedoch das entscheidende Wissen zur Verfügung. Die fünfte ergänzt die anderen.

Einige wenige Headhunter arbeiten hauptsächlich auf der Ebene von Vorständen und Geschäftsleitungen. Für sie ist die erste Quelle, nämlich die persönliche Erfahrung entscheidend. Dieses Wissen gibt er dann zur Bearbeitung an seine Mitarbeiter weiter. In der Regel erarbeiten jedoch die Mitarbeiter eines Headhunters mit Hilfe der Quellen zwei, drei und vier die Basis für die Tätigkeit des Headhunters. Alle fünf Quellen fließen dann nur in seinem Kopf zusammen.

Das Headhunting ist ein sogenanntes "people business". Die persönliche Beziehung in der Dreierkonstellation von Klient - Headhunter - Kandidat steht im Vordergrund. Sie ist für das Geschäft entscheidend. Ohne einen dauerhaften adäquaten Informationsfluss würde diese persönliche Beziehung jedoch obsolet werden.

Bei seiner Informationssuche muss der Headhunter die Relation zwischen Zeitaufwand, Kosten und Nutzen für sein Geschäft beachten.

Größere Headhuntingorganisationen sammeln zumeist mehr Informationen als kleinere. Der damit verbundene Aufwand verringert allerdings den zu verteilenden Profit. Allen anderweitigen Bemühungen zum Trotz ist jedoch eine Aussage unumstößlich: Es lässt sich für das Headhunting keine optimal erforderliche Informationsmenge ermitteln.

Abbildung 29 Informationsaufbereitung eines Headhunters

In der Tendenz sind aber diejenigen Headhunter erfolgreicher, die am besten über den Markt informiert sind. Allerdings sind dabei zwei wesentliche Umstände zu berücksichtigen. Zum einen ist dies die Fähigkeit des Headhunters, diese Informationen zielgerichtet aufzubereiten und zum anderen seine Fähigkeit, diese Informationen im Gespräch auch entsprechend zu kommunizieren.

6   Wie beeinflusst die Organisationsform das Wissensmanagement?

Es gibt drei verschiedene Organisationsformen von Headhunting-unternehmen:

1. Die Einzelgesellschaft oder "Boutique"

Zumeist ist dies ein Unternehmen mit einem Gesellschafter, der zugleich der Headhunter ist (öfters auch mit einem oder zwei zumeist nicht gleichberichtigten Partnern bzw. Beratern) und einigen Sekretärinnen bzw. Assistentinnen sowie Researchern. In der Regel sind dies nicht mehr als fünf bis zehn Personen.

2. Das nationale Unternehmen

Partnerschaft

Das ist eine Partnerschaft von in der Regel fünf bis zwanzig Partnern sowie zusätzlich noch etlichen Beratern unterhalb des Partnerstadiums sowie einer entsprechenden Anzahl von Sekretärinnen und Researchern. Insgesamt können dies in einem Land auch schon einmal einhundert Personen sein.

3. Die internationale Beratungsgesellschaft

In allen wichtigen Industrieländern unterhält ein solches internationales Unternehmen ein oder mehrere Büros. Die Eigentümer sind die Partner - oft über einhundert - oder das Headhunterunternehmen ist börsennotiert bzw. - recht selten - gehört es einem noch größeren Beratungsunternehmen. Ihre Organisation ist hierarchisch aufgebaut, von Länderchefs über Büroleiter, Juniorpartnern und normalen Beratern bis hin zu den einfachsten Büromitarbeitern wie Empfangs- und Telefonzentralmitarbeitern.

Großorganisationen

In Großorganisationen werden die Artefakte, also das gesamte explizite Wissen, zumeist umfangreich zusammengestellt und auch gut aufbereitet, d.h. es unterliegt einer hohen Standardisierung. In diesem Rahmen ermöglicht dies eine effektive Nutzung. Allerdings bestimmt dabei Routine das Geschäft. Veränderungen an dieser Standardisierung, hervorgerufen durch Veränderungen im Markt oder durch lokale Eigenheiten, können erst nach langwierigen Abstimmungsprozessen vorgenommen werden. So zeigt es sich, dass Wissen latent struktur-konservativ ist, (vgl. Schneider, S. 49).

Stilles Wissen

Das stille Wissen, also das in den Köpfen der Berater, ist in den Großorganisationen zumeist weniger umfangreich und statischer als dies in Einzelgesellschaften der Fall ist. Dieser Nachteil wird durch das Gesamtwissen in den internationalen Unternehmen wettgemacht - insofern es an den konkreten Punkten des Geschäfts gehoben werden kann, beispielsweise durch den persönlichen Austausch der Berater untereinander, was indessen eine bestimmte Kultur im Unternehmen voraussetzt. Trotzdem werden auf Grund der hohen Standardisierung und der geringeren Einzelbindung eines Beraters an bestimmte Kunden die nicht in Datenbanken dokumentierten Artefakte - z.B. persönliche Aufzeichnungen - weit weniger genutzt als in Einzelgesellschaften. Jeder Kontakt eines Mitarbeiters des Headhunters erbringt Informationen, die im Detail oder in der Summe sein Geschäft beeinflussen. Die Nutzung dieser Informationen hängt nicht zuerst von ihrer Erfassung ab, sondern von den internen Bedingungen. Da in den Einzelgesellschaften nur ein Profitcenter und damit auch kein Wettbewerb um Informationen existiert, sind die Interessenunterschiede zwischen den Mitarbeitern weitaus geringer als in den internationalen Unternehmen. Somit verläuft dort der Informationsaustausch weitaus reibungsloser.

Spinn Offs

Größere Headhuntingorganisationen haben zudem das Problem, dass sich jeder erfolgreiche Partner bzw. Berater von der Organisation lösen und eine Einzelgesellschaft gründen kann. Die sogenannten "spinn offs" sind eine alltägliche Erscheinung. Damit verliert das internationale Unternehmen einen Teil seines vertikalen Wissens - Details zu Einzelkunden und wichtigen Kandidaten -, welches sie durch ihr größeres horizontales Wissen - Branchen, Gesamtzahl der Klienten und Kandidaten - wett machen muss. Damit besteht in den internationalen Headhuntingorganisationen latent das Bedürfnis, ideale technische Systeme des Wissensmanagement zu entwickeln, um möglichst viel an kodifiziertem Wissen vorzuhalten, (vgl. Nonaka, S. 222).

Damit ist aber überhaupt noch nicht automatisch ein Wettbewerbsvorteil gegeben.

Das auf Datenträger gespeicherte Wissen ist nur potentielles Wissen. Erst durch die Kommunikation wird es zu einsetzbarem Wissen. In der Tendenz ist die alltägliche Kommunikation in kleineren Unternehmensformen intensiver als in Großunternehmen, wobei in letzteren eine größere Breite vorhanden ist, (vgl. Kuppinger, S. 77).

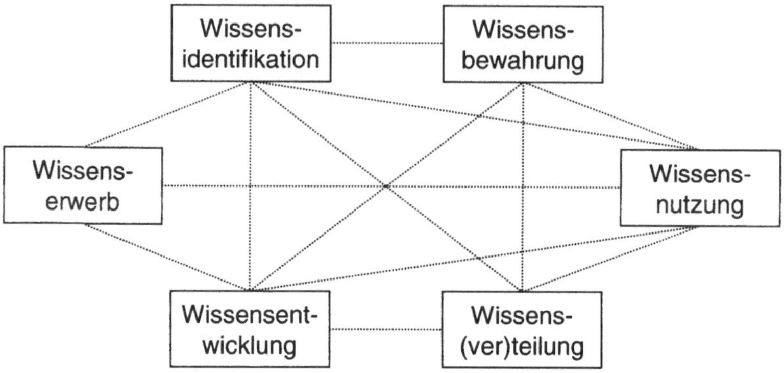

Wissens-identifikation — Wissens-bewahrung — Wissens-erwerb — Wissens-nutzung — Wissensent-wicklung — Wissens-(ver)teilung

Abbildung 30 Kernprozesse des Wissensmanagements

Bezogen auf die Abbildung 30 (vgl. Probst, S. 53) ist der Wissensumfang stets umfangreicher sowie seine Nutzung breiter je größer das Unternehmen ist. Je kleiner das Unternehmen ist, desto intensiver wird das Wissen im Detail genutzt. Je größer ein Unternehmen ist, desto mehr ruht es in seiner eigenen Kultur und desto mehr sperrt es sich gegenüber externem Wissen. Das heißt nichts anderes, als dass kleinere Headhuntingunternehmen flexibler agieren als größere.

7 Spezifische Probleme des Wissensmanagements eines Headhunters

Auch ein Headhunter kann im eigentlichen Sinne Wissen nicht managen, (vgl. Schütt, S. 73). Er muss sich Wissensquellen erschließen und dieses Wissen gezielt einsetzen, für Klient, Kandidat und seine Mitarbeiter, aber auch für die Medien. Zudem muss er es speichern und seine Abrufbarkeit ermöglichen.

Bei einem Headhunter geht die Geschwindigkeit für die Präsentation des Kandidaten vor dem Zeitaufwand für eine umfassende Informationsbeschaffung. Das heißt nichts anderes als eine selektierte Informationsverarbeitung. Der Headhunter muss also, mit Unsicherheiten umgehen können. Deshalb sind Headhunter auch Paradebeispiele für angewandtes oberflächliches Wissen.

Zur Maximierung ihres Einkommens verfügen sie über drei Möglichkeiten:

1. durch eine größere Anzahl platzierter Kandidaten, also eine höhere Anzahl gleichzeitig zu bearbeitender Projekte,

2. durch eine höhere Geschwindigkeit in der Abwicklung ihrer Projekte,

3. durch eine größere Anzahl höher bezahlter Projekte.

Letztere Möglichkeit ist auf Grund des geringen Marktumfangs dieses Segments sehr begrenzt. Die erstere kann durch einen höheren Zeiteinsatz des Headhunters oder durch den Einsatz von geringer bezahlten Beratern erfolgen, was letztlich jedoch auch einen höheren Zeitaufwand durch die Betreuung bedeutet. Damit steht der Headhunter permanent unter Zeitdruck. Die Zeitbegrenzung ist für ihn ausschlaggebend, er kann also zumeist nur Halbwissen einsetzen kann. Der Headhunter ist ein Meister in der Optimierung seines Halbwissens. Sein Ausgangspunkt kann nicht die Frage sein, was er wissen muss, sondern was der Klient und der Kandidat von ihm wissen will. Daran muss er sein Wissensmanagement orientieren.

Abbildung 31 „Spezifische Probleme" eines Headhunters

Im Vordergrund der Diskussion über das Wissensmanagement steht das positive Wissen, d.h. Fragen nach der Entwicklung der Märkte, der Produkte, des Umfeldes des Unternehmens, des Potentials seiner Mitarbeiter und ähnliches. Ein Headhunter ist jedoch wesentlich auch auf das negative Wissen angewiesen. Das sind Fragen wie beispielsweise: Was muss ich von dem Klienten über Probleme in seinem Unternehmen wissen? Warum ist die Besetzung der Position bisher gescheitert? Wo war der Kandidat in seiner Karriere nicht erfolgreich? (Vgl. Simon, S. 307)

Jeder Headhunter muss die zwei entscheidenden Aspekte des Wissensmanagements lösen, die formale Organisation (Speichern) und die praktische Umsetzung (Kommunikation). Seine Organisationsform beeinflusst die Lösung. Gleichzeitig hängt sein Erfolg aber auch wesentlich davon ab, wie er sein negatives Wissen organisiert und einsetzt.

8 Literatur

Stefan Foschiani u.a.: Strategisches Management im Zeichen von Umbruch und Wandel. Stuttgart 2000, Schäfer Poeschel Verlag.

Martin Kuppinger, Michael Woywode: Vom Intranet zum Knowledge Management, München 2000, Carl Hanser Verlag.

Ikujiro Nonaka, Hirotaka Takeuchi: Organisation des Wissens. Frankfurt 1997, Campus Verlag.

Klaus Palme: Informationsmanagement, Deutscher Instituts-Verlag 8/1997, Köln.

Gilbert Probst u.a.: Wissen managen. Wiesbaden 1999, Gabler.

Ursula Schneider: Die sieben Todsünden im Wissensmanagement, Frankfurt 2001.

Frankfurter Allgemeine Zeitung Verlagsbereich Buch.

Peter Schütt: Wissensmanagement, Niedernhausen 2000, Falken.

Hermann Simon: Wunsch-Wissen; in: Manager-Magazin 11/99, S. 307 f.

Uwe Döring-Katerkamp und Jörg Trojan

Motivation und Wissensmanagement - eine praktische Perspektive

1 Einführung

Dass die Motivation von Mitarbeitern beim Einsatz von Wissensmanagement oftmals eine ernsthafte Hürde darstellt, ist mittlerweile eine anerkannte Tatsache. Immer öfter werden Anreize gefordert, die die Mitarbeiter motivieren sollen, doch bisher wurde keine befriedigende Lösung gefunden. Statt nun weiter nach ausgefeilten Anreizsystemen für "spezielle" Wissenstätigkeiten zu suchen, schlagen die Autoren vor, diese Wissenstätigkeiten konsequent in den Arbeitalltag zu integrieren und wie jede andere Tätigkeit zu behandeln. Dies bedeutet zuerst einen Perspektivenwechsel vom "Wissensmanagement" zum "Managen von Wissen", wobei Management im klassischen Verständnis als eine Fähigkeit gesehen wird, Ressourcen zum Wohle des Unternehmen zu lenken und zu steuern. So verstanden leiten sich auch für die Ressource "Wissen" , bzw. für die Mitarbeiter die damit umgehen, "alltägliche" Tätigkeiten ab. Die Motivierung dieser Tätigkeiten ist so gesehen jedoch keine *spezifische* Aufgabe mehr, sondern spiegelt das breite Thema Mitarbeitermotivierung wieder. Normalität erreichen, statt Sonderlösungen mit ungewissen Nutzen zu produzieren, lautet die Devise. Der Beitrag rollt die Problematik aus dieser Perspektive neu auf.

2 Wissensmanagement – Die aktuelle Problemlage

Die Theorie bestimmt was wir beobachten können, sagte sinngemäß Einstein. Angelehnt daran lässt sich formulieren, dass das Verständnis des Begriffes "Wissensmanagement" bestimmt, was wir in der Praxis an konkreten Maßnahmen erkennen und welche wir ergreifen. Mit Wissen hat man sich in Unternehmen schon beschäftigt, bevor das Schlagwort "Wissensmanagement" in aller Munde war, genau wie auch vor einem "Personal-Management" schon Menschen in Unternehmen koordiniert worden sind, um Dinge zu produzieren. Ein explizites "Management" rückt eine Ressource in den Focus und systematisiert den Umgang mit ihr. Es richtet Tätigkeiten auf Ziele aus, organisiert und kontrolliert ihre Durchführung. Management ist jedoch immer ein Instrument, das einer Sache, einer Zielerreichung dient und nicht Selbstzweck werden darf. Wissensmanagement sollte ein solches Instrument für die Ressource Wissen sein. Damit werden Wissensaktivitäten und -tätigkeiten in einen unternehmerischen Zusammenhang gestellt, um so neue Optimierungschancen zu erschließen. Dieser unternehmerische Zusammenhang wird letztlich, wie bei jedem Einsatz von Ressourcen, von den Zielen und Aufgaben des Unternehmens bestimmt und den Prozessen, die der Zielerreichung dienen. Wissen, bzw. das Management von Wissen, sind demnach als ein Teil dieser Prozesse zu betrachten und nicht isoliert in Datenbanken, Archiven, Köpfen usw.. Leider gewinnt man häufig den Eindruck, als würde dieses klassische Verständnis von Management im Zusammenhang mit Wissen zu sehr in den Hintergrund treten und "Wissensmanagement" zu sehr als eigenständige Einheit gesehen, der der Bezug zum Unternehmensalltag fehlt.

Wissensmanagement kann nur erfolgreich angewendet werden, wenn den Betroffenen eine klare Vorstellung davon vermittelt wird, was das eigene Unternehmen darunter versteht. Allzu theoretische Modelle oder unrealistische Aussagen über den möglichen Nutzen, haben da bisher eher verwirrt. "Verständlich" bedeutet vielmehr konkret zu erklären, welchen Zweck man damit verfolgt, welche Auswirkungen es auf die Arbeit von Mitarbeitern hat und wie es sich zum Vorteil für das Unternehmen *und* für die Mitarbeiter auswirkt. Wer Wissensmanagement anwenden möchte, sollte sich deshalb zunächst Gedanken darüber machen, wo sinnvolle Einsatzfelder sind, an denen sich der geforderte Zusammenhang aufzeigen und umsetzen lässt.

Ausgehend von einer bestehenden Aufgabe stellt sich die Frage nach einer optimalen Organisation und Nutzung von Daten- und Wissensbeständen, ebenso, wie nach der benötigten Infrastruktur. Besonders aber gilt es zu verdeutlichen, worin der Nutzen für die Aufgabenerfüllung besteht und wie man die Mitarbeiter dazu bewegt, sprich motiviert, mitzumachen. Während der Mitarbeiter als Wissensträger bisher eng in seinen beschränkten Stellen-, Aufgaben- und Funktionsbeschreibungen gesehen worden ist, kann sein Wissen jetzt, besonders durch die Möglichkeiten neuester Technologie, an beliebigen Stellen und zu beliebigen Zeiten zum Einsatz kommen. Umgekehrt bedeutet dies, dass er auch die Möglichkeit hätte, beliebiges Wissen zu verwenden, auf das ihm ein Unternehmen im weitesten Sinne Zugriff gewährt. Die Praxis zeigt leider, dass dies nicht in erwarteter Weise geschieht.

Viele Gründe werden genannt, um die ablehnende Haltung der Mitarbeiter zu erklären. Einige mögliche Barrieren sind nachfolgend aufgeführt:

- „Keine Zeit"
- Angst vor Machtverlust
- Mangelnde Bequemlichkeit der eingesetzten Software
- Angst vor einer Blamage
- Mangelndes Verständnis für den Nutzen
- Zweifel an Ernsthaftigkeit
- Keine Lust

Zwar sollte man all diese Gründe ernst nehmen, doch basieren sie unserer Meinung nach größtenteils auf einem unklaren bis falschen Verständnis von Wissensmanagement, sowie der daraus folgenden Umsetzung. Beispielsweise existiert auch jetzt noch allzu häufig ein Bild von der omnipotenten Wissensdatenbank, die mit dem Mitarbeiterwissen gefüllt wird (um dann irgendwie Nutzen zu bringen). Dass dieses Bild vom „Aussaugen" des eigenen Wissens Widerstände bei Mitarbeitern hervorbringt, sollte nicht verwundern. Weitere Bilder existieren, die bei genauer Betrachtung eher Fragen hinterlassen, statt zur Klärung zu führen. Wie frühere Untersuchungen des Institut für e-Management e.V. (IfeM) zeigen, reichten die Vorstellungen über "Wissensmanagement" von philosophischen Konzepten, wie dem komplett umgestalteten "Wissensunternehmen", bis zu konkreten IT-Projekten, wie beispielsweise der Einführung eines Dokumenten-Management, die dann gerne als "unser" Wissensmanagement-Projekt aufgewertet wurden. Solche Vieldeutigkeiten können leicht dazu führen, dass Mitarbeiter die Sache argwöhnisch betrachten und den konkreten Sinn, sowie die praktische Verankerung im Unternehmensalltag nicht erkennen. Da in den letzten Jahren manches kam und ging (man denke da an Business Reengineering, Lean Management, etc.), ist es nachvollziehbar, dass dem ein oder anderen Mitarbeiter der Ernst der Sache nur schwer zu vermitteln ist. Weshalb sollte er sich auch besonders dafür engagieren, wo er aus seiner Sicht ohnehin genug zu tun hat. Häufig fehlt auch eine klare Management-Attention, also das deutliche Signal, dass man es ernst meint mit dem Management von Wissen. Ohne klaren Bezug zum operativen Alltag und ohne klares Signal der Unternehmensführung, welchen Stellenwert Wissensmanagement zukünftig im Unternehmen haben soll, wird dieses Wissensmanagement etwas sein, dass für den Mitarbeiter außerhalb seines Alltags liegt - und hierfür wird er nur schwer zu motivieren sein.

Motivierung beginnt unseres Erachtens damit, Wissensmanagement als "normales" Management-Instrument darzustellen, so dass jeder Mitarbeiter verstehen kann wofür es dient, wie es funktioniert und wie es ihn persönlich betreffen kann. Letzteres bedeutet auch ihm zu zeigen, welche konkreten Tätigkeiten auf ihn zukommen können. Erst wenn klar ist, welchen Stellenwert diese Tätigkeiten zukünftig im Unternehmen haben und wie sie alltäglich verankert sind, kann auch über Maßnahmen nachgedacht werden, wie Mitarbeiter zu diesen Tätigkeiten motiviert werden können. Bevor man also anfängt an der falsche Stelle nach Lösungen, sprich Anreizsystemen zu suchen, sollte man das Übel bei der Wurzel packen und Wissensmanagement als das darstellen was es ist, nämlich eine Management-Fähigkeit.

3 Der IfeM Wissensmanagement-Ansatz

Das Management der Ressource Wissen ist eine Fähigkeit, eine Kompetenz (vielleicht auch eine Kunst), die ein Unternehmen aufbaut, beherrscht und die es dort einsetzt, wo sie nützt. Der Bezugspunkt für den Einsatz dieser Kompetenz sollte immer eine konkrete Aufgabe sein, wie beispielsweise die bessere Unterstützung des Außendienstes mit Kunden-, Konkurrenz- und Marktwissen. Die Fähigkeit Wissen als Ressource optimal zu nutzen ist bei einer gegebenen Aufgabenstellung nur *eine* Kompetenz, die zur Lösung einer Aufgabe eingesetzt wird. Somit sind auch "Wissens-Tätigkeiten" (wie beispielsweise ein Dokument mit einem "Haltbarkeitsdatum" zu versehen) eingebettet in ein Reihe anderer Tätigkeiten, die alle dem selben Zweck dienen. Wissen zu managen wird also zum impliziten und normalen Bestandteil von Tätigkeitsbündeln, die Mitarbeitern zugeordnet werden. Es ist von zentraler Bedeutung, dass solche "Wissens-Tätigkeiten" möglichst bald ihren Sonderstatus verlieren, da genau auf diesem Sonderstatus die wesentlichen Motivierungsprobleme beruhen.

Um Wissensmanagement als Fähigkeit/Kompetenz einzuführen und anzuwenden, empfiehlt sich eine einfache Drei-Phasen-Strategie, die sich in Planung, Aufbau und Einsatz gliedert, mit unterschiedlichen Bausteinen (siehe Abbildung 32).

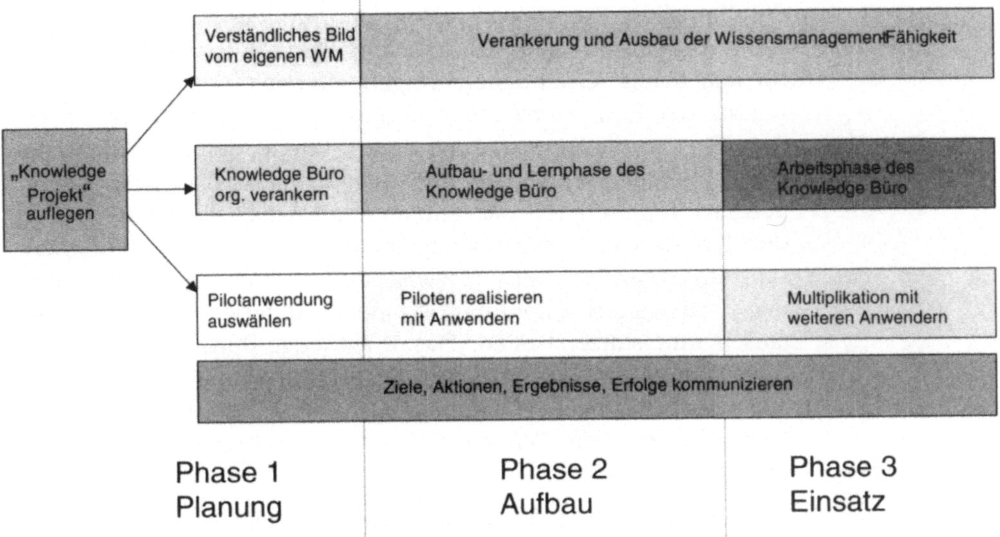

Abbildung 32 Wissensmanagement-Fähigkeit im IfeM-Ansatz

Drei Bausteine sollen dabei hervorgehoben werden, wenn es um die zukünftige Motivierung von Mitarbeitern geht: Das richtige Bild und Verständnis von Wissensmanagement, das "Knowledge-Büro", sowie die Verankerung der Wissensmanagement-Fähigkeit.

Falsche Bilder sorgen für übertriebene Erwartungen mit der folgenden Enttäuschung und sie sorgen für falsche Ängste, mit den daraus folgenden Abwehrreaktionen. Um diese Schäden zu vermeiden gilt es zu Beginn ein verständliches Bild vom eigenen Wissensmanagement zu zeichnen, das realistisch aufzeigt, was auf die Mitarbeiter zukommt. Wenn jemand verständlich erklärt bekommen soll was ein Auto ist, so sollte man mit ihm nicht über Mobilität, Statussymbol und Fahrspaß reden, sondern zunächst über Reifen, Motor und Benzin. Es ist gut den Mitarbeitern plakativ zu zeigen, wie, durch welche Maßnahmen, welche Effekte erzielt werden und welchen Nutzen sie davon haben. Dies ist zugleich auch ein guter Test um sich klar zu machen, wo Wissensmanagement sinnvoll zum Einsatz kommen kann. Wenn dies für ein ausgesuchtes Anwendungsfeld nicht gelingt, macht es auch keinen Sinn hierfür Wissensmanagement einzusetzen.

Da Wissensmanagement keine einmalige Angelegenheit ist, sondern eine Fähigkeit, deren Einsatz immer wieder neu überdacht, entschieden und eingesetzt werden soll, braucht es eine Stelle, die über diese Kompetenz verfügt und die hier mit "Knowledge-Büro" bezeichnet wird. Dieses Knowledge-Büro steht synonym für den damit verbundenen Aufgabenbereich, der sich aus dem Einsatz der Kompetenz ableitet. Dabei ist es gleichgültig, ob es sich hier um die Anreicherung einer bestehenden Stelle handelt, oder ein eigenständiger Bereich eingerichtet wird. Das Knowledge-Büro repräsentiert die unternehmensweite Perspektive, die den Einsatz von Wissensmanagement betreibt, d.h. sie kümmert sich um Synergien, beispielsweise den Aufbau von Knowledge-maps, die bereichsübergreifend einen strukturierten Wissensaustausch unterstützen sollen. Das Knowledge-Büro unterstützt jedoch auch einzelne Bereiche, die für bestimmte Aufgaben ihr "Wissensmanagement" optimieren wollen, beispielsweise den Vertrieb, der sein Wissen über Kunden besser organisieren möchte.

Der wichtigste Baustein, wenn es um die Motivierung der Mitarbeiter geht, ist die "Verankerung und Ausbau der Wissensmanagement-Fähigkeit". Hier werden beim Aufbau die Grundlagen geschaffen, d.h. die notwendigen Veränderungen umgesetzt, sowie Motivierungsmaßnahmenkataloge und –instrumente bestimmt, die im laufenden Betrieb zum Einsatz kommen. Dies bedeutet beispielsweise, dass bestehende organisatorische Regelungen hinterfragt und angepasst werden, Ressourcen zur Verfügung gestellt und Kompetenzen neu definiert und zugeordnet werden können. Hier wird das Umfeld bereitet, in dem Wissensmanagement angewendet werden kann. Dies bedeutet auch, dass hier die Maßnahmen festgelegt werden, die Mitarbeiter motivieren sollen. Bevor auf einzelne Aspekte eingegangen wird, sollen zunächst einige erklärende Aussagen zum Thema Motivierung getroffen werden.

4 Motivierung von Mitarbeitern - der theoretische Hintergrund

Die prinzipielle Frage, wie Mitarbeiter motiviert werden können ist nicht neu und folglich gibt es eine Vielzahl entsprechender Konzepte in der Managementliteratur. Leider wird der Begriff Motivation oft doppeldeutig benutzt. Wir wollen nachfolgend die Differenzierung in Motivierung, Motivation und Motive verwenden.

Allgemein versteht man aus Unternehmenssicht unter Motivierung eine Vielzahl von Maßnahmen die eingesetzt werden, um Mitarbeiter zu einem gewünschten Verhalten zu bewegen. Unter

Motivation ist die Bereitschaft seitens eines Mitarbeiters zu verstehen, eine Leistung zu erbringen, bzw. ein bestimmtes Verhalten an den Tag zu legen. Die Motivation zählt so zu den zentralen Bestimmungsgrößen menschlichen Handelns und hat entscheidenden Einfluss auf die durch einen Mitarbeiter erbrachte Leistung und folglich auf das erfolgreiche Agieren eines Unternehmens. Grundsätzlich ist es der Unternehmensführung nicht möglich, alle betrieblichen Abläufe und Entscheidungen im Voraus bis ins kleinste Detail vorherzusagen und festzulegen. Dem Mitarbeiter verbleiben somit immer Spielräume bei der Auswahl von Handlungsalternativen, d.h. wie engagiert er etwas macht und welches Ergebnis daraus resultiert. Er wird dann motiviert sein, Handlungen im Sinne der Unternehmensführung auszuführen, wenn ihm einerseits das für ihn damit verbundene Ergebnis attraktiv erscheint, und wenn er andererseits erwarten kann, dass das angestrebte Ergebnis für ihn auch erreichbar ist.

Grundlage für die Motivation sind individuelle Bedürfnisse, die der einzelne Mitarbeiter zu befriedigen versucht. Das daraus resultierende Streben die Bedürfnisse zu befriedigen bezeichnet man üblicherweise als Motive. Eine gebräuchliche Einteilung von Motiven ist die Unterscheidung in intrinsische und extrinsische Motive. Intrinsische Motive finden ihre Befriedigung in der Tätigkeit selbst, beispielsweise in der Weitergabe eigenen Wissens. Intrinsische Motivierungsmaßnahmen versuchen, Rahmenbedingungen zu schaffen, die es den Mitarbeitern erleichtern ihre persönlichen Motive mit den Zielen des Unternehmens in Einklang zu bringen. Sie wirken somit indirekt und spiegeln sich im organisatorischen Umfeld und als Unternehmenskultur wieder.

Extrinsische Motive lassen sich nicht durch eine Tätigkeit an sich, sondern nur durch deren erwartete Folgen erklären. Beispielsweise wäre der Austausch von Wissen dann nur Mittel zur Befriedigung anderer Motive, wie beispielsweise Geld-, Sicherheits- oder Prestigemotive. Durch die Schaffung von speziellen Anreizsystemen (als extrinsische Motivierungsmaßnahmen) wird versucht, eine direkte Verknüpfung des Mitarbeiterverhaltens mit der Verfolgung der von der Unternehmensführung an die Mitarbeiter delegierten Aufgaben zu erreichen. Die leistungssteigernde Wirkung von extrinsischen Motivierungsmaßnahmen auf Mitarbeiter wird von keiner der Motivationstheorien bestritten, die von Managementtheoretikern in den letzten Jahrzehnten aufgestellt wurden. Wie lange aber derartige Leistungszugewinne anhalten oder gar Teile der intrinsischen Motivation dadurch verloren gehen, auch „Verdrängungseffekt" genannt, wird in der Wissenschaft kontrovers diskutiert. Beim Einsatz von Anreizsystemen ist zu beachten, dass Anreizfaktoren nur situativ zu beurteilen sind und auch eine große Abhängigkeit vom konkreten Vorgesetzten-Mitarbeiterverhältnis besteht. Was die eine Gruppe oder der eine Mitarbeiter als sehr motivierend empfindet, muss bei einer anderen Gruppe oder einer veränderten Mitarbeiterkonstellation nicht zum selben Ergebnis führen.

Einen idealisierten Wirkungszusammenhang von Maßnahmen und gewünschter Motivation zeigt das folgende Modell Abbildung 33), welches sich an Lutz von Rosenstil anlehnt:

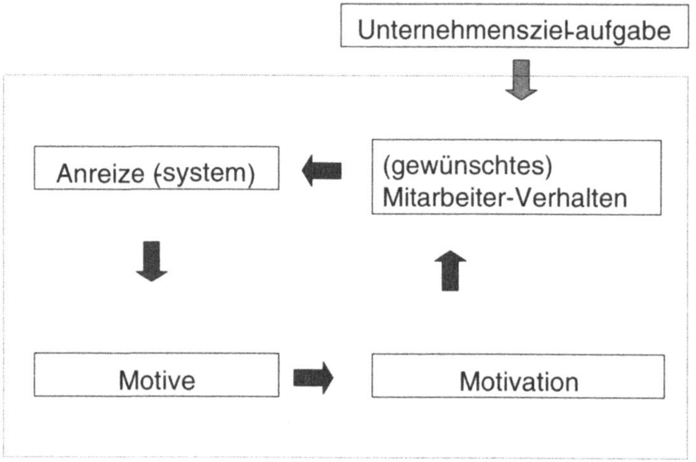

Abbildung 33 Motivationsmodell nach Lutz von Rosenstil

In diesem idealtypischen Kreislauf definieren und erwarten Unternehmen von ihren Mitarbeitern ein bestimmtes Verhalten das dazu dient, die Unternehmensziele bestmöglich zu erreichen. Sie setzen Anreize, wie Lohn oder Incentives ein, die auf die Motive und Einstellungen der Mitarbeiter zielen. Die Mitarbeiter werden durch diese Maßnahmen angeregt und das gewünschte Verhalten tritt ein. Die optimale Kombination der Maßnahmen ist hierbei von entscheidender Bedeutung und soll unternehmensindividuell abgestimmt werden.

Genau betrachtet, reicht es aber nicht aus, dass ein Mitarbeiter motiviert ist, d.h. er die Bereitschaft aufbringt etwas zu tun. Er benötigt auch die entsprechenden Fähigkeiten um Tätigkeiten ausführen zu können, beispielsweise die Beherrschung einer Software. Ist die Bereitschaft und die Fähigkeit vorhanden, so benötigt er weiterhin den organisatorische (Frei-)Raum und die nötigen Ressourcen, um agieren zu können, d.h. auch den formalen und kulturellen Rahmen in dem Tätigkeiten erbracht werden sollen. Dazu zählen u.a. die Informationspolitik des Managements, die Ausgestaltung der Organisation und von Prozessen, die Möglichkeiten zur Inanspruchnahme von Arbeitsmitteln, sowie Leistungen anderer Organisationseinheiten oder die Kommunikation von Zusammenhängen und Notwendigkeiten.

Versteht man unter Motivierung die Gesamtheit aller Maßnahmen die ein Unternehmen einsetzen kann, um ihre Mitarbeiter zu einem an den Unternehmenszielen ausgerichteten Verhalten zu bringen, so wird deutlich, dass Anreize nur ein Aspekt hiervon sind. Es ergeben sich vielmehr aus der Perspektive eines Unternehmen drei Ansatzpunkte, die es durch vielfältige Maßnahmen in seinem Sinne zu beeinflussen sucht, die Leistungsbereitschaft, die Leistungsfähigkeit, sowie die Leistungsmöglichkeit. Je größer diese Dimensionen jeweils ausgeprägt sind, umso besser sollte das Ergebnis einer Tätigkeit sein. Gesucht sind dann Maßnahmen, die jeweils auf eine der angesprochenen Dimension in einem positiven Sinne wirken.

Bisher wurden Ansatzpunkte behandelt, die bei gegebener Persönlichkeit eines Mitarbeiters eingesetzt werden sollen, um eine möglichst hohe Motivation zu erzielen. Es ist jedoch theoretisch durchaus denkbar, die Motivstruktur selbst zu beeinflussen. Ein Mitarbeiter kann nicht nur als eine Ansammlung gegebener Motive gesehen werden, er lässt sich vielmehr durch drei Dimensionen beschreiben, die Veränderungspotenzial für die Motivstruktur erschließen können. Seine Persönlichkeitsstruktur, sein Verhalten, sowie seine Kompetenz, bzw. (Fach-)Wissen. Hier zeigt sich jedoch, dass die Ansatzmöglichkeiten eines Unternehmens ihre Grenzen haben. So ist die Persönlichkeitsstruktur kaum zu beeinflussen und das Verhalten eines Mitarbeiters nur mit entsprechendem Aufwand. Was als kurzfristig erfolgversprechender Ansatzpunkt bleibt, ist die Kompetenz und das (Fach-)Wissen.

Wie man erkennen kann, korrespondieren die vorgenannten Dimensionen mit den Leistungsdimensionen, die als Ansatzpunkt für Motivierungsmaßnahmen gesehen werden. So hängt beispielsweise die Leistungsbereitschaft von der Persönlichkeitsstruktur ab, von der sich auch die bestehenden Motive herleiten. Sind diese grundsätzlich nicht im Sinne des Unternehmens ansprechbar, so ist diese Situation auch kaum durch irgendwelche Maßnahmen zu verändern.

An dieser Stelle sei kurz eine aktuelle Untersuchung der Gallup GmbH (2001) erwähnt, die bei über 2000 deutschen Arbeitnehmern durchgeführt wurde. Danach wurden nur rd. 16 % als "wirklich engagiert" eingestuft, 69 % als unengagiert und 15 % als "aktiv unengagiert". Wenn Engagement als ein Ergebnis von Motivierung betrachtet wird, so ist die aktuelle Situation nicht sehr befriedigend gelöst.

Bei all der Theorie wird auch leicht vergessen, dass es sich bei der Motivierung von Mitarbeitern nicht um ein Verhältnis zwischen dem abstrakten Gebilde "Unternehmen" und einem im Sinne des Unternehmen an sich hoch motivierten Mitarbeiter handelt. Vielmehr ist es ein komplexes Wechselspiel zwischen anonymen Regelungen und sehr menschlichen Beziehungen, beispielsweise zwischen Mitarbeiter und dem direktem Vorgesetzten. Ebenso ist zu bedenken, dass häufig weder die Zeit, noch das Geld oder der Wille da ist, individuelle und optimale Lösungen zu finden.

Als Zwischenbilanz kann gesagt werden, dass die Theorie zwar Zusammenhänge sehr differenziert aufzeigen kann, in der Praxis aber mit Durchschnittsannahmen, begrenzten Ressourcen und real sehr unterschiedlichen Menschen (Mitarbeitern wie Vorgesetzten) agiert werden muss. Dies erfordert eine Vielzahl von Maßnahmen, die an unterschiedlichen Stellen mit unterschiedlichen Möglichkeiten ansetzen, wobei Anreize nur eine Möglichkeit darstellen, deren Wirkung begrenzt ist. Wie sieht die Situation nun im Zusammenhang mit Wissensmanagement-Tätigkeiten aus?

5   Motivation und Wissensmanagement

Laut der Studie "Der Markt für Knowledge Management in Deutschland" der Meta-Group aus dem Jahr 2001 werden in den meisten Unternehmen die „Wissensmanagement-Projekte" durchführen, überhaupt keine Motivierungsmaßnahmen angedacht. Wenn von Motivation die Rede ist, so gehen die Überlegungen in zwei Richtungen. Einerseits wird eine offene Kultur gefordert, in der die Mitarbeiter ihr Wissen gerne teilen. Die Erfahrung deutet allerdings eher darauf hin, dass sich eine Kultur – verstanden als Verpflichtung aller auf gemeinsame Werte und Ziele - nur sehr langsam und mit großem Aufwand verändern läßt. In schnelllebigen Zeiten ist es demnach riskant, Kulturveränderung als Bedingung für das Funktionieren von Wissensmanagement zu setzen.

Andererseits existieren Überlegungen zu Anreizsystemen, die einzelne Tätigkeiten erfassen, bewerten und belohnen sollen (z.B. die Vergabe von Knowledge-Points für das Einstellen von Dokumenten). Anreizsysteme bergen im Zusammenhang mit Wissensmanagement in der betrieblichen Praxis zahlreiche Fragen. Ein Problem besteht beispielsweise im Datenschutz, der es untersagen kann, personenbezogene Daten von Tätigkeiten einzelner Mitarbeiter zu erfassen. Weiter kommt hinzu, dass nicht alle Tätigkeiten erfasst werden können. Das Einstellen von Dokumenten in ein System ist mit moderner Technologie relativ einfach zu registrieren, aber wie steht es beispielsweise mit telefonischen Auskünften aus, die ein Mitarbeiter erteilt, weil er in einer Wissenslandkarte als Experte ausgewiesen ist? Neben der Registrierung und Zuordnung von Aktivitäten ist es mitunter schwierig, die Qualität des mitgeteilten Wissens zu bewerten. Zwar gibt es Ansätze, wie beispielsweise die Registrierung der Abrufhäufigkeit eines Dokumentes oder die direkte Bewertung von Inhalten durch andere Nutzer, doch zeigen sich auch hier im Detail Schwachstellen, beispielsweise wie ein solches System hintergangen werden kann. So konnte beobachtet werden, wie „befreundete" Kollegen durch permanenten Abruf von Dokumenten die Quote des Autors nach oben trieben. Ein weiterer Punkt ist die Bewertung von Aktivitäten. Ob solche Bewertungen wirklich objektiv und gerecht sein können, ist eine offene Frage.

Es zeigt sich, dass jeder Teilaspekt eines Anreizsystems (Beobachten-Bewerten-Belohnen von Wissenstätigkeiten) für sich Probleme aufweist, die sich in einem Gesamtmotivierungssystem noch addieren können. Außerdem wurde hier nur das Teilen von Wissen betrachtet. Wie sieht es aber mit der Nutzung aus, die ja eigentlich das Ziel von Wissensmanagement sein sollte? Beim Thema Weiterbildung wird der Wissenserwerb durchaus in größerem Stil geplant und der Umgang damit kann für den einzelnen Mitarbeiter positive, wie negative Konsequenzen haben. Kann jedoch auch das fleißige Abrufen von Dokumenten Gegenstand eines Belohnungskonzeptes sein? Hier zu klaren Aussagen und Beurteilungskriterien zu kommen scheint im Detail sehr problembehaftet.

In bestimmten Umgebungen, in denen leistungsabhängige Bezahlungen ein gebräuchliches Instrument sind, kann es zwar funktionierende Ansätze geben, aber als grundsätzliche Lösung der Motivierungsproblematik scheint uns das Konzept individueller Belohnungen für Tätigkeiten ungeeignet und dauerhaft nicht praktikabel. Der Aufbau eines gesonderten Belohnungssystems für Wissensmanagement-Tätigkeiten verhindert eher, dass diese Tätigkeiten von den Mitarbeitern als normaler Bestandteil ihrer Arbeit betrachtet und durchgeführt werden. Genau hier setzt jedoch die These des IfeM an, indem sie fordert, dass aus Wissensmanagementüberlegungen abgeleitete Tätigkeiten nicht gesondert, sondern prinzipiell genauso zu behandeln sind, wie andere Tätigkeiten auch, d.h. durch das bereits im Unternehmen vorhandene Motivierungssystem. Wobei das "wichtigste" Motivierungsinstrument hierbei in weiten Teilen immer noch das normale Gehaltssystem ist, d.h. eine generelle Vereinbarung die definiert welche Tätigkeiten im Rahmen einer Gehaltszahlung von einem Mitarbeiter zu leisten sind. Nur herausragende Leistungen werden mit besonderen Maßnahmen belohnt.

6   "Normalisierung" von Wissensmanagement-Tätigkeiten

Die Forderung, sogenannte "Wissensmanagement-Tätigkeiten" genauso wie jede andere Tätigkeit zu behandeln, gerade auch im Hinblick auf deren Motivierung, fassen wir unter den Begriff "Normalisierung" zusammen.

In einer aktuellen Studie des IfeM (2001) zu diesem Thema, an der 21 Unternehmen beteiligt sind zeigt sich, dass Mitarbeiter durchaus bereits sind ihr Wissen zu teilen (wir reden dabei ehrlicherweise nicht von "allem" Wissen). Dies lässt sich belegen, indem man ihr Kommunikationsverhalten in bekannten Situation untersucht, beispielsweise mit Kollegen, Gleichgesinnten etc.. Die Bereitschaft Wissen zu teilen ist also nicht das primäre Problem. Eine echte Hürde scheint hingegen zu sein, eigenes Wissen in nichtsprachlicher Form anderen zugänglich zu machen. Dies betrifft genau betrachtet die Dimensionen „Leistungsfähigkeit" und die „Leistungsmöglichkeit". Doch gibt es Beispiele dafür, dass Wissen bereits in bestimmten Situationen und Konstellationen geteilt wird. Man denke an Projektberichte, Gesprächsnotizen usw.. Die Kombination aus grundsätzlicher Bereitschaft und dem bisher nicht vorhandenem Umfeld, das Wissenteilung und -nutzung ernsthaft erwartet und auch die Möglichkeiten dazu bietet, zeigt die Richtung auf, in der Lösungen gesucht werden müssen. Damit sind die Handlungsfelder für Motivierungsmaßnahmen abgesteckt.

Wie sehen jetzt die konkreten Maßnahmen aus. Im Theorieteil über Motivation wurde die Unterscheidung in Maßnahmen eingeführt, die sich an extrinsischen oder intrinsischen Motiven orientieren. Wir wollen an dieser Stelle eine praxisnahe Klassifizierung von Maßnahmen vorstellen, die wir in einer "Tool-Box" zusammenfassen.

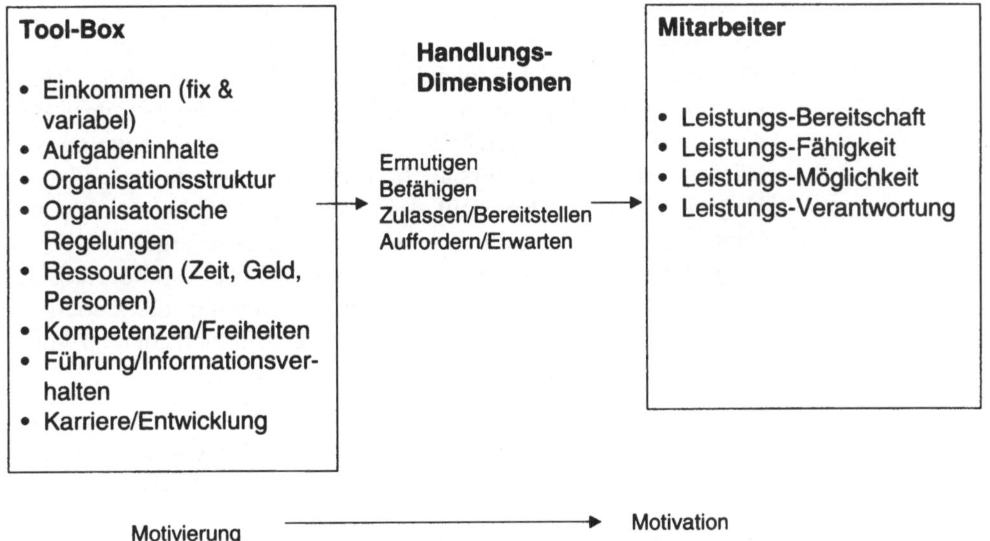

Abbildung 34 Motivierungs-Instrumente des Unternehmens
(Tool-Box)

Abbildung 34 zeigt auf der linken Seite die Kategorien der Tool-Box und auf der rechten Seite die Wirkungsdimensionen, auf die die Instrumente der Tool-Box wirken sollen. Jedes Unternehmen muss zunächst für sich selbst klären, über welche konkreten Instrumente es in seiner Tool-Box verfügt und anwenden kann. Da wir beim Wissensmanagement von einer Fähigkeit/Kompetenz sprechen, gilt es bei der Anwendung der Tool-Box zu unterscheiden nach der Einführung von Wissensmanagement, d.h. einer Aufbau-Phase und einem laufenden Betrieb. Da wir Tätigkeiten, die sich aus dem Einsatz von WM ableiten, als normal verankern wollen (normalisieren), d.h. keine expliziten Anreizsysteme für den permanenten Einsatz aufbauen wollen, wird sich beim Aufbau ein überproportionaler Teil der Aktivitäten in den Bereichen organisatorische Regelungen, bzw. Organisationsstruktur abspielen. Hier müssen die Grundlagen geschaffen werden (Change-Management). Hierzu gehören beispielsweise die Erweiterung von Stellen- und Funktionsbeschreibungen. Hierzu gehört aber auch das Thema "Informationsverhalten". Dies beinhaltet sowohl die Definition von klaren Aufträgen an die Mitarbeiter, abgeleitet aus einem konkreten Bedarf, als auch besonders die

Verdeutlichung des Nutzens für das Unternehmen und den Mitarbeiter.

Gerade der letzte Punkt, der "Nutzen" erscheint für einige Tätigkeiten schwierig zu vermitteln. Der normale Kreislauf einer dem Mitarbeiter durch z.B. eine Stellenbeschreibung zugeordneten Tätigkeit erscheint ihm wie folgt: Meine Aufgabe, meine Tätigkeit, mein Ergebnis, mein Lohn/Nutzen. Der Einsatz von Wissensmanagement ermöglicht jedoch gerade die Nutzung des Wissens eines Mitarbeiters auch an beliebigen anderen Stellen im Unternehmen. Der Kreislauf stellt sich dem Mitarbeiter dann wie folgt dar: Eine Aufgabe, meine Tätigkeit, ein Ergebnis, (k)ein Lohn. Hier eine entsprechende organisatorische Veränderung des Umfeldes vorzunehmen ist eine Herausforderung, die jedoch gelöst werden muss, damit der zweite Kreislauf sich für den Mitarbeiter befriedigend darstellt.

Neben den entsprechenden organisatorische Veränderungen gehört unter anderem ein neues Verständnis der Ressource Wissen dazu.

7 Neues Verständnis der Ressource Wissen und ihres Managements

Eine Ressource sollte zielorientiert zum Einsatz gebracht werden, d.h. der Umgang mit ihr darf nie zum Selbstzweck werden. Dies gilt auch für die Ressource Wissen. Deshalb stellt sich nicht die Frage: "Was können wir mit unserem Wissen alles machen?", sondern die Frage: "Wie können wir Wissen als (eine) Ressource einsetzen, um unsere gegebenen Aufgaben besser zu lösen?".

Dies bedeutet auf Dauer eine veränderte Bewertung der Ressource Wissen. Arbeitskraft beinhaltet in einer Wissensgesellschaft auch die Komponente Wissen. Gegenstand eines Arbeitsverhältnisses ist damit auch das Wissen des Mitarbeiters und das legitime Recht des Unternehmens, dieses Wissen überall dort im Unternehmen zum Einsatz zu bringen, wo es Nutzen stiftet. Dieses Wissen sollte explizit Gegenstand von Vereinbarungen sein. Es sollte nicht nur in der engen, stellenbezogen definierten Leistung auftauchen, sondern als generell anerkannte Ressource dem Unternehmen als Ganzes für seine Ressourcenplanung zur Verfügung stehen. (Wie es beispielsweise in jeder Forschungs- & Entwicklungsabteilung bereits praktiziert wird.) Begründet wird diese Forderung durch die technischen Möglichkeiten, die es erlauben das Wissen des Mitarbeiters über Netze an anderen Stellen und zu anderen Zeiten x-fach zur Verfügung zu stellen. Auch dies gilt es dies in Stellenbeschreibungen, Unternehmensleitbildern etc. zu benennen und zu kommunizieren.

Dass Management auch Kontrolle beinhaltet und die Kontrolle von Leistungen, die sich nicht direkt über einen individuellen Output äußern, schwierig ist, ist unbestritten. Diese Problematik besteht jedoch auch heute schon für eine Vielzahl von Tätigkeiten, gerade in den Bereichen, für die Wissensmanagement interessant ist. Ob jemand motiviert ist, einen Bericht angenehm verständlich und wirklich vollständig zu schreiben (mit Blick auf die Leserschaft) oder einfach nur einige Informationen darin unterbringt, hängt auch heute primär von seiner grundsätzlichen Motivation ab und nicht durch direkte Anreize. Wissen ist eine Ressource und sollte als solche gesehen und "gemanaged" werden. Die Vorstellung von einem "Wissensunternehmen" halten wir für genauso wenig sinnvoll, wie die Vorstellung eines "Personen- oder Informationsunternehmens". Die Summe der optimal auf einander abgestimmten und ins Spiel gebrachten Ressourcen macht den Erfolg eines Unternehmens aus, nicht die Überbetonung einer Ressource.

8 Fazit

Die Frage, wie man Motivation und Anreizsysteme im Rahmen eines Wissensmanagements behandelt, beginnt mit einem praxisbezogenem Verständnis von Wissensmanagement, das Ziele, Nutzen und Aufgaben festhält und dies alles auch klar kommuniziert. Dabei sollten keine Utopien und Allgemeinplätze verwendet, sondern klare Aussagen und Vorgaben gemacht werden. Wissensmanagement wird vom IfeM als eine Fähigkeit betrachtet die eingesetzt wird, um die Ressource Wissen bestmöglich und zielorientiert für ein Unternehmen zu nutzen. Um diese Fähigkeit zu erlangen sollte eine zuständige Stelle (Knowledge-Büro) eingerichtet werden, die über entsprechende Kompetenz verfügt und es sollten die nötigen Veränderungen im Umfeld (Organisation & Kultur) vorgenommen werden, damit diese Kompetenz auch eingesetzt werden kann. Ein zentraler Bestandteil von Umfeldmaßnahmen stellt die Motivierung der Mitarbeiter dar.

Für einzelne Anwendungsbereiche ist Wissensmanagement kein Selbstzweck, sondern stellt eine Maßnahme unter vielen dar, um gegebene Ziele zu erreichen. Definierte Maßnahmen äußern sich gegenüber Mitarbeitern letztlich immer als erwartete Tätigkeiten, die es durch das Unternehmen zu motivieren gilt. Im allgemeinen existieren bereits Konzepte, mit entsprechenden Maßnahmen. Soll Wissensmanagement Bestandteil des normalen Unternehmensalltages werden, so sind auch Tätigkeiten, die sich hieraus ergeben als normale Tätigkeiten zu betrachten. Folglich sollten sie, was Motivierungsmaßnahmen anbelangt, genauso behandelt werden, wie andere Tätigkeiten auch. Hierzu gehört u.a. klar zu kommunizieren, dass ein Unternehmen ein "legitimes Recht" hat, das Wissen eines Mitarbeiters an jede Stelle im Unternehmen zu bringen, wo es Nutzen stiftet und, dass dieses Wissen nicht nur im unmittelbaren Umfeld des Mitarbeiters eingesetzt werden kann.

Große Hoffnungen, dass sich Mitarbeiter durch den Aufbau einer offenen "Wissenskultur" plötzlich zu anteilnehmenden Handlungen veranlasst sehen, die sie bisher noch nicht getan haben, sind mit Vorsicht zu sehen, da sich Menschen durch Motivierungsmaßnahmen kaum in ihrem Wesen ändern werden. Dies gilt sowohl für Mitarbeiter, als auch für Führungskräfte. Deshalb ist für jedes Unternehmen sein bestehendes Anreizsystem, bzw. die bestehende Kultur die Messlatte für das zu Erwartende. Eine gesunde Kombination aus allen vorhandenen Motivierungsmöglichkeiten sollte das Ziel der Bemühungen sein.

Letztendlich sollten alle Beteiligten weniger explizit über Wissensmanagement reden, sondern es sinnvoll anwenden und in Form von Tätigkeiten wirken lassen, Tätigkeiten die als völlig normal in den Augen dessen erscheinen, der sie verrichten soll.

Informationen	http://www.knowledgeMARKT.de - Metaportal zum Thema Wissensmanagement im Internet.

http://www.ifem.org - Homepage des Institut für e-Management e.V. (IfeM), Köln.

9   Literatur

Niermeyer R. (2001): Motivation, Instrument zur Führung und
    Verführung
v. Rosenstil L. (1996): Motivation im Betrieb
Probst G. e.a. (1998): Wissen managen
Bühler W. / Siegert T. (Hrsg.) (1998): Unternehmenssteuerung
    und Anreizsysteme
Sprenger R. K. (1999): Mythos Motivation

Bruce A, Pepitone J.S. (2001): Mitarbeiter motivieren
META Group (2001): Der Markt für Knowledge Management in
  Deutschland

Andreas Gadatsch

IT-gestütztes Prozess-Management als Werkzeug des Knowledge-Management

1 Einführung

Datenflut und Informations- mangel

Der Einsatz von Computern nimmt ständig zu. Immer mehr Daten werden elektronisch erfasst so dass sich die digitalen Datenmengen alle 5 Jahre verdoppeln. In vielen Unternehmen besteht daher seit Jahren das Problem, aus der Vielzahl der Datenbanken die für Unternehmensentscheidungen geeigneten Informationen aktuell bereitzustellen. Die Gründe hierfür darin zu sehen, dass die Daten sind nicht immer für Analysen geeignet vorliegen und aufbereitet werden müssen. Häufig sind sie zudem redundant, d. h. mehrfach gespeichert oder gar inkonsistent, d. h. sie widersprechen sich. In vielen Unternehmen herrscht häufig kein Mangel, sondern eher ein Überfluss an Daten. Trotzdem mangelt es an entscheidungsrelevanten Informationen und Wissen.

Fehlendes Wissen über Prozesse

Die Globalisierung der Märkte und der damit verbundene gestiegene Wettbewerbsdruck erfordert eine effizientere Gestaltung der Geschäftsprozesse. Viele Unternehmen **kennen** jedoch „Ihre" **Geschäftsprozesse nicht** und können diese daher nicht zielorientiert gestalten. Die Gründe sind im wesentlichen in der Tatsache zu sehen, dass das **Wissen** über die **Prozesse verteilt** in den Köpfen der Mitarbeiter ist. Nicht selten werden in mittleren und größeren Unternehmen Projekte zur Bestandsaufnahme und Dokumentation der Geschäftsprozesse initiiert und durchgeführt. Zudem ist das dokumentierte Prozesswissen häufig nicht aktuell für Dritte nachvollziehbar beschrieben. Daraus ergibt sich Handlungsbedarf dahingehend, dass Prozesse computerunterstützt zu planen, zu optimieren sowie operativ umzusetzen und auszuführen sind.

2 Knowledge-Management

In regelmäßigen Abständen tauchen in der Management-Literatur neue Begriffe auf. Ebenso regelmäßig wird diskutiert, ob wieder „Alter Wein in neuen Schläuchen" verkauft wird oder worin der

Mehrwert der neu geprägten Begriffe besteht. Zunächst einmal sein daher angemerkt, dass Wissensmanagement natürlich ein aktuelles Schlagwort der Management-Literatur, der Informatik und in vielen Hersteller-Prospekten ist. Es ist noch nicht ausreichend durchdrungen, daher existieren noch vielfältige Definitionen und Strömungen. Interessant ist, dass Wissensmanagement zunächst einmal keine Probleme löst, sondern eher neue Aufgaben schafft. Es stellt hierfür aber neue Erkenntnisse bereitstellt, da bislang verdeckte Informationen offen gelegt werden.

Keine neue Aufgabe

In einer Aussage sind sich viele Autoren einig: Wissensmanagement beeinflusst in Zukunft nachhaltig die Leistungsfähigkeit von Unternehmen. Es ist prinzipiell keine neue Aufgabe, es ist Ressourcenmanagement mit der Ressource Wissen.

Faktor Mensch

Da der Faktor Mensch als Wissensträger und Wissenskonsument eine große Rolle spielt, ist zudem das Verhalten der Beteiligten zu ändern, wenn Wissensmanagement erfolgreich implementiert werden soll. Neu ist auch die jetzt mögliche massive Computer-Unterstützung und die damit verbundenen Möglichkeiten.

Begriff

Wissensmanagement ist der planmäßige computerunterstützte Umgang mit der Ressource Wissen zur Erreichung der Unternehmensziele.

Daten, Informationen, Wissen

Bevor konkrete Lösungsansätze beschrieben werden, ist es notwendig, die Begriffe Daten, Informationen und Wissen voneinander abzugrenzen, da sie vielfach gleichgesetzt werden. Betrachtet man den Geschäftsführer eines Supermarktes, der eine detaillierte Liste mit den Einzelumsätzen seiner Kunden vorliegen hat, so stellt man fest, dass er diese Liste zunächst als Datensammlung wahrnimmt. Für ihn hat diese Datensammlung noch keinen Wert, er ist nicht in der Lage hieraus Entscheidungen für Handlungen abzuleiten.

Daten

Daten sind also Zeichen, die mit einer Syntax, also einer Grammatik, versehen sind. Später erhält er von seinem Assistenten eine ABC-Analyse der Umsatzliste, so dass er nun in der Lage ist, diese als Informationen wahrzunehmen.

Informationen

In diesem Fall kann man von Informationen sprechen, da die Daten nun eine Bedeutung für den Empfänger haben. Der Geschäftsführer kann nun eine Trennung der wichtigen Produktgruppen von den weniger Wichtigen vornehmen. Nach weiterer sorgfältiger Analyse werden Zusammenhänge zwischen der Umsatzhöhe und bestimmten Produktgruppen festgestellt, z.B. steigt der Bierverkauf mit dem Verkauf von Kinderwindeln, wenn der Verkauf Samstags vormittags erfolgt.

Wissen

In diesem Fall liegen Informationen vor, die gezielt für Marketing-Maßnahmen genutzt werden können, d. h. es liegt „Wissen" über das Kaufverhalten der Kunden vor.

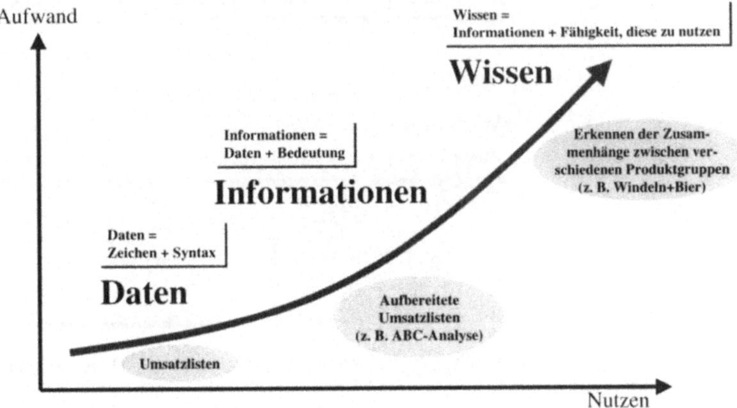

Abbildung 35: Daten, Informationen und Wissen

3   Prozess-Management

Gestaltungs-rahmen

Das Prozessmanagement ist ein zentraler Bestandteil eines integrierten Konzeptes für das Geschäftsprozess- und Workflow-Management. Der Gestaltungsrahmen des in Abbildung 36 dargestellten Konzeptes umfasst auf mehreren Ebenen die Entwicklung der Unternehmensstrategie (strategische Ebene), das Prozess-Management (fachlich-konzeptionelle Ebene), das Workflow-Management (operative Ebene) sowie die Anwendungssystem- und die Organisationsgestaltung (vgl. GEHRING/GADATSCH, 1999, S. 70).

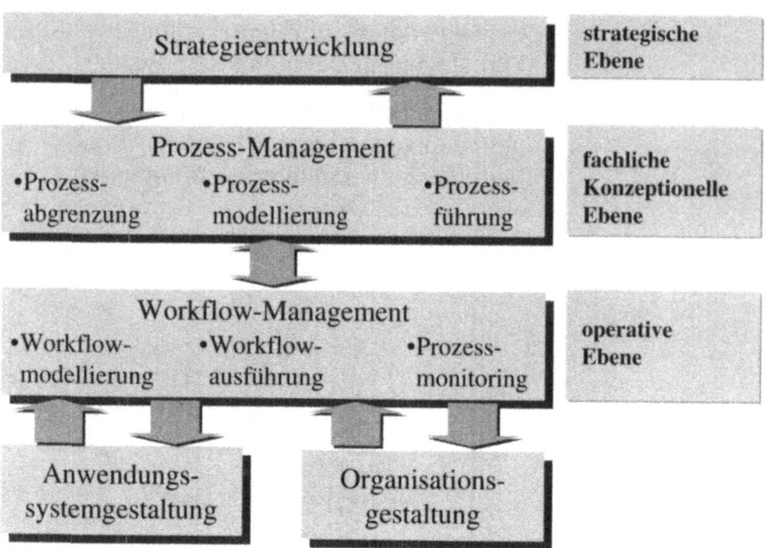

Abbildung 36 Geschäftsprozess- und Workflow-Management

Strategische E-bene

Auf der strategischen Ebene werden die Geschäftsfelder eines Unternehmens einschließlich der hier wirksamen kritischen Erfolgsfaktoren betrachtet. Auf der darunter liegenden fachlich-konzeptionellen Ebene erfolgt die Ableitung der Prozesse im Rahmen des Prozess-Managements. Das Prozess-Management stellt hierbei die Verbindung zur Unternehmensplanung auf der strategischen Ebene dar, während das Workflow-Management aus der Perspektive der darunter liegenden Ebene der operativen Durchführung die Anwendungssystem- und Organisationsgestaltung einbindet.

Fachlich kon-zeptionelle Ebe-ne

Das Prozess-Management umfasst die Phasen der Prozessabgrenzung, der Prozessmodellierung und der Prozessführung im Lebenszyklus von Prozessen:

- Die Prozessabgrenzung beschreibt die Prozessentstehung. Ausgehend von den Geschäftsfeldern und strategisch orientierten Spezifikationen wie Produktsortiment, kritische Erfolgsfaktoren usw. sind in einem schrittweisen Vorgehen Prozesskandidaten für jedes Geschäftsfeld abzuleiten, zu bewerten und schließlich die zu modellierenden und zu implementierenden Prozesse auszuwählen.

- In der *Prozessmodellierung* geht es darum, Realitätsausschnitte aus einem Geschäftsfeld unter einer fachlich-konzeptionellen Perspektive in einen Geschäftsprozess abzubilden. Abhängig von den strategischen Zielen eines Unternehmens kann dabei z.B. eine völlige Neugestaltung von Abläufen oder eine weitergehende Automatisierung bestehender Prozesse angestrebt werden.

- Auf die Phase der Prozessdurchführung bezieht sich die *Prozessführung.* Ihr Ziel ist die Ausrichtung der Prozesse an vorzugebenden Messgrößen für den Prozesserfolg, den sogenannten Prozess-Führungsgrößen. Die Führungsgrößen der Prozesse sind, gegebenenfalls in mehreren Schritten, aus den kritischen Erfolgsfaktoren der jeweiligen Geschäftsfelder abzuleiten. Je nach dem Umfang ermittelter Erfolgsdefizite, aufgetretener Schwachstellen im Projektablauf usw., kann eine Re-Modellierung bzw. ein erneutes Durchlaufen der Prozessmodellierung erforderlich sein.

Operative Ebene

Das Workflow-Management wird in die Phasen Workflow-Modellierung, Workflow-Ausführung und Prozess-Monitoring unterteilt. Die Workflow-Modellierung folgt der Geschäftsprozess-Modellierung. Hierbei wird der modellierte Geschäftsprozess um Spezifikationen erweitert, die für eine automatisierte Prozessausführung unter der Kontrolle eines Workflow-Management-Systems notwendig sind. Anschließend erfolgt die Phase der Workflow-Ausführung; sie beinhaltet die Erzeugung von Prozessobjekten und den Durchlauf von Prozessobjekten entlang der vorgesehen Bearbeitungsstationen unter der Kontrolle eines Workflow-Management-Systems. Das anschließende Prozess-Monitoring dient der laufenden Überwachung des Prozessverhaltens. Die Gegenüberstellung von Prozess-Führungsgrößen und entsprechenden Prozess-Ist-Größen liefert Informationen darüber, ob ein Prozess bereits richtig eingestellt ist oder ob korrigierende Eingriffe vorzunehmen sind.

4   IT-Unterstützung

Das Spektrum der IT-Unterstützung für das Wissensmanagement ist breit gestreut. KRUEGER (2001) unterscheidet fünf Schlüsseltechnologien für das Knowledge-Management: Business Intelligence, Collaboration, Knowledge-Transfer, Knowledge-Discovery and Mapping und Expertise (vgl. Abbildung 37).

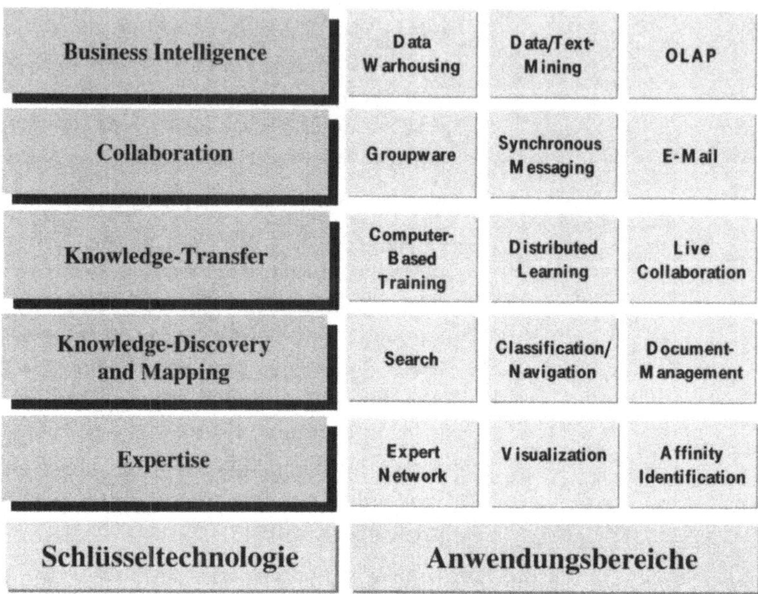

Abbildung 37 Schlüsseltechnologien für das Wissensmanagement.

Legt man das Schema eines integrierten Geschäftsprozess- und Workflow-Management in Abbildung 36 zugrunde, so ergibt sich das in Abbildung 38 dargestellte Bild einer IT-Unterstützung für das Prozessmanagement.

Für die Wissensvisualisierung stehen zahlreiche Werkzeuge, wie z.B. VISIO zur Verfügung. Die Modellierung, Simulation und Analyse von Geschäftsprozessen erfolgt mit GPO-Tools wie Bonapart oder dem vielfach eingesetzten ARIS-Toolset. Die operative Prozessunterstützung ist Aufgabe der ERP-Systeme wie SAP R/3 (ERP=Enterprise Resource Planning), von Workflow-Management-Systemen, Data-Warehouses oder im Bereich der Strategieentwicklung von BSC-Tools (BSC=Balanced Scorecard). Das Management von Wissensinhalten als operative Aufgabe des Workflow-Management und der Anwendungssystemgestaltung wird durch Dokumenten- und Content-Management-Systemen unterstützt. Die klassische Softwareentwicklung wiederum wird mittels zahlreicher CASE-Tools (CASE=Computer Aided Software Engineering) ermöglicht.

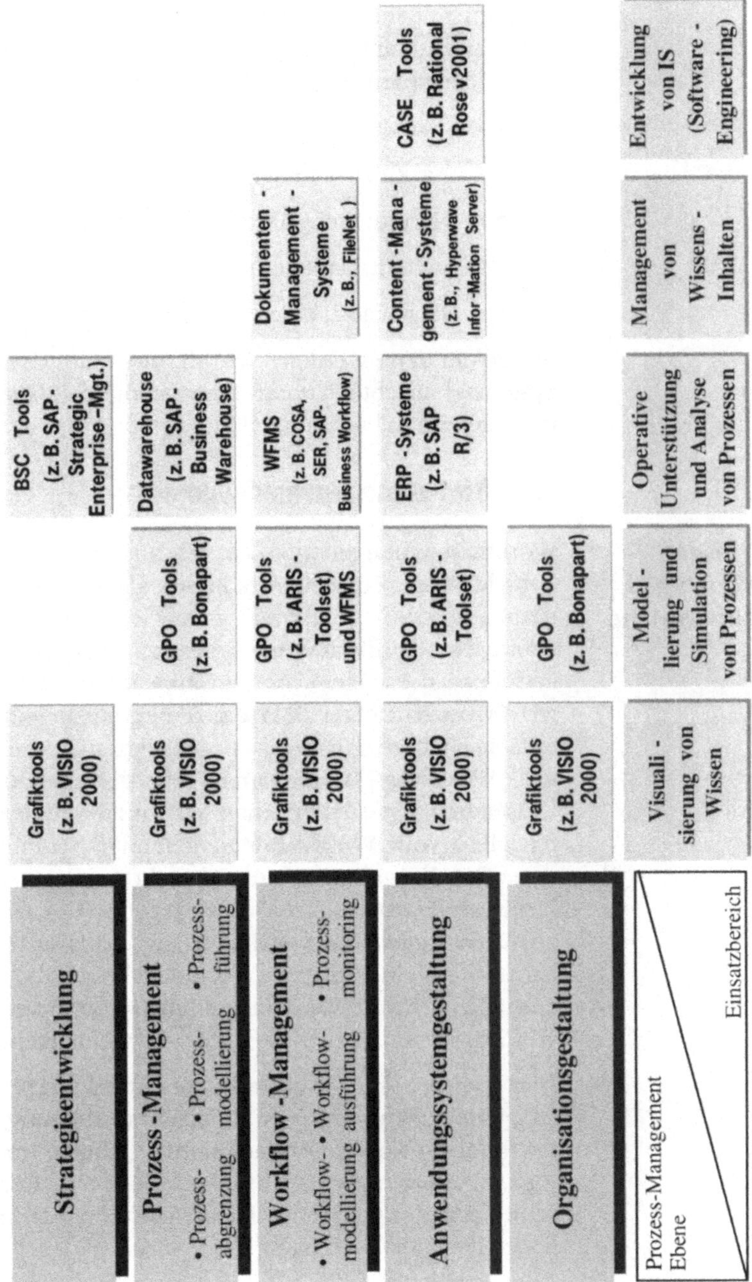

Abbildung 38 IT-Unterstützung für das Prozessmanagement.

Zu den Wissensbasierten Systemen, die im Rahmen des Prozessmanagement zum Einsatz kommen, werden vor allem folgende Systemgruppen gezählt (vgl. Bullinger 2001b, S. 45):

- Suchmaschinen
- Workflow-Management-Systeme
- Dokumenten-Management-Systeme
- Content-Management-Systeme
- Data-Warehouses.

Im folgenden werden Workflow- und Content-Management-Systeme hinsichtlich ihrer Einsatzmöglichkeiten für das Prozessmanagement näher betrachtet.

5 Workflow-Management-Systeme

Ziele des Workflow-Management

Workflow-Management lässt sich auf unterschiedliche Ursprünge zurückführen. Zum einen kann es als Weiterentwicklung der Büroautomation in Richtung einer Prozessunterstützung des kaufmännisch-administrativen Bereiches verstanden werden. Zum anderen hat es seine Wurzeln im Konzept des Computer Integrated Manufacturing (CIM) des Fertigungsbereiches, das sich bereits seit Jahren mit der Automatisierung von Prozessen beschäftigt. Workflow-Management kann als operatives Konzept zur Umsetzung von strategischen Vorgaben der Unternehmensleitung mit Hilfe von Workflow-Management-Systemen verstanden werden. Die Vorgaben werden häufig in Business Reengineering-Projekten erarbeitet, da eine Computerunterstützung von Arbeitsabläufen zunächst deren Redesign voraussetzt. Während das Business Reengineering die inhaltliche Gestaltung von Prozessen zum Ziel hat, ist die Unterstützung der operativen Ausführung von Prozessen das Ziel des Workflow-Management.

Die Ziele des Workflow-Management lassen sich aus dem Hauptziel der operativen Prozessunterstützung ableiten: Verbesserung der Kundenzufriedenheit, Qualität und Prozesstransparenz, Verkürzung von Durchlaufzeiten und Kostenreduktion, Rasche Anpassung an organisatorische Veränderungen und einheitliche Benutzeroberflächen.

Workflow-Life-Cycle

Phasenmodelle bzw. Life-Cycle-Modelle werden seit längerem zur systematischen Strukturierung komplexer Entwicklungsvorhaben eingesetzt, wie sie z.B. im Software-Engineering zu finden sind. Sie sind auch für das Prozessmanagement einsetzbar. In

Abbildung 39 wird ein Workflow Life-Cycle dargestellt, der drei teils verknüpfte Teilzyklen beinhaltet: die strategisch orientierte Gestaltung der Geschäftsprozesse (Teilzyklus 1), die organisatorisch DV-technische Umsetzung der Workflows (Teilzyklus 2) und die Ausführung und Überwachung der Workflow-Instanzen (Teilzyklus 3) (vgl. GADATSCH, 2001, S. 83).

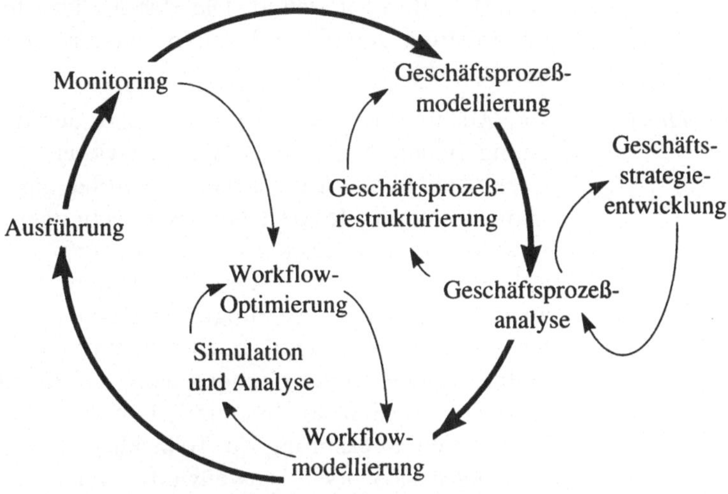

Abbildung 39 Workflow Life-Cycle-Modell

Teilzyklus (1)   Der Teilzyklus (1) umfasst die Geschäftsprozessmodellierung, -analyse und -restrukturierung sowie die Geschäftsstrategieentwicklung. Ausgangspunkt für den Teilzyklus (1) ist die Erhebung und Modellierung der Ist-Geschäftsprozessmodelle. Diese werden anschließend einer Geschäftsprozessanalyse hinsichtlich ihres Beitrages zur Erfüllung der aus der Geschäftsstrategie abgeleiteten Geschäftsprozessziele unterzogen. Hierbei werden unproduktive oder überflüssige Geschäftsprozesse und Organisationsstrukturen identifiziert. Die Geschäftsprozessanalyse kann auch Rückwirkungen auf die zunächst vorgegebene Geschäftsstrategie des Unternehmens haben, was wiederum die nachfolgende Gestaltung und Restrukturierung der Geschäftsprozesse beeinflusst. Die neu gestalteten und hinsichtlich der Zielvorgaben der Geschäftsstrategien restrukturierten Geschäftsprozesse werden als Soll-Geschäftsprozessmodelle formal beschrieben. Eine weitere Analyse der Soll-Geschäftsprozessmodelle kann zu weiteren Restrukturierungszyklen führen, bis die Gestaltung der Geschäftsprozesse mit den vorgegebenen oder ggf. angepassten Geschäftszielen konform ist.

Teilzyklus (2)

Mit dem Abschluss von Teilzyklus (1) ist die fachlich-konzeptionelle Gestaltung der Geschäftsprozesse abgeschlossen. Im anschließenden Teilzyklus (2) werden die Geschäftsprozessmodelle bis auf die operative Workflow-Ebene verfeinert. Der angestrebte Detaillierungsgrad soll einerseits eine automatische Ausführung und andererseits eine simulationsbasierte Analyse von Workflows gestatten. Die der Analyse folgende Workflow-Optimierung vervollständigt den zweiten, gegebenenfalls iterierten Teilzyklus.

Teilzyklus (3)

Die Ausführung von Workflows und deren laufende Überwachung bilden den Anfang des Teilzyklus (3), der ebenfalls der operativen Ebene zuzuordnen ist. Abhängig vom Grad der bei dem Monitoring festgestellten Abweichungen der Prozessergebnisse von den erwarteten Ergebnissen erfolgt eine Rückkopplung auf den Teilzyklus (1) oder (2). Kleinere Abweichungen führen zu inkrementellen Änderungen in Form des erneuten Durchlaufes von Teilzyklus (2), d. h. zu Optimierungen der Workflowmodelle. Größere Abweichungen von Referenzwerten deuten auf Modellierungsdefizite hin und können eine Re-Modellierung bzw. einen Rücksprung zu Teilzyklus (1) erforderlich machen. Aktivitätsauslösende Schwellwerte für das Monitoring der Workflow-Instanzen sind im Rahmen der Geschäftsprozessmodellierung als Toleranzbereiche für Prozessführungsgrößen vorzugeben. Die Ergebnisse des Workflow-Monitoring können bei gravierenden Abweichungen gegebenenfalls auch Auswirkungen auf die Geschäftsstrategie des Unternehmens haben.

Begriff des WFMS

Workflow-Management-Systeme (WFMS) sind Instrumente zur Unterstützung des Workflow-Management. Sie unterstützen die Modellierung, Simulation, Ausführung und Überwachung von Workflows. Häufig werden WFMS auch als Vorgangssteuerungs-, Vorgangsbearbeitungs- oder Dokumentenmanagementsysteme bezeichnet. Unter einem WFMS ist ein anwendungsunabhängiges Softwaresystem zu verstehen, das die Modellierung, die Ausführung, das Monitoring sowie die Simulation und die Analyse von Workflows unterstützt. WFMS sind in der Lage Workflow-Modelle zu interpretieren und die Ausführung von Prozessschritten durch Mitarbeiter oder Anwendungsprogramme zu veranlassen.

Einsatzmöglichkeiten für WMFS

Workflow-Management-Systeme können überall dort eingesetzt werden, wo automatisierbare oder teilautomatisierbare Arbeitsabläufe mit wiederkehrenden Elementen vorzufinden sind. Ein Beispiel für einen stark automatisierbaren Ablauf ist z.B. die Abwicklung zur Prüfung eines Kreditantrages. Weniger stark automatisierbar ist z.B. die Erstellung eines Monatsabschlusses im Rechnungswesen, da hier manuelle Prüfungen und Nachbearbeitungen notwendig sind. Der Einsatzschwerpunkt von WFMS ist derzeit im Bereich kaufmännisch-administrativer Geschäftsprozesse bzw. Büroprozesse zu sehen, während beispielsweise fertigungstechnische Prozesse durch Produktionsplanungs- und Steuerungssysteme und Fertigungsleitstände unterstützt werden. Allerdings gibt es erste Ansätze, die aufgrund der zwischen WFMS und PPS-Systemen bestehenden Gemeinsamkeiten ein Zusammenwachsen dieser bisher noch getrennten Systembereiche anstreben, um eine durchgängige informationstechnologische Unterstützung für Verwaltungs- und Fertigungsprozesse zu ermöglichen.

Funktionen eines WFMS

Die Aufgaben eines WFMS sind in Abbildung 40 dargestellt. Demnach sollte ein WFMS drei Gruppen von Funktionen umfassen.

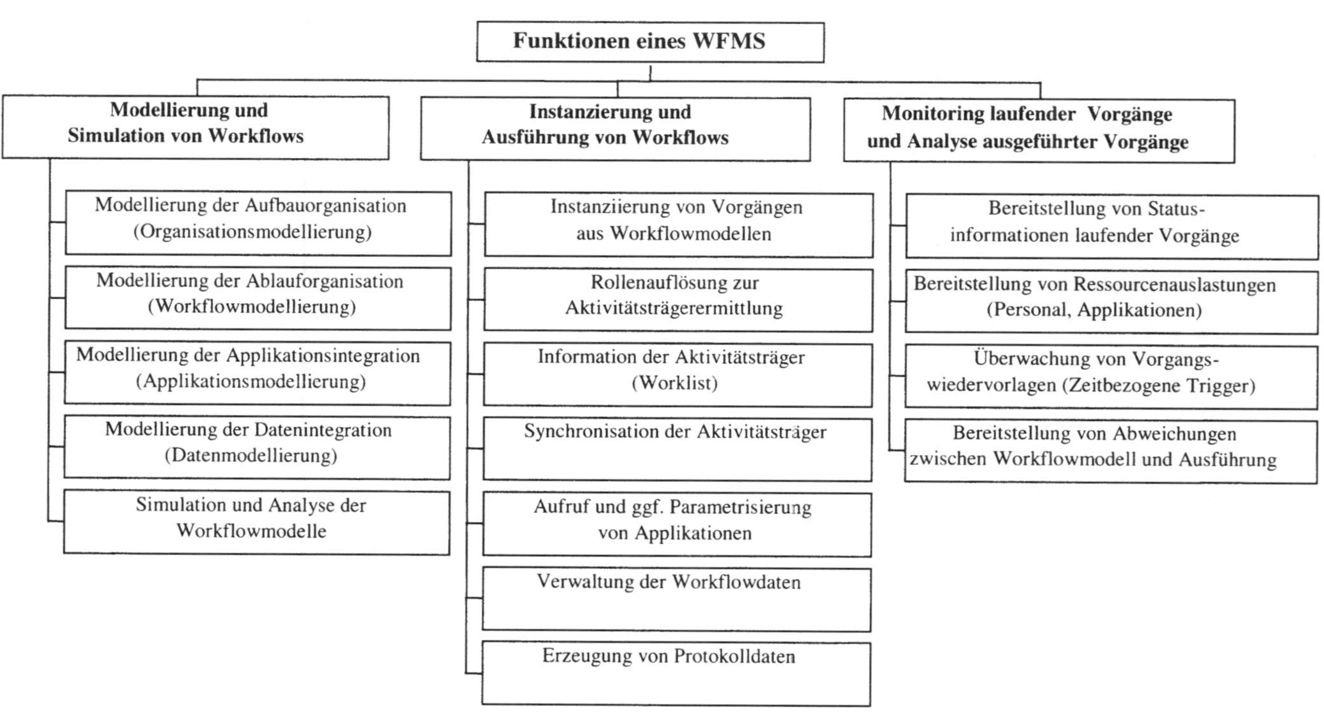

Abbildung 40 Funktionen eines WFMS

Modellierung und Simulation von Workflows

Vor der Workflowausführung steht die Spezifizierung der notwendigen Workflowmodelle. WFMS koordinieren den Einsatz von Personen und Programmen. Neben der Modellierung der Ablauforganisation ist daher auch die Modellierung der Aufbauorganisation sowie die Integration von Applikationen und Daten erforderlich. Zudem sind die Workflowmodelle vor der Ausführung formal und inhaltlich zu überprüfen. Die Simulation dient der formalen Prüfung der Lauffähigkeit und der Ermittlung der Effizienz eines Workflowmodells hinsichtlich der Zielvorgaben.

Instanziierung und Ausführung von Workflows

Zur Ausführung der Workflowmodelle sind vom WFMS konkrete fallbezogene Vorgänge zu instanziieren. Die Rollenauflösung ermittelt für jeden Teilschritt geeignete und verfügbare Bearbeiter und die erforderlichen Applikationen unter Beachtung von dynamischen Restriktionen wie dem Anwesenheitsstatus der Mitarbeiter oder Störungen bei der Applikationsverfügbarkeit. Personelle Aktivitätsträger werden vom WFMS über anstehende Aufgaben informiert, d. h. jedem Bearbeiter wird eine Worklist mit den zu erledigenden Aufgaben übergeben. Falls mehrere Bearbeiter in Frage kommen, muss eine Synchronisation der Bearbeiter erfolgen. Maschinell unterstützte Workflows erfordern es, dass unter Kontrolle des WFMS Programme gestartet und ggf. mit Parametern versorgt werden. Zu diesem Zweck muss das WFMS geeignete Integrationswerkzeuge bereitstellen. Damit verbunden ist auch die Verwaltung der anfallenden Workflowdaten, die teilweise durch die aufgerufenen Applikationen bereitgestellt werden. Während der Ausführung von Workflows sind vom WFMS Protokolldaten (Audit Trail) zu erzeugen, die Basisinformationen für die spätere Analyse der durchgeführten Arbeitsabläufe liefern.

Monitoring laufender Vorgänge und nachträgliche Analyse

Neben der passiven Bereitstellung von Statusinformationen über die laufenden Vorgänge sowie die Auslastung der Ressourcen, insbesondere des Personals und der integrierten Applikationen, sind vom WFMS auch aktive Überwachungsaufgaben wahrzunehmen. Sie betreffen insbesondere die Überwachung der Start- und Ende-Termine von Vorgängen sowie von vorgangsbezogenen Wiedervorlagen die durch die Bearbeiter erzeugt wurden. Vorgänge, die in Bearbeitung sind, können gegebenenfalls über mehrere Tage hinweg von einem Bearbeiter "blockiert" werden, wenn dieser z.B. wegen Krankheit nicht verfügbar ist. In solchen Fällen muss das WFMS Ausnahmeroutinen aktivieren, welche die Bearbeitung durch einen anderen Bearbeiter (Stellvertreter) vorsehen. Von der Überwachung zu unterscheiden ist die nachträglich durchgeführte Prozessanalyse. Sie erstreckt sich z.B. auf die angefallenen Prozesskosten der instanziierten Workflows, die mit den aufgrund des Workflowmodells kalkulierten Sollkosten verglichen werden können und - im Falle der Überschreitung vorgegebener Schwellwerte - die Veranlassung von Maßnahmen zur Folge haben können. Als Beispiel sei hier ein Workflow für die Reisekostenabrechnung genannt, innerhalb dessen der Vorgesetzte eines Reisenden vom WFMS dann informiert wird, wenn die kumulierten Reisekosten des Reisenden einen zuvor festgelegten Schwellwert überschreiten.

Architektur von Workflow-Management-Systemen

Grundsätzlich lassen sich zwei Architekturalternativen unterscheiden: Eigenständige Workflow-Management-Systeme und Workflow-Module von ERP-Systemen (sogenannte ERP-integrierte Workflow-Management-Systeme).

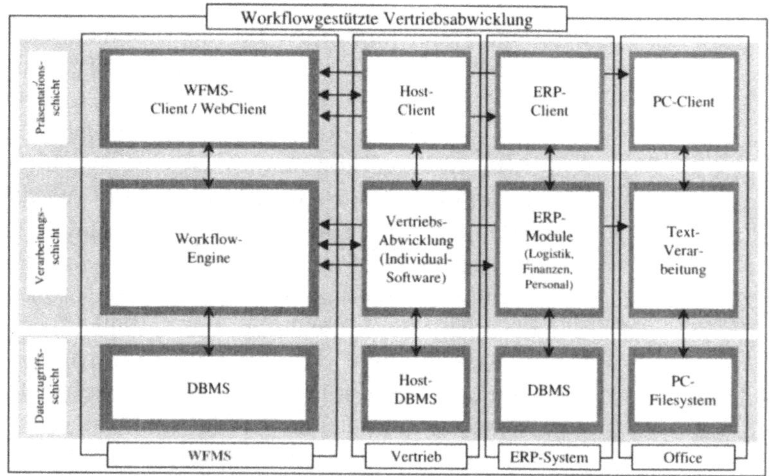

Abbildung 41 Beispiel eigenständiger Workflow-Management-Systeme

Die Abbildung 42 zeigt einen Architekturansatz für ERP-integrierte Workflow-Management-Systemen. Es ist erkennbar, dass die Prozess-Steuerung (Workflow-Funktionen) und die Ausführungsfunktionen (ERP-System) auf allen Ebenen des Client-Server-Ansatzes verschmolzen sind. Es gibt einen gemeinsamen Workflow- und Applikations-Client, der für alle Funktionen verwendet werden kann. Ein integriertes Datenbank-Verwaltungssystem stellt die erforderlichen Daten für alle Funktionen redundanzfrei zur Verfügung.

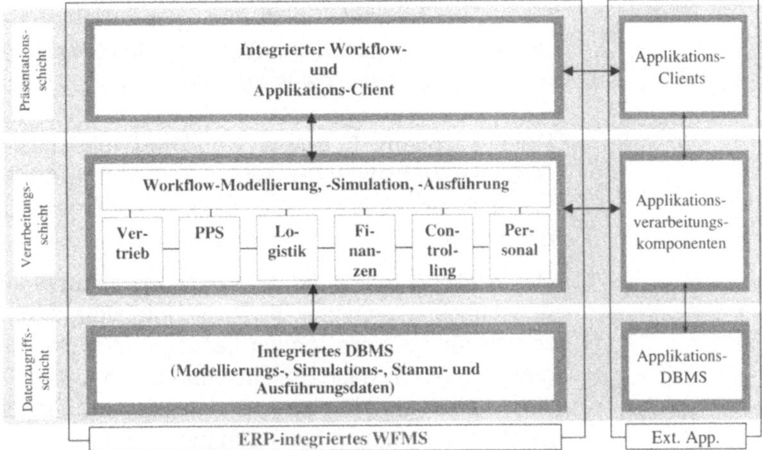

Abbildung 42 Architektur ERP-integrierter WFMS

Weiterhin ist jedoch auch erkennbar, das die Integration bei der Einbindung externer Applikationen, also z.B. von Individualentwicklungen endet. D. h., sobald nicht alle für eine Prozesskette erforderlichen Schritte innerhalb des ERP-Systems abgebildet werden können, stellt sich wiederum die gleiche Problematik, wie beim Einsatz eigenständiger Workflow-Management-Systeme.

Eine Reihe von ERP-Herstellern haben bereits Workflow-Module in ihre Produkte zu integriert, wenngleich die Funktionalität der Workflow-Komponenten nicht immer die von etablierten WFMS erreicht. Die Funktionen Modellierung, Ausführung, Überwachung und Analyse werden in der Regel bereitgestellt, eine Workflow-Simulation ist in der Regel jedoch nicht möglich.

BEISPIEL SAP BUSINESS WORKFLOW

Das Modul SAP-Business Workflow ist vollständig in das SAP-System als Integrationsschicht oberhalb der „normalen" Funktionsmodule wie Rechnungswesen, Logistik und Personal integriert. Er unterstützt bis auf die Simulation alle wesentlichen Funktionen eines WFMS, d. h. Modellierung, Ausführung, Überwachung und Analyse von Geschäftsprozessen. Das SAP-Workflow-Modul nutzt hierbei SAP-Transaktionen und Funktionen ohne diese jedoch zu verändern und setzt sie zu neuen, noch nicht im SAP-System vorgesehenen Geschäftsprozessmodellen zusammen. Die Nutzung ist somit eine zusätzliche Option. Durch Nutzung des SAP-Organisationsmanagements können bereits vorhandene Organisationsdaten genutzt werden.

Das Workflow-Modul stellt eine ganze Reihe von Komponenten zur Verfügung, mit denen die Workflow-Funktionalität im SAP-System abgebildet wird: Workflow-Builder (WF-Editor), Workflow-Wizard Explorer (Überblick über Wizards), Business Object Builder (Integration von R/3-Funktionen), Business Workflow-Explorer (Überblick über WFs), Business Workplace (Endbenutzer-Client), Verschiedene Administrations- und Analysewerkzeuge (z.B. Runtime Analyse, Reporting, Reorganisation).

Der Workflow-Builder ist der Editor, mit dem Workflows modelliert werden können. Workflow Wizards unterstützen die Workflow-Moduellierung für spezielle, häufig benötigte Workflows, wie z.B. Genehmigungsverfahren oder Umlaufzettel. Einen Überblick über die Wizards liefert der Wizard Explorer. Der Business Object Builder ist das Werkzeug zur Einbindung von Aufgaben, die durch SAP-Transaktionen und Reports durchgeführt werden können. Der Business Workflow-Explorer ermöglicht die Navigation durch die verfügbaren Workflow-Modelle. Das Werkzeug des Endbenutzer ist ein spezieller Client, der Business Workplace.

Welche Szenarien sprechen für eigenständiger WFMS?

Der Einsatz eigenständiger WFMS weist eine Reihe von Vorteilen hinsichtlich der Flexibilität der IT-Strategie und der Integration von Applikationen auf. Zur Frage der Flexibilität der IT-Strategie lassen sich folgende positive Aspekte:

- Es besteht keine Abhängigkeit zu einem einzigen (ERP-) Anbieter, da ERP-Bausteine von mehreren Herstellern verwendet werden können und durch das WFMS integriert werden.

- Eingebundene ERP-Systeme oder Eigenentwicklungen können prinzipiell ausgetauscht werden, ohne das ein Einfluss auf den Workflow besteht, sofern die Funktionsbausteine kompatible Leistungen erzeugen.

Allerdings stehen dem auch einige Nachteile gegenüber:

- **Schulungsaufwand:** Da zusätzliche Benutzeroberflächen, z.T. für das ganze Unternehmen, erforderlich werden, ist mit zusätzlichem Schulungsaufwand für IT-Personal und Anwender bei der Einführung des WFMS zu rechnen.

- **Abhängigkeit:** Wichtig ist, das nun eine gewisse Abhängigkeit für die Prozess-Steuerung vom WFMS-Hersteller entsteht, während die Verantwortung der

Funktionsausführung durch mehrere Anbieter getragen wird.

- **Lizenzen:** Hinzu kommt zusätzlicher Aufwand für Lizenzen und ggf. Hardware.

Integration

Die einfache Integration verschiedener Komponenten ist der Hauptgrund, der für den Einsatz von eigenständigen WFMS spricht. Er bringt Vorteile hinsichtlich der Integration, der Dokumentation sowie der Benutzerakzeptanz:

- **Integration:** Prozesse, die durch mehrere Applikationen unterstützt werden, können auf der betriebswirtschaftlichen Ebene zu einem Gesamtprozess integriert werden, da die Integration unterschiedlicher Applikationen (Eigenentwicklungen, weitere ERP-Systeme, Mail, Dokumentenmanagement- und Archivierungssysteme) explizit vorgesehen ist.

- **Dokumentation:** Gerade in großen Unternehmen existieren Forderungen, Prozesse unternehmensweit einheitlich zu dokumentieren. Der Einsatz von WFMS stellt einheitliche Workflow-Modelle über alle Applikationen hinweg sicher.

- **Akzeptanz:** WFMS bieten als Middleware-Plattform dauerhaft eine einheitlicher Benutzeroberfläche, in die nach Bedarf Applikationen integriert werden können.

Die zwangsweise redundante Datenhaltung sowie ein erhöhter Know-How Bedarf in der IT sind die wesentlichen Nachteile von eigenständigen WFMS.

Anwendungs-beispiel

In Abbildung 43 ist ein zwischenbetrieblicher Geschäftsprozess aus der Vertriebslogistik dargestellt, der sich über mehrere Geschäftspartner und Applikationssysteme hinweg vollzieht. Dieses Anwendungsbeispiel ist ein typisches Szenario für eine sinnvolle Integration mehrerer Applikationen durch ein eigenständiges WFMS. Beginnend bei einem externen Call-Center werden über einen Web-Client eingehende Kundenaufträge bearbeitet. Das Kundenmanagement erfolgt mittels einer CRM-Standardsoftware, z.B. von Siebel. Unternehmens-Intern erfolgt die Auftragsabwicklung mittels eines ERP-Systems (z.B. SAP R/3), die eigentliche Leistungserbringung über eine Eigen-Entwicklung. Die Auslieferung wird durch einen externen Logistik-Dienstleister wahrgenommen, der wiederum SAP als ERP-System einsetzt. Die Steuerung des ganzen zwischenbetrieblichen Geschäftsprozesses ist

Aufgabe eines web-basierten Prozess-Management-Systems, dessen Funktionalität über die eines klassischen WFMS hinausgeht. Unterschiede sind insbesondere in der Web-Anbindung und der überbetrieblichen Prozessintegration zu sehen, für die Modellierungs- und Ausführungsmechanismen gefunden werden müssen.

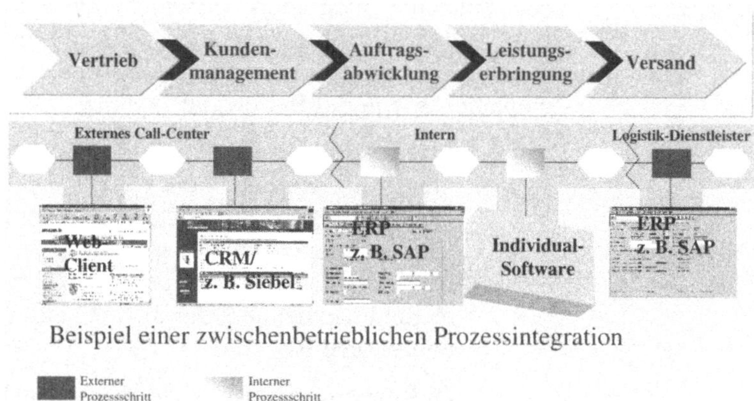

Beispiel einer zwischenbetrieblichen Prozessintegration

Abbildung 43 Beispiel für den Einsatz eigenständiger WFMS

Welche Szenarien sprechen für ERP-integrierte WFMS?

Die Vorteile des Einsatzes von ERP-Workflow-Modulen sind im wesentlichen in kostengünstigeren Lizenzmodellen und der Daten- und Prozessintegration zu sehen.

- I.d.R. fallen keine oder nur geringe Zusatzkosten für Lizenzen oder Hardware an, ggf. ist aber ein Upgrade des Systems erforderlich

- Es ist davon auszugehen, das der Kunden von einer synchronen Releaseplanung des Herstellers profitieren kann, da ERP und WFMS gemeinsam weiterentwickelt werden.

- Da systeminterne Schnittstellen verwendet werden, sind keine Datenredundanzen vorhanden, der klassische ERP-Effekt wird auf das Workflow-Management übertragen.

Die ggf. schon vorhandene Abhängigkeit zum ERP-Hersteller steigt durch Ausdehnung der Abhängigkeit auf die Prozess-Steuerung noch an, denn die Releaseproblematik wird verstärkt. Dies gilt insbesondere dann, wenn der Herstellen proprietäre interne Schnittstellen zwischen Anwendungs- und Workflow-Modulen verwendet. Weiterhin ist der Funktionsumfang häufig noch nicht mit etablierten WFMS vergleichbar (z.B. Simulation).

Integration

Hinsichtlich der Integration ist folgendes festzuhalten: Der Einsatz von ERP-Workflow-Modulen ist mit einem geringeren Einführungs- und Integrationsaufwand verbunden, da zum einen schon das grundsätzliche System-Know-How vorhanden ist, vorhandene Organisationsdaten genutzt werden können und die Workflow-Module sukzessive eingeführt werden können. Die Daten- und Prozessintegration von Geschäftsprozessen ist größer, wenn sofern sie überwiegend durch das ERP-System unterstützt werden können. Die Akzeptanz der Anwender ist größer, da keine neue Benutzeroberflächen erforderlich sind. Als Nachteil ist insbesondere die i. d. R. problematischere Einbindung von Dritt-Produkten insb. weiteren ERP-Systemen zu erwähnen.

Anwendungs-beispiel

Ein typisches Beispiel für den Einsatz ERP-Integrierter WFMS sind die sogenannten „Beschaffungs-Workflows", d. h. Geschäftsprozesse zur Beschaffung von z.B. Nicht-Lager-Materialien. Derartige Prozesse kommen sehr häufig in vielen Unternehmen in großer Zahl und Ausprägung vor. Sie werden zwar in der Regel bereits durch ERP-Systeme unterstützt, häufig wird jedoch der vorgelagerte Genehmigungsprozess nicht einbezogen. Am Beispiel des SAP-Business Workflow lässt sich einfach zeigen, wie mit vergleichsweise geringem Aufwand eine Prozessbeschleunigung und qualitative Verbesserung realisieren lässt. Derartige Beschaffungs-Workflows sind häufig folgendermaßen strukturiert (vgl. Abbildung 44):

- Die Erkennung des Bedarfes erfolgt dezentral in verschiedenen Organisationseinheiten

- Der Bedarf wird auf einem Genehmigungsformular fixiert und durch den Kostenstellenleiter gegengezeichnet

- Abhängig von den Genehmigungsvorschriften müssen ggf. weitere, teilweise mehrere Unterschriften „besorgt" werden, was nicht selten bei Zeitdruck durch persönliche Besuche der Anforderer durchgeführt wird.

- Das Anforderungsformular wird anschließend vom Einkauf in eine SAP-Bestellanforderung oder direkt in eine SAP-Bestellung umgesetzt. Hierbei auftretenden Rückfragen, häufig ausgelöst durch die „erbarmungslose" Plausibilitätsprüfung des SAP-Systems führen zu Zeitverzögerungen in der Beschaffung.

- Anschließend wird der normale SAP-Beschaffungsprozess durchlaufen.

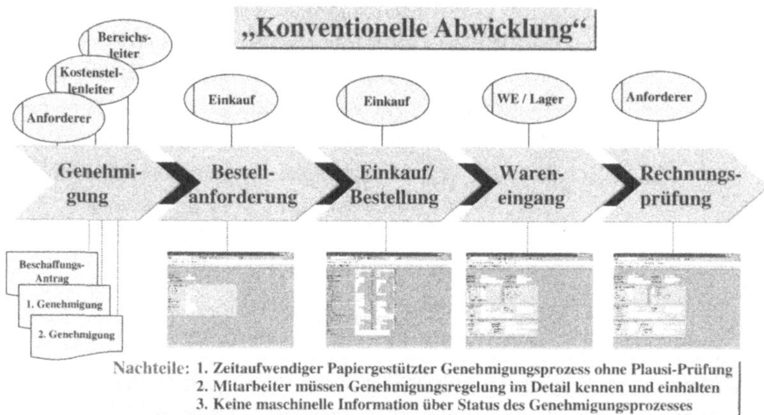

Abbildung 44 Beschaffung ohne Workflow-Unterstützung.

Die Nachteile dieses Verfahrens liegen auf der Hand: Der umständliche Genehmigungsprozess führt zu Zeitverlusten. Zudem müssen die Mitarbeiter selbständig die Einhaltung der Genehmigungsvorschriften sicherstellen, was bei Großunternehmen zu Rückfragen oder auch Nichtbeachtung führen kann. Erst ab der Erfassung der Bestellanforderung oder Bestellung besteht eine elektronische Möglichkeit der Statusabfrage über den Beschaffungsvorgang, der vorgelagerte Genehmigungsprozess ist nicht eingeschlossen.

Durch geringe organisatorische Änderungen und Einsatz des im SAP-System enthaltenen Business Workflows lassen sich qualitative und zeitliche Verbesserungen des Beschaffungsprozesses erzielen. Ein Beispiel ist in Abbildung 45 dargestellt. Es umfasst folgende Prozess-Schritte:

- Der Beschaffungsprozess wird schon bei der Identifizierung des Bedarfes elektronisch unterstützt, indem der Anforderer seinen Bedarf per Bestellanforderung in SAP erfasst.

- Die Daten der Bestellanforderung werden durch einen Workflow maschinell ausgewertet, indem zunächst die richtige Genehmigungsinstanz ermittelt wird.

- Der betreffende Mitarbeiter (Kostenstellenleiter, Bereichsleiter, Geschäftsführer), oder bei Abwesenheit sein Stellvertreter, erhalten den Vorgang per E-Mail zur Genehmigung

- Nach erfolgter Genehmigung erhält der Anforderer per E-Mail eine Nachricht, dass seine Bestellanforderung genehmigt wurde.

- Anschließend erfolgt wiederum der normale SAP-Ablauf der Beschaffung.

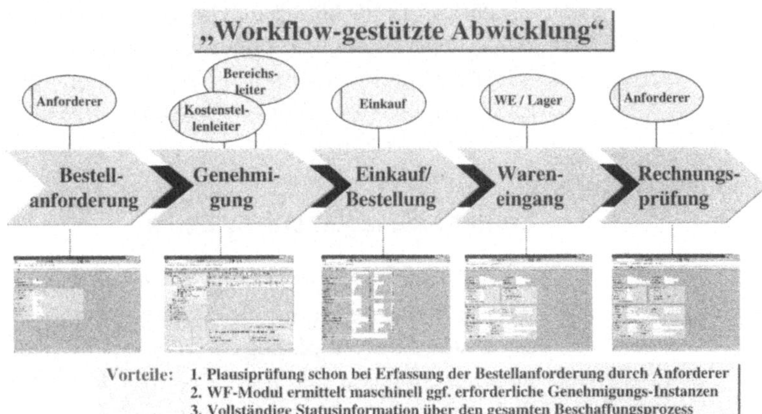

Abbildung 45 Business Workflow gestützte Beschaffung.

Die Vorteile des Ansatzes liegen neben der beschleunigten Prozessdurchführung in der frühzeitigen SAP-Plausibilitätsprüfung durch den Anforderer und der maschinellen Sicherstellung der Genehmigungsprozeduren. Zudem kann der Anforderer von Beginn an jederzeit den Status seiner Bestellung hinweg abrufen.

Die Frage der „richtigen" Entscheidung hängt im wesentlichen aus der gewünschten Flexibilität im Rahmen der IT-Strategie und noch wesentlich stärker von der gewünschten oder faktisch vorhandenen Heterogenität der IT-Landschaft ab und damit verbunden dem Integrationsaufwand. Werden die Kernprozesse eines Unternehmens im wesentlichen durch mehrere ERP- bzw. Standardsoftwaresysteme unterstützt, die durch Eigenentwicklungen ergänzt werden, dann ist grundsätzlich ein eigenständiges WFMS zur Prozess-Steuerung zu empfehlen. Dies gilt umso mehr, je stärker Flexibilitätsaspekte hinzukommen, d. h. Wünsche nach Hersteller-Unabhängigkeit oder starke dezentrale Verantwortungen im IT-Bereich durch autonome Konzerneinheiten (KE). Auch Forderungen nach ERP-neutralen Prozessmodellen zur Dokumentation der Geschäftsprozesse fallen hier hinein.

Werden dagegen die Kernprozesse durch ein ERP-System unterstützt und allenfalls in Randbereichen durch wenige Individualentwicklungen unterstützt, so kann auf das ERP-interne Workflow-Management-System zurückgegriffen werden. Dies kann auch in Einzelfällen in abgegrenzten Prozessfeldern (z.B. Beschaffungsprozess für C-Materialien) parallel zu einem eigenständigen WFMS praktiziert werden. Die „ERP-Strategie" wird verstärkt durch Flexibilitätsaspekte wie z.B. einer strategischen Einprodukt-Ausrichtung des Unternehmens, wie dies z.B. häufig im SAP-Umfeld anzutreffen ist, da dann das ERP-System als dominierender Faktor der IT-Strategie angesehen wird.

6 Content-Management-Systeme

Unter Content ist der Inhalt zu verstehen, der aus Sicht des Anwenders auf z.B. einer Webseite zu betrachten bzw. verfügbar ist. Unter Content-Management ist der systematische und zielgerichtete Umgang mit Inhalten und deren zielgruppenspezifische Bereitstellung zu verstehen. Der wesentliche Aspekt des Content-Management ist die konsequente Aufgliederung des Informationsinhaltes. Der Content wird hinsichtlich Inhalt (Rohdaten, Inhalt im engeren Sinn), Struktur (Aufbau, Gliederung) und Darstellungsart (Layout) getrennt. Dies ermöglicht eine einfache Wiederverwendung des Inhaltes in unterschiedlicher Strukturierung in beliebigen Medien (z.B. Webseite, Handbuch, Video).

PRAXISBEISPIEL:

So kann ein und derselbe Inhalt mal als grob strukturierte Überblicksinfo in einem DIN A4 Flyer oder komplex strukturiert (z.B. mit Hyperlinks) in einer detaillierteren Webseite dargestellt werden. Der Inhalt wird in jedem Fall aus der gleichen Quelle gespeist.

Die Bedeutung der Trennung in *Inhalt, Struktur* und *Darstellung* wird insbesondere dann deutlich, wenn es sich um Daten handelt, die nicht nur für das menschliche Auge, sondern für die maschinelle Weiterverarbeitung vorgesehen sind. Beispiele finden sich auf jeder Webseite, wenn Produkte individuell durch den Anwender konfiguriert werden (z.B. interaktive Zusammenstellung eines „Wunsch-PC".

Aber auch die Erstellung von Dokumenten, die für den visuellen Betrachter gedacht sind, erfordert bei mehrfacher Verwendung eine Trennung in die drei genannten Bestandteile. Dies soll an einem einfachen Beispiel dargestellt werden.

PRAXISBEISPIEL:

Die meisten Word-Benutzer, wie z.B. Fachartikel-Autoren formatieren ihre Texte manuell, d.h. ohne spezielle Formatvorlagen. Unterstreichungen, Einrückungen, Zeichengrößen usw. werden sozusagen „von Hand" formatiert, da meist die Standardformatvorlage verwendet wird. Eine maschinelle Verarbeitung eines Fachaufsatzes, der z.B. einerseits als Zeitschriftenartikel und andererseits als Beitrag einer Webseite oder als PDF-Datei auf einer CD-ROM dargestellt werden soll, erfordert jedoch eine Textstrukturierung. So muss erkannt werden, ob ein Text-String eine Überschrift, ein Titel oder eine Fußnote darstellt.

Definition

Content-Management bedeutet, dass der gleiche Inhalt auf unterschiedliche Arten strukturiert und dargestellt bzw. angeboten werden kann. **Content-Management-Systeme** unterstützen den zielgerichteten und systematischen Umgang der Inhalte und deren Bereitstellung

Einsatzfelder für Content-Management-Systeme

Content-Management-Systeme können sehr breit in unterschiedlichen Funktionen und Branchen eingesetzt finden. Die jeweiligen Systeme sind meist für den jeweiligen Einsatzzweck spezialisiert. Die wesentlichen Einsatzfelder sind grob betrachtet die folgenden Gebiete:

- Wissensmanagement
- Dokumentenmanagement
- Elektronische Publikation von Dokumenten
- Verlagsdokumentationssysteme
- Unternehmensportale
- Unterstützung des Electronic-Commerce
- Informationssysteme unterschiedlicher Art

Zur Frage des Betriebs von Content-Management-Systemen sei folgendes angemerkt: Es ist nicht zwingend erforderlich ein eigenes Content-Management-System selbst zu betreiben. Content-Provider bieten den Zugang über das Internet oder andere Datenübertragungsformen als Mietlösung an. Web-Content-Management-Systeme stellen Informationen speziell im Internet oder im unternehmenseigenen Intranet dar.

Der Nutzen von Content-Management-Systemen muss den Aufwand für Einführung und Betrieb derartiger Systeme übersteigen. Die Nutzenaspekte liegen in der Möglichkeit der mehrfachen Verwendung von Inhalten und der damit verbundenen nicht-redundanten Datenhaltung. Das eingangs vorgestellte einfache Beispiel zur Erstellung von Fachaufsätzen zeigt bereits, dass der Mehraufwand für den Autor bei konsequenter Anwendung nur gering ist, der Nutzen durch eine mögliche mehrfache Verwendung desselben Inhaltes ist jedoch wesentlich größer.

Funktionsumfang von Content-Management-Systemen

Der Funktionsumfang eines Content-Management-Systems ergibt sich aus der zentral-dezentralen Arbeitsweise der Beteiligten. Die Anlieferung von Inhalten erfolgt dezentral durch eine u. U. Vielzahl von Beteiligten. Dies können interne Mitarbeiter sein, die z.B. mit der Erstellung von Unternehmensnachrichten betraut sind oder auch externe Geschäftspartner, die Inhalte beisteuern (z.B. Börsennachrichten). Die Administration und Wartung des Systems erfolgt zentral um einen einheitlichen „Auftritt", d. h. ein durchgängig einheitliches Layout zu erzielen. Die Funktionalität eines Content-Management-Systems umfasst die Unterstützung folgender Aufgabenbereiche:

- Benutzerverwaltung (Vergabe von Rollen, Benutzerprofilen und Rechten)

- Funktionen zur Entwicklung und Verwaltung von Templates für die Layoutgestaltung (Stylesheets)

- Funktionen zur Erstellung und Pflege von Inhalten (Editing).

- Funktionen zur Versionierung von Inhalten und Layouts zur Realisierung eines revisionssicheren Qualitätssicherungsprozesses

- Workflow-Funktionen zur Realisierung eines Freigabeprozesses von Inhalten und zur Realisierung von Überwachungsfunktionen (z.B. Verfalldatum von Inhalten)

- Funktionen zur sicheren Kommunikation und Datenübertragung zwischen den Beteiligten (Verschlüsselung und Digitale Signatur)

Daneben gibt es bei branchenspezifischen Systemen zusätzliche auf den Bedarf der jeweiligen Branche zugeschnittene Funktionen. So weisen z.B. Systeme für die Verlagsbranche eine stärkere Unterstützung der redaktionellen Arbeiten wie Bearbeiten von Inhalten und Layouts auf.

Architektur von Content-Management-Systemen

Die Architektur von Content-Management-Systemen ist wegen ihrer noch jungen Historie noch nicht einheitlich. Sie hängt häufig von der herstellerspezifischen Entwicklungsgeschichte ab. So bieten häufig Hersteller von Workflow- und Dokumenten-Management-Systemen auch Content-Management-Systeme an, die aus den entsprechenden Kernkomponenten dieser Systeme entwickelt wurden. Eine zentrale Architekturkomponente eines Content-Management-Systems stellt die Verwaltung von Inhalten, Strukturen und Layouts (Stylesheets) dar. Darüber hinaus gibt es Komponenten zur Erstellung und Publizierung von Inhalten. Die Anforderungen an Hardware liegen auf der Client-Seite im üblichen PC-Bereich, so dass hier keine zusätzlichen Investitionen erforderlich sind. Für den Betrieb eines Servers werden meist UNIX oder Windows-NT Umgebungen erforderlich. Grundsätzlich lassen sich hinsichtlich der Frage der Interaktion statische und dynamische Content-Management-Systeme unterscheiden, die beide ihre Berechtigung haben.

Statische Content-Management-Systeme

Zunächst dominierten statische Systeme, welche lediglich für die Darstellung statischer Web-Seiten einsetzbar waren. Die Web-Inhalte wurden auf dem Content-Management-System verwaltet. Aus dem Content wurden fertige (statische) HTML-Seiten generiert und regelmäßig auf einen klassischen HTML-Server kopiert. Der Vorteil dieser Technologie liegt in der hohen Performance, da zum Zugriffszeitpunkt auf vorhandene Inhalte, d. h. fertige Webseiten zugegriffen werden kann. Leider besteht keine Möglichkeit der Benutzerinteraktion, so das kein Dialog mit dem Benutzer geführt werden kann. Die Abbildung 46 zeigt das Architekturkonzept eines statischen Content-Management-Systems (vgl. auch Bullinger, 2001a, S. 11f).

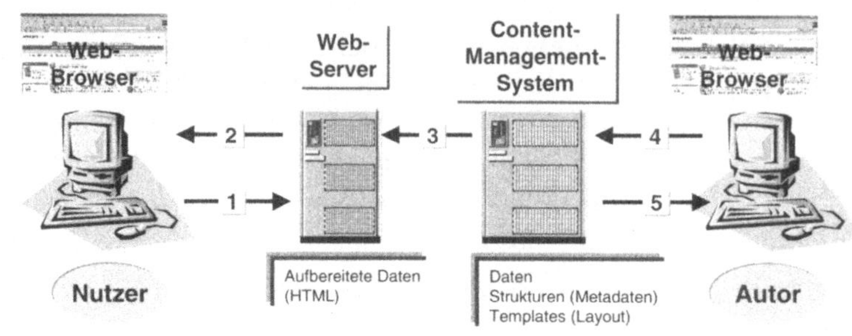

Abbildung 46 Statisches Content-Management-System

Dynamische Content-Management-Systeme

Sind sehr aktuelle Informationen bereitzustellen, kann das Konzept eines statischen Content-Management-Systems nicht eingesetzt werden. Beispiele finden sich insbesondere im Umfeld der Bereitstellung von Nachrichten (z.B. Unternehmensnachrichten, Börsenkurse, Wetternachrichten). In derartigen Situationen ist es erforderlich, dass das Content-Management-System zum Zeitpunkt des Informationsbedarfs auf andere Informationssysteme des Unternehmens oder sogar auf externe Informationssysteme zurückgreift. Die so ermittelten Informationen werden dynamisch während des Zugriffs des Anwenders in die ihm präsentierten Seiteninhalte „eingebaut", so dass der Nutzer jederzeit aktuelle Informationen erhält.

Der Unterschied der Konzepte besteht darin, dass ein dynamisches Content-Management-System die Anfrage des Nutzers vom Webserver zunächst „durchgereicht" bekommt. Es bereitet den Inhalt anschließend durch Zugriff auf unterschiedliche angekoppelte Informationssysteme auf, erstellt die HTML-Seite reicht anschließend die so individuell „gefertigte" Seite dann an den Web-Server weiter. Ein dynamisches Content-Management-System kann auch auf individuelle Parameter des Nutzers (z.B. Frage nach einem bestimmten Produkt) eingehen und diese Informationen bei der Seitengestaltung berücksichtigen. Das Architekturkonzept eines derartigen Systems ist in Abbildung 47 dargestellt (vgl. auch Bullinger, 2001a, S. 11f).

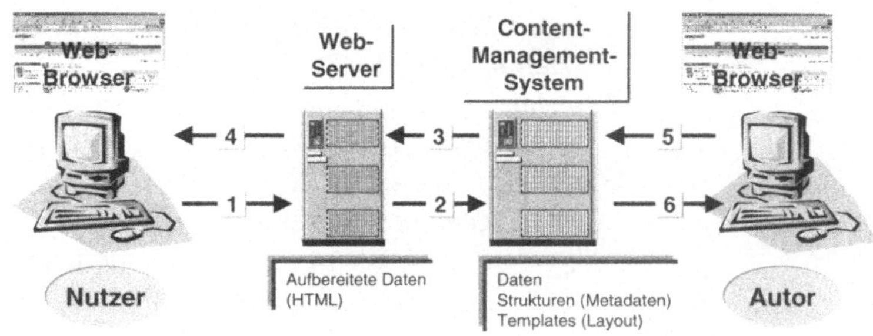

Abbildung 47 Dynamisches Content-Management-System

Der Trend dürfte wegen der steigenden Bedarfe an aktuellen Informationen in Richtung dynamischer Content-Management-Systeme gehen. Für ein Unternehmen stellt sich in diesen Fällen die wichtige Frage der Integration mit den im Unternehmen bereits eingesetzten Informationssystemen.

7 Literatur

Bullinger (Hrsg.), Content Management Systeme, Stuttgart, 2001a
Bullinger (Hrsg.), Knowledge meets Process, Stuttgart, 2001b
Freidank, C.-Ch. (Hrsg.); Mayer, E.: Controlling Konzepte. Werkzeuge und Strategien für die Zukunft, 5. Auflage, Wiesbaden, 2001
Gadatsch, A.: Business Intelligence, Integration von Data Warehousing und Wissensmanagement. In: Erfolgreiche Computerpraxis, Gruppe 6 Online-Dienste, Heft 5, 2001, S. 169-174
Gadatsch, A.: Management von Geschäftsprozessen, Methoden und Werkzeuge für die IT-Praxis. Eine Einführung für Studenten und Praktiker, Braunschweig und Wiesbaden, 2001.
Gadatsch, A.: IT-gestütztes Prozess-Management im Controlling. In: Freidank, C.-Ch. (Hrsg.); Mayer, E.: Controlling Konzepte. Werkzeuge und Strategien für die Zukunft, 5. Auflage, Wiesbaden, 2001

Gehring, H., Gadatsch, A.: Ein Rahmenkonzept für die Prozeß-modellierung. In: Information Management & Consulting, Heft 4, 1999, S. 69-74.

Krueger, S.: Wissensmanagement, So finden Sie das Kapital in den Köpfen. In: businessUSER, Heft 9/10, 2001, S. 26/27.

Koop, H. J.; Jäckel, K. K.; van Offern, A. L.: Erfolgsfaktor Content Management. Vom Web Content bis zum Knowledge Management, Braunschweig und Wiesbaden, 2001.

Teil IV

Anwendungsbeispiele

Claus D. E. Eichstädt

Workflowgestütztes Wissensmanagement mit Cosa®-Workflow im Landesamt für Arbeitsschutz und im KomNet des Landes Nordrhein-Westfalen

Vorwort

Das von der LEY GmbH für die Landesanstalt für Arbeitsschutz des Landes Nordrhein-Westfalen (LAfA) als Unterstützungssystem für den EDV-Helpdesk und als Bürger-Informationssystem für das Ministerium für Arbeit und Soziales, Qualifikation und Technologie des Landes Nordrhein-Westfalen (MASQT) entwickelte System „Helpdesk" wurde unter der Zielvorgabe konzipiert, anfallende Fragestellungen zu unterschiedlichen Themenbereichen komfortabel bearbeiten und verwalten zu können. Vordringliches Ziel aber, um einerseits die Bearbeitungseffizienz steigern, andererseits Kostensparpotentiale optimal nutzen zu können, musste sein, Fragestellungen bereits im Vorfeld erst gar nicht als Vorgang entstehen zu lassen. Zu diesem Zweck ist ein zweckoptimiertes Verfahren zum Wissensmanagement in diesem System implementiert, über das sich ratsuchende Mitarbeiter, Bürger und andere Anwender zu ihrem Fragenkomplex informieren können. Aus jeder Individualanfrage kann eine generalisierte Standardlösung generiert werden. Oftmals kann somit durch eine einfache Recherche in der Wissensdatenbank die individuelle Fragestellung beantwortet werden.

War die erste Version des Helpdesk noch eine ausschließlich im Intranet genutzte Version, deren Benutzerfrontends noch in einer zur eingesetzten Datenbank zugehörenden 4GL erstellt wurden, wurden im Zuge von Erweiterungen sämtliche Applikationen und auch der zum Vorgangssteuerungssystem COSA® gehörende Benutzerpostkorb durch browserfähige Webapplikationen (COSA® Portal) ersetzt. Da inzwischen fast jeder Benutzer in den öffentlichen Verwaltungen, aber auch die Bürger in zunehmendem Maße über einen Internetanschluss verfügen, kann das heutige

System „Hotline Helpdesk", das auch in anderer Konfiguration unter dem Synonym „KomNet Helpdesk" existiert, von einer stetig wachsenden Anzahl von Benutzern von nahezu jedem beliebigen Ort dieser Welt genutzt werden. Das gilt durchgängig für alle Beteiligten: Kunden, Sachbearbeiter und Experten. In den besonderen Blickpunkt geraten dadurch auch Heimarbeitsplätze für z.B. Sachbearbeiter, Stichworte hierzu sind z.B. „virtuelle Sachbearbeitung" und „virtuelles KompetenzZentrum".

Weitere Vorgaben waren der Einsatz von Standardsoftware, weitgehende Plattformunabhängigkeit, leichte und kostengünstige Skalierbarkeit in technischer und fachlicher Hinsicht, sowie kostengünstige und effektive Entwicklung.

Am 27. März 2001 wurde das Bürgerportal Arbeitsschutz der nordrhein-westfälischen Arbeitsschutzverwaltung, dessen Hauptbestandteil der KomNet Helpdesk ist, im Rahmen eines bundesweiten, von KPMG Consulting AG und Cisco Systems Deutschland GmbH ausgeschrieben Wettbewerbes von der Schirmherrin des Wettbewerbes – Frau Staatssekretärin Brigitte Zypries- als bestes e-Government-Projekt (neben zwei weiteren Projekten) ausgezeichnet. 50 Bundes- und Landesministerien und nachgeordnete Behörden hatten an dem Wettbewerb teilgenommen.

Zusammenfassend verfügt das System über folgende Eigenschaften:

- Durch konsequente Umsetzung aller Benutzerfrontends als webbasierende Applikationen können sämtliche Arbeitsschritte von beliebigen Orten aus durchgeführt werden

- Durch konsequente Auslegung als dynamische Applikation konfigurierbar für die unterschiedlichsten Einsatzgebiete (Beispiel: Unterstützung z.B. des Anwendersupports in der Konfiguration als sogenanntes „Problem Reporting Tool", „PRT", sowie als Wissens- und Content-Managementsystem im Rahmen der Bearbeitung von Bürgeranfragen im Arbeitsschutz)

- Hohe Effizienzsteigerung der Bearbeitung von Anfragen und Problemmeldungen durch Transparenz der Bearbeitungsschritte, durch unmittelbare Zurverfügungstellung aller Daten für alle Mitarbeiter und stete Nachvollziehbarkeit für den Fragestellenden

- Zugang auf das Expertenwissen und den Support von jedem Punkt der Erde aus. Voraussetzung ist lediglich ein Browser mit Netzzugang. Durch optimiertes Datenübertragungsvolumen ist z.B. auch eine Anbindung ans Internet via Mobilfunk sinnvoll einsetzbar

- Wissensbasiert – mit jeder Nutzung wächst das recherchierbare Wissen

- Durch Anbindung an das Vorgangssteuerungssystem COSA® ist eine effektive, schnelle und komfortable Bearbeitung aller eingehenden Meldungen sichergestellt, da Bearbeitungsschritte transparent werden und eine zügige Bearbeitungsfolge sichergestellt wird.

- Online-Bestätigung: Sofortige Rückmeldung der individuellen Bearbeitungsnummer

- Stete Online-Abfrage des Bearbeitungsstandes der Anfragen

- Integrierte Benutzerverwaltung für komfortablen Zugang

- Komfortable Anmeldemöglichkeit für neue Anwender

- Einbindung der Experten in die Bearbeitung ebenfalls über Internet

- Vorausgefüllte Datenfelder überall dort, wo die Daten bereits hinterlegt sind

- Kontextsensitive Hilfe mit Querverweisen bei allen Bearbeitungsschritten

- Ausgereift durch den bereits mehrfachen erfolgreichen Einsatz

- Datensicherheit durch Nutzung des bewährten Internetstandards SSL (https)

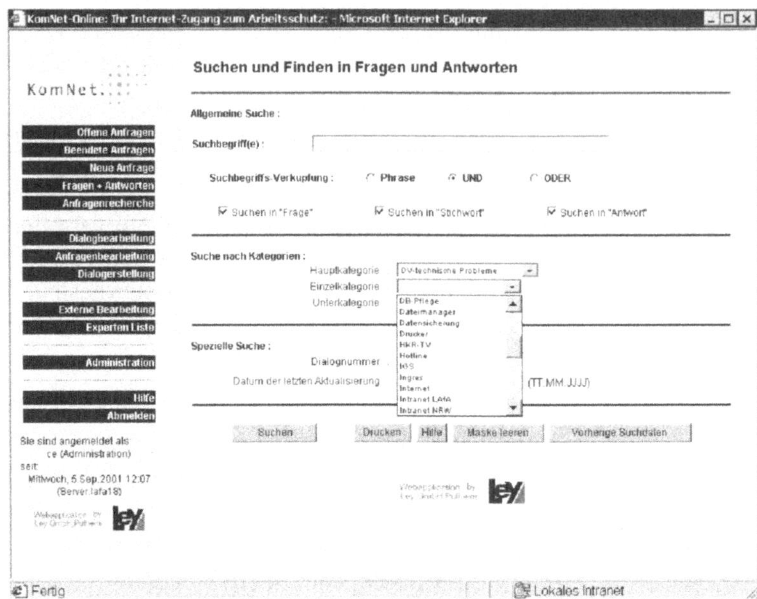

Abbildung 48 KomNet-Hauptmenü, hier Suchanfrage für die Wissensdatenbank

1 Helpdesk im Internet

In unserer heutigen Informationsgesellschaft wird es zunehmend wichtiger, aus einem Überangebot an Daten zeitsparend und zielgerichtet genau die benötigten Informationen zu erhalten. Durch den Einsatz modernster Techniken und basierend auf einem zukunftssicheren und zukunftsweisenden Konzept wurde im Auftrag der Landesanstalt für Arbeitsschutz (LAfA) von der LEY GmbH ein Helpdesk-System entwickelt, das mit einem Höchstmaß an Benutzerfreundlichkeit Hilfestellung bei der Lösung von Aufgabenstellungen in den unterschiedlichsten Bereichen gibt.

Ein wesentliches Merkmal dieses Projektes ist die Umsetzung altbekannter Verfahren in ein effizientes System unter Nutzung modernster Verfahren (verteilte Ressourcen, verteilte Bearbeitungsinstanzen).

Das Helpdesk-System soll universell und unabhängig von bestimmten Produkten bzw. Herstellern und unabhängig von räumlichen Zwängen sowohl in lokalen Netzen (Intranet) als auch in öffentlichen Netzen (Internet) nutzbar sein. Als Bearbeitungswerkzeug kommt auf der Seite des Anwenders ein Standardwerkzeug wie z.B. ein üblicher Browser zum Einsatz, der heute bereits zur Standardausstattung eines modernen Arbeitsplatzrechners gehört.

Die für den Netzeinsatz vorgesehene Anwendung basiert auf einem unter fachlichen Vorgaben der LAfA evolutionär weiterentwickelten Anfragebearbeitungssystem, das sich bereits im mehrjährigen Dauereinsatz bewährt hat. Das neue im Inter/Intranet bereitgestellte System wird im Bereich der Arbeitsschutzämter zur Bearbeitung von Problemmeldungen seit Anfang 1999, im Rahmen des KompetenzNetzes NRW seit Mitte 1999 eingesetzt. Benutzerzielgruppe im Bereich der Arbeitsschutzämter sind die über 1000 Mitarbeiter der nordrhein-westfälischen Arbeitsschutzämter. Im Bereich des KomNet sind es potentiell alle ratsuchenden Bürger, interessierte Mitarbeiter von Unternehmen, Innungen, Gewerkschaften sowie z.B. Handwerker, Unternehmer, Sicherheitsfachkräfte sowie alle weiteren mit Arbeitschutzfragen sich befassenden Bürger des Landes NRW. In Planung sind Kooperationen mit anderen Bundesländern, um ein länderübergreifendes Verbundsystem zu schaffen. Hierbei ergeben sich u.a. durch gemeinsame Nutzung vorhandener Ressourcen sowie Zusammenlegung des Expertenpools große Synergieeffekte.

Die bereits dem herkömmlichen Bearbeitungssystem eingegliederten technischen Merkmale wie Verwaltung von Terminen, automatische Weiterleitungsfunktionen, Einbindung des 4-Augen-Prinzips, Austausch von Daten via elektronischer Post (E-Mail) und integrierte Dokumentenverwaltung - um nur einige zu nennen - wurden im neuen, internetfähigen System ebenfalls – mit stark erweiterten Komfortmerkmalen – basierend auf dem Vorgangssteuerungssystem COSA® Workflow, das die gesamte logistische Verwaltung aller Arbeitsschritte und Tasks übernimmt, integriert. Eine wesentliche Erweiterung stellt zudem die flexible Benutzerverwaltung dar, die zum einem nur autorisierten Anwendern den Zugang zu sensiblen Daten erlaubt, andererseits aber in abgestuften Zugriffsebenen allen interessierten Anwendern ein Höchstmaß an Benutzerkomfort und Datensicherheit gewährt.

<table>
<tr><td>**2**</td><td>## Eigenschaften des Systems ; Anwendungsbeschreibung</td></tr>
</table>

Im Rahmen des Helpdesk-System in der LAfA bietet das System den über 1000 Bediensteten des nordrhein-westfälischen Arbeitsschutzes eine Unterstützung bei der Bearbeitung von Problemstellungen in der EDV, aber auch bei allgemeinen und themenbezogenen speziellen Anfragen bzw. Aufgaben z.B. im Bereich der öffentlichen Dienste (z.B. Benutzerhelpdesk). Basierend auf modernen Techniken, wie dem Internet, soll weiterhin den interessierten Anwendern ein bequemer Zugang zum Expertenwissen der öffentlichen Dienste, wie z.B. des Arbeitsschutzes des Landes NRW ermöglicht werden, wie z.B. bei der Anwendung des Systems im Rahmen des KomNets, dem KompetenzNetz des Arbeitsschutzes in NRW (-> www.arbeitsschutz.nrw.de). Über eine integrierte Online-Recherche können Daten der Wissensdatenbanken unmittelbar abgerufen werden; bei weitergehenden Fragen werden die Anfragen automatisch an das sogenannte Kompetenzzentrum übermittelt, von hier ggfs. an weitere Experten parallel weitergeleitet und eine Beantwortung veranlasst.

Ein weiterer wesentlicher Vorteil liegt in der weitgehenden Hardware- und Software-Unabhängigkeit des Helpdesk-Systems. Unter Nutzung eines internetfähigen Arbeitsplatzrechners (PC, Workstation, ...) können alle Anwender von jedem Ort Zugang zu dem System erreichen.

Ein üblicher Anwendungsfall sähe z.B. dergestalt aus, dass ein Antwortsuchender die Applikation im Browser startet. In der erscheinenden Eingabemaske zur Erfassung diverser Frageparameter kann die Suche eingeschränkt oder global erfolgen. Nach Starten der Suchanfrage erhält der Antwortsuchende eine Auswahlliste aller zutreffenden Frage- und Antwortdialoge. Mittels des integrierten Content-Managementsystems kann sich der Anfragende sämtliche Daten der einzelnen Listenanträge darstellen lassen. Sofern die Antworten nicht direkt in die Seitendarstellung eingebettet, sondern anderweitig in geeigneter Weise aufbereitet wurden (z.B. als pdf-Dateien), führen ihn stattdessen in der dargestellten Website eingetragene Links unmittelbar dorthin.

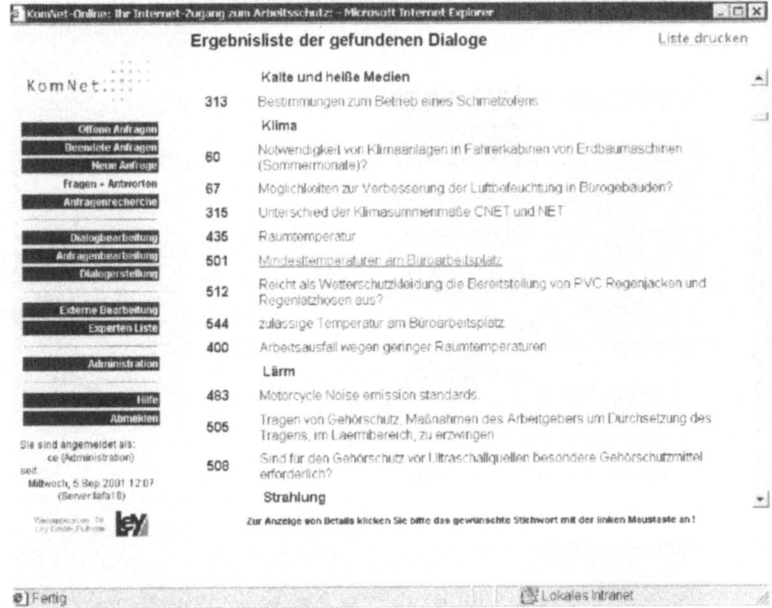

Abbildung 49 Beispielliste der in einer Wissensdatenbank verfügbaren Dialoge

Sollte die eigene Fragestellung durch bereits vorhandene Dialoge nicht zufriedenstellend beantwortbar sein, kann der Anwender seine spezielle Anfrage über das System erfassen und an das Kompetenzzentrum versenden. Er erhält daraufhin eine individuelle Bearbeitungsnummer zur späteren Referenzierung.

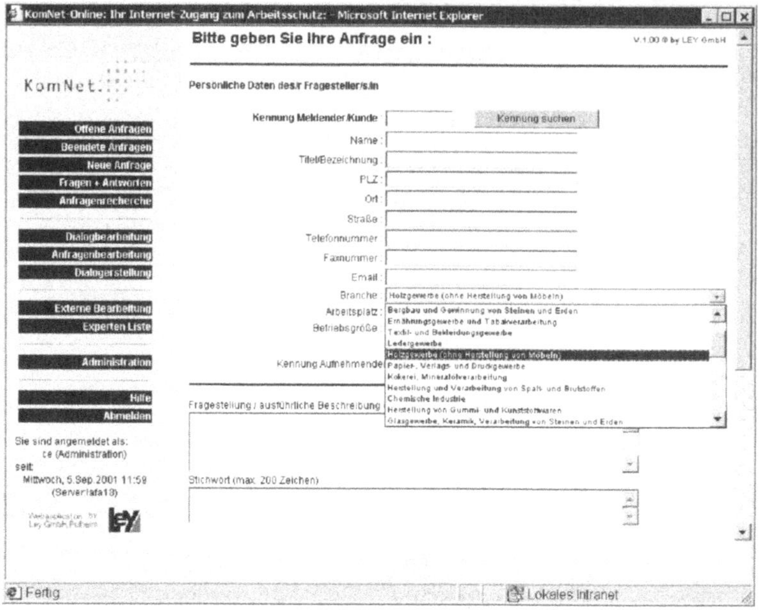

Abbildung 50 KomNet-Bildschirmmaske zur Erfassung einer neuen Anfrage

Unmittelbar nach Absenden der Anfragedaten stehen diese dem Sachbearbeiter in COSA® Portal zur Verfügung. Ebenfalls wird gleichzeitig eine Mail an den oder die Sachbearbeiter versandt, um dessen schnelle Information auch dann zu gewährleisten, wenn das Portal nicht in Betrieb ist. Zur Bearbeitung der Anfragen stehen den Helpdesk-Sachbearbeitern leistungsfähige Werkzeuge zur Verfügung, wie z.B. multifunktionale Webapplikationen mit integrierter Verbindung zu den gängigen Desktopapplikationen (z.B. Microsoft Office usw.) sowie die Vorgangssteuerung, die das Zusammenspiel aller Komponenten effizient und komfortabel bei der Bearbeitung der Anfragen sicherstellt.

Externe Experten, die zur Beantwortung spezieller Anfragen herangezogen werden können, werden ebenfalls über die Webapplikationen elektronisch und ohne jeden Medienbruch eingebunden und können damit ortsunabhängig auf rein elektronischem Wege an der Lösungsfindung partizipieren. Durch Nutzung der sogenannten Subflow-Architektur von COSA® können praktisch beliebig viele Experten parallel in die Beantwortung eingebunden werden und vollkommen unabhängig voneinander zur Findung der Antwort beitragen. Automatismen wie die automatische Auswertung von Abwesenheitslisten sowie Kompeten-

zen der Experten wie auch automatische Terminkontrollen ermöglichen dem Sachbearbeiter eine sichere und komfortable
Einbindung der Experten.

In COSA® Portal hat der Sachbearbeiter stets den Überblick über
den aktuellen Stand. Er erkennt z.B. sofort, ob neue Anfragen
eingegangen sind, bestehende Anfragen durch einen Experten
bearbeitet und an den Fragesteller übermittelte Anfragen von
diesem gesichtet wurden und kann in Echtzeit reagieren.

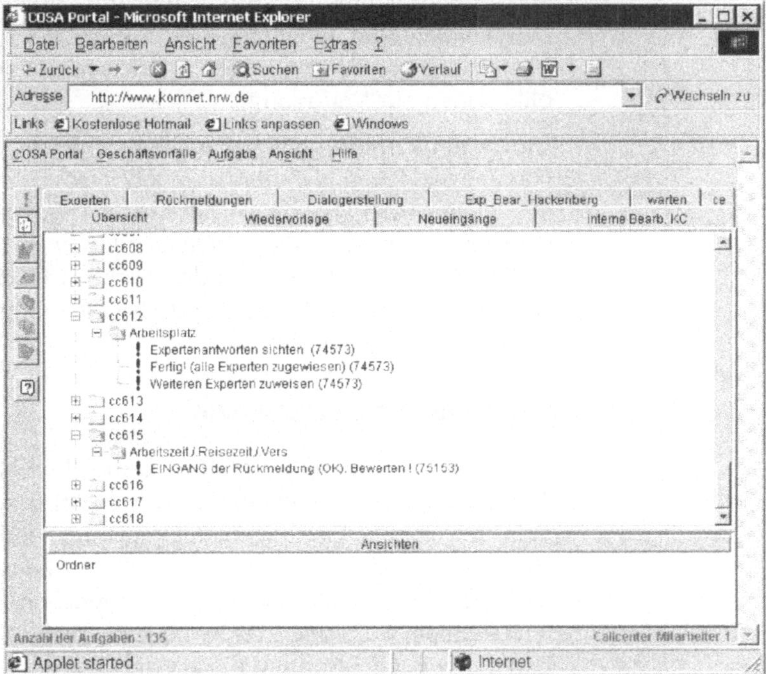

Abbildung 51 COSA® Postkorb zur Anfragenbearbeitung

Durch diese Echtzeitbearbeitung der Anfragen und den direkten
Zugang zum Vorgangssteuerungssystem kann auch der Anwender jederzeit den Stand der Bearbeitung seiner Anfrage und ggf.
die Beantwortung der Anfrage (sofern der Sachbearbeiter bereits
eine Zwischen- oder Endversion der Antwort eingestellt hat) online abrufen. Der Endbenutzer des Systems hat somit transparen-
ten Zugang zu seiner Anfrage. Sobald eine Anfrage abschließend
beantwortet wurde, übermittelt das System zusätzlich vollauto-
matisch eine E-Mail an den Anwender, der daraufhin die vollständigen Antwortdaten, z.B. aufbereitete pdf-Dateien oder ähnliches, über die Applikation sichten kann.

Der Anfragende kann die Antwort in der Webapplikation komfortabel online bewerten. Hierdurch wird im Kompetenzzentrum entweder eine wiederholte Sachbearbeitung angestoßen, die nach dem gleichen Schema abläuft wie eine Neuanfrage oder aber die sogenannte Qualitätssicherung zur Dialogerstellung.

Im diesem nächsten Schritt entscheidet ein für diese Aufgabe qualifizierter Mitarbeiter (das kann natürlich auch der Sachbearbeiter sein), ob die individuelle Anfrage geeignet ist, als generalisierter Dialog in die Wissensdatenbank aufgenommen zu werden. Die Aufnahme in diese Datenbank erfolgt dadurch, dass die Individualantwort in geeigneter Weise aufbereitet und in diese überstellt wird. Hierzu stehen wiederum entsprechende Webapplikationen zur Verfügung.

Durch ein durchgängiges Rechtekonzept ist sichergestellt, dass vorgangsbegleitende Daten, wie z.B. Name und Telefonnummer des Sachbearbeiters sowie Daten des Anfragestellers immer nur dann in den Masken dargestellt werden, wenn diese für den aktuellen Anwender (Anfragender, Sachbearbeiter, Experte, Qualitätssicherer) von Relevanz sind. Nichtbenötigte Daten werden individuell ausgeblendet.

3   Der Anwender im Mittelpunkt

Die Entwicklung eines auf Internet-Techniken basierenden Systemes hat den unmittelbaren Nutzen, dass zu allen Fragen des dem jeweiligen Einsatzgebietes entsprechenden Themenbereiches Wissen gesammelt und schnell verfügbar gemacht werden kann. Experten aus verschiedenen Bereichen können zu aktuellen Themen, z.B. des Arbeitsschutzes, Stellung nehmen. Dieses Expertenwissen ist online für alle Interessierten und Berechtigten verfügbar. Die Übersichtlichkeit des Helpdesk-Systems und seine workflow-basierte Steuerung gewährleisten, dass zielgerichtet und situationsbezogen sowohl bereits verfügbares Wissen direkt abfragbar ist und dass die Beantwortung weitergehender Fragestellungen durch entsprechende Experten automatisch veranlasst wird.

Durch effektivere Informationswege ergeben sich für alle Beteiligten kürzere Bearbeitungszeiten und Kosteneinsparungen. Durch die permanent gepflegte und stetig wachsende Wissens- und Erfahrungsdatenbank ist mit einer stets aktuellen und hochqualitativen Beantwortung der Fragen zu den Einsatzthemen zu rechnen. Durch das integrierte Content-Managementsystem werden die in der Wissen- und Erfahrungsdatenbank gespeicherten Inhalte standardisiert für komfortable Nutzung aller Anwender aufbereitet.

Die Verwendung neuer Technologien und etablierter Standards gewährleistet weiterhin, dass von beliebigen Orten und jederzeit auf das Fachwissen zugegriffen werden kann. Individuelle Anfragen, die von den Nutzern in das System eingegeben werden, werden automatisch und online an die zu bearbeitende Stelle weitergeleitet. Von hier erhält der Fragesteller eine Bearbeitungsnummer, mittels derer er jederzeit online den Bearbeitungsstand erfragen kann.

Der modulare und flexible Aufbau des Helpdesk-Systems erlaubt es, dass es weitgehend in beliebigen Bereichen eingesetzt werden kann. Unter Beibehaltung der internen Strukturen des Helpdesk-Systems unterscheiden sich entsprechend Bedeutung und Inhalte der Anwendungsapplikationen und der Wissensdatenbanken.

Weitere Anwendungen sind in allen Bereichen denkbar, in denen eine hohe Zahl von Standardanfragen und -problemen existieren.

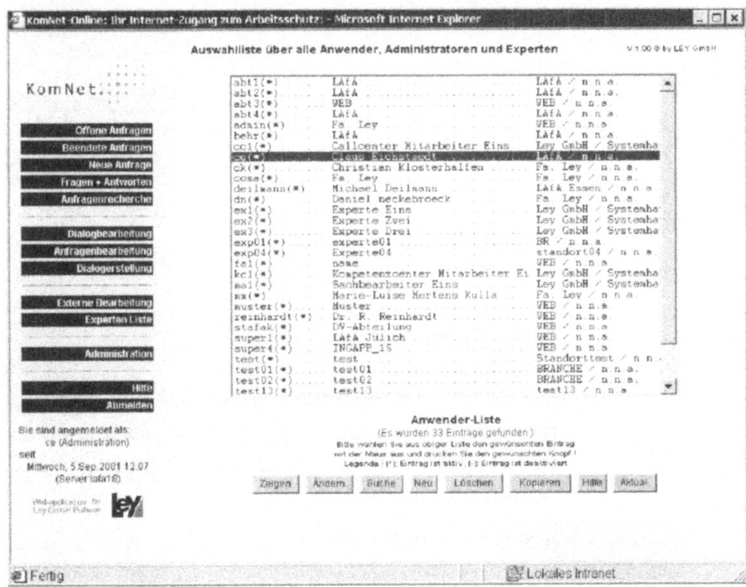

Abbildung 52 Verwaltung der Benutzerdaten

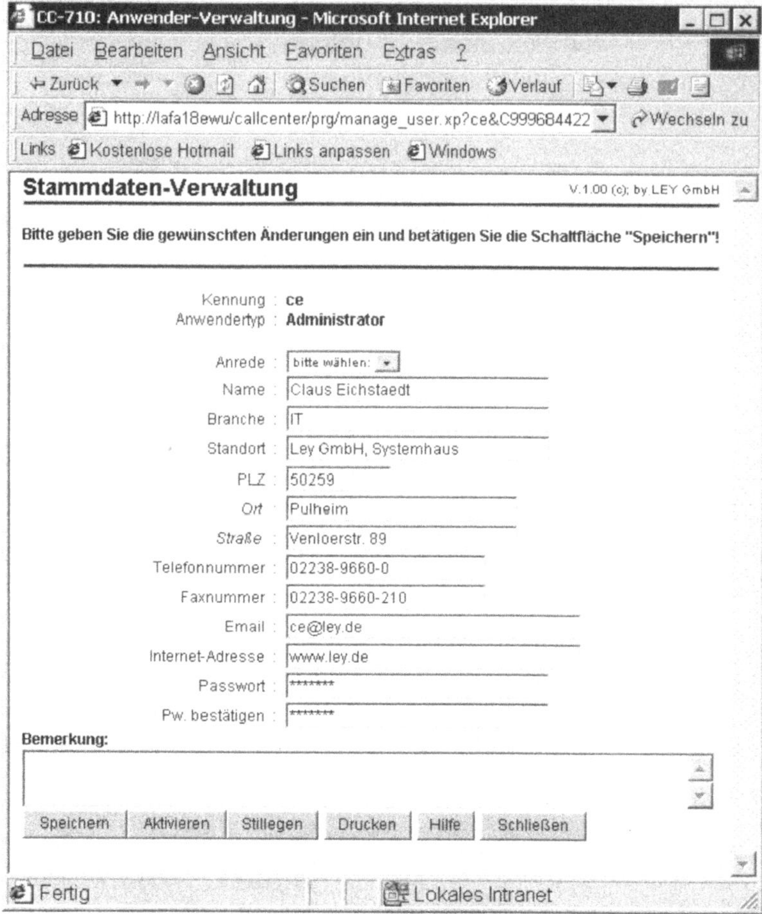

Abbildung 53 Detailanzeige Benutzerdaten

4   Die Technik

Basierend auf sämtlichen Vorgaben wurden, nach geeigneten fachlichen und technischen Tests diverser Alternativen (u.a. auf JAVA-Applets basierende Anwenderfrontends), folgende Komponenten gewählt:

Server: Sun Server mit Betriebssystem Solaris 2.6 (bereits vorhanden)

Vorgangssteuerungssystem: COSA® **Workflow** Version 3 der LEY GmbH in Verbindung mit COSA® **Portal** als Arbeitsplatzapplikation (Memobox, Postkorb)

Datenbanksystem: INGRES II (bereits vorhanden)

Webserver: Apache Version 1.3.20 mit mod_perl 1.26 und SSL 2.8.4

Laufzeitsystem: Perl 5.6.0 mit Datenbankinterface DBI und DBD/Ingres.

Als Basis für das Helpdesk-System kommt einerseits das Vorgangssteuerungssystem COSA®, andererseits das Web mit seinen Standardwerkzeugen /Web-Browser) zum Einsatz. Es handelt sich bei COSA® um ein von der LEY GmbH entwickeltes Client-Server-System, das auf unterschiedlichsten Plattformen lauffähig ist. COSA® besteht aus zwei wesentlichen Komponenten:

- dem Workflow-Server (Workflow-Engine) und

- der Client-Applikation Postkorb (Memobox).

Im Rahmen des Projektes Helpdesk kommt als Schnittstelle zum Anwender jedoch ein Standardbrowser zum Einsatz, was eine Reihe wesentlicher Vorteile zur Folge hat. Im Projekt Helpdesk werden im Browserfenster alle die Elemente dargestellt, die ein Anwender benötigt, um komfortabel und in einer für ihn gewohnten Oberfläche Daten zu erfassen, zu sichten und zu bearbeiten.

Als Schnittstelle zwischen dem Browser, und damit dem Inter- bzw. Intranet auf der einen Seite und dem Workflowserver auf der anderen Seite kommen handelsübliche Standardtechniken zum Einsatz. Durch optionalen Einsatz einer Datenschutz- und Datensicherheitskomponente (Firewall), die aufgrund modularen Aufbaus ebenso leicht zu integrieren ist wie diverse Verschlüsselungsmechanismen, kann allen jetzigen und zukünftigen Sicherheitsanforderungen Rechnung getragen werden.

5   Die Realisation

Im folgenden finden Sie eine grafische Übersicht des Helpdesksystems sowie anschließend eine Erläuterung der wichtigsten Begriffe.

Der Ablauf des Helpdesk-Systemes

Das Helpdesk-System basiert auf einem Petrinetz, das in der COSA® Workflow-Engine ausgeführt wird. Das für das Hotline-System erstellte Petrinetz ist nachfolgend in einer stark schematisierten Form abgebildet, um die wesentlichen Bearbeitungsschritte und -wege zu verdeutlichen.

Über die in diesem Petrinetz definierten Strukturen steuert das Workflow-System den zeitlichen und logischen Ablauf: So ist jederzeit jeder Mitarbeiter über die von ihm bearbeiteten Vorgänge und deren Status sowie alle durchzuführenden Tätigkeiten bestens informiert und kann sich den Arbeitsvorrat entsprechend seinem Arbeitsumfeld einteilen. Alle Routineaufgaben hingegen übernimmt das System: Es leitet die elektronische Akte mit allen Unterlagen automatisch oder auf Wunsch des Mitarbeiters weiter, sorgt dafür, dass alle für das weitere Vorgehen notwendigen Schritte sachlich richtig durchgeführt werden, überwacht wichtige Termine und sorgt automatisch dafür, dass der Mitarbeiter zu jedem Arbeitsschritt automatisch die zur Weiterverarbeitung der aktuell zum bearbeiteten Vorgang gehörenden Daten benötigten Programme zur Verfügung gestellt bekommt.

6   Erfahrungsbericht

Wurde die durch das Vorgangssystem vorgegebene Benutzerführung des Sachbearbeiters anfänglich als Einschränkung gegenüber der bisherigen unstrukturierten, „papiergestützten" Bearbeitung der Anfragen empfunden, überzeugte die durchdachte und aus der Praxis heraus entwickelte Struktur des Bearbeitungsvorganges letztlich schnell durch die hohe dem Sachbearbeiter gewährte Übersichtlichkeit über alle in Bearbeitung befindlichen Vorgänge und der daraus resultierenden Erleichterung bei der Abarbeitung der notwendigen Schritte sowie im Detail auch z.B. durch die automatisch durchgeführten Plausibilitätsprüfungen,

Statusanzeigen und Terminnachverfolgungen. Diese wurden schnell als wesentlicher Fortschritt gegenüber der herkömmlichen Bearbeitung empfunden, ebenso wie die durch den Sachbearbeiter konfigurierbaren ständigen Übersichten über alle relevanten Vorgänge und Tätigkeiten. Als vorteilhaft erwies sich auch die Nutzung von Standardsoftware als Teil der Anwenderfrontends: Die Bedienung eines Browsers ist heutzutage den meisten Anwendern vertraut.

Durch die Wahl der eingesetzten Komponenten konnten ebenfalls schnell und kostengünstig neue Anforderungen, die aus geänderten Verfahrensabläufen, jedoch auch aus stetig steigendem Komfortanspruch resultierten, umgesetzt werden. Ebenfalls konnten durch die offene Architektur neue Eigenschaften und Erweiterungen ohne nennenswerten Migrationsaufwand eingeführt werden. Beispiel hierfür sind die Einführung von SSL zum sicheren Datentransport und die Webservererweiterung mod_perl zur Steigerung der Anwendungsperformanz.

Um eine hohe Benutzerakzeptanz zu erreichen, wurde großen Wert auf hohen Komfort bei Darstellung von Inhalten und Nutzung der Webapplikationen gelegt. Zu diesem Zweck wurden diverse Automatismen implementiert, die sich allerdings während der Entwicklung und auch im späteren Einsatz als nicht völlig unproblematisch erwiesen. Der Grund hierfür basierte im Wesentlichen auf der unterschiedlichen Implementierung der Darstellungssprachen HTML in Verbindung mit CSS (Cascaded Style Sheets) sowie JavaScript in den hauptsächlich verwendeten Browsern Internet Explorer und Netscape. Einige Browser-Versionen erwiesen sich als teilweise instabil und gegenüber diversen verwendeten Sprachelementen ignorant.

Zu gelegentlichen Problemen bei der Sachbearbeitung führten auch temporäre Überbeanspruchungen des Netzes, da in den Anfangszeiten nur eine ISDN-Leitung zum Einsatz kam, über die auch der Datenverkehr weiterer Server geleitet wurde. Zugriffe innerhalb des Intranets waren wegen der dort vielfach höheren Bandbreite unproblematisch. Abhilfe wurde dann durch Einführung einer Hochgeschwindigkeitsanbindung der Server geschaffen.

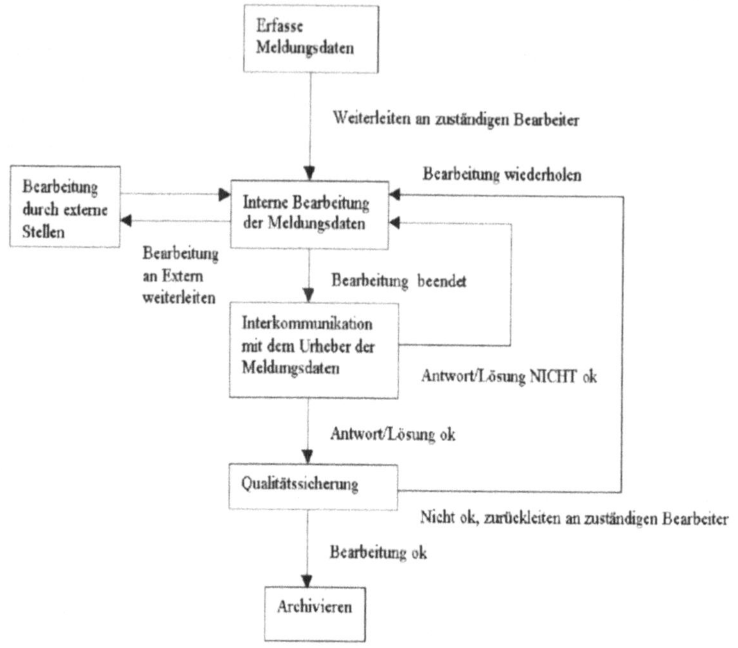

Abbildung 54 Schematische Darstellung der Helpdesk-
Bearbeitungsschritte

7   Schlagwortverzeichnis

Ablauf, Aktiver Ablauf

Ein Ablauf ist eine Folge von Aktivitäten und Bedingungen, die
über eine in der Ablaufdefinition festgelegte Art und Weise miteinander verknüpft sind. Ein Ablauf wird in Form eines Netzpla-
nes dargestellt. Es wird zwischen Ablaufdefinition und Instanz
einer Ablaufdefinition (auch aktiver Ablauf) unterschieden. Ein
aktiver Ablauf ist eindeutig durch seine interne Ablaufnummer
identifizierbar. Die Ablaufnummer wird automatisch vom COSA(
System vergeben. Ein aktiver Ablauf gehört immer zu genau einem Vorgang.

Ablaufdefinition

Eine Ablaufdefinition ist ein mit einem eindeutigen Namen ver-
sehenes Gerüst eines Ablaufs. Die Ablaufdefinition ist eine Abar-
beitungsvorschrift für einen bestimmten Geschäftsvorgang. Eine
Ablaufdefinition wird entweder mit dem Netzwerkeditor auf gra-

fischem Wege oder in einem Ablaufskript mit einem Texteditor
erstellt.

Eine Ablaufdefinition wird erst dann mit Daten gefüllt, wenn ihre
Startaktivität ausgeführt wird und sie damit zu einem (aktiven)
Ablauf wird. Ein und dieselbe Ablaufdefinition kann parallel
mehrfach gestartet werden, d.h. es können zur selben Zeit mehrere gleichartige aktive Abläufe existieren.

Ablaufnetz

Die grafische Darstellung eines Ablaufs als Petri-Netz.

Anlagen (assoziierte Datei)

Eine assoziierte Datei ist eine Datei, die z.B. mit einem Textve-
rarbeitungs- oder Tabellenkalkulationsprogramm erstellt wurde
und die einem Vorgang zugeordnet ist. Eine assoziierte Datei erhält einen logischen Namen. Dem Anwender ist der physikali-
sche Speicherort nicht bekannt, er bearbeitet eine assoziierte Datei nur anhand des logischen Namens.

Browser

Ein Browser ist ein Softwarewerkzeug zum Bearbeiten der im
Intra/Internet bereitgestellten Daten. Mittels eines Browsers können Daten aus dem Internet bezogen und angezeigt werden,
sowie neue Daten erfasst und in das Internet eingespeist werden.
Standardmäßig arbeiten Browser mit HTML-Dokumenten und
komprimierten Grafikdateien, jedoch können auch mittels Java
geschriebene Programme ausgeführt werden.

Client

Der Client fordert vom Server Daten oder Dienstleistungen an.
Clientsoftware kann sowohl auf einem Großrechner als auch auf
einem Arbeitsplatzrechner laufen.

Client/Server-Architektur

Architektur, in der mehrere Rechner durch ein Netzwerk verbunden werden. Von einer Arbeitsstation, dem Client, fordert der

Benutzer Daten und Dienste bei einem dafür konzipierten Computer, dem Server, an. Die Schnittstellen und die Art der Kommunikation sind eindeutig festgelegt.

COSA®

COmputerunterstützte SAchbearbeitung. Ein offenes Workflow-Management-System auf Basis einer Client/Server-Architektur. Es dient sowohl als Modellierungs-, Planungs- und Entwicklungswerkzeug für Dokumentation, Analyse, Definition und Optimierung von Vorgängen als auch zur Steuerung der elektronischen Vorgangsbearbeitung und -abwicklung in allen organisatorischen Bereichen.

COSA®Portal

COSA®Portal ist eine auf JAVA basierende, in den meisten Browsers lauffähige Variante der COSA®Memobox und dient zur Anzeige und Bearbeitung der elektronischen Vorgänge.

COSA®Server

Dieser Begriff bezeichnet je nach Zusammenhang den logischen Server (Laufzeitsystem und Datenbank), welcher auf dem COSA®Serverrechner läuft, oder den COSA(Serverrechner selbst.

Firewall

Spezielle Technik zum Datenschutz und zur Datensicherheit im Internet

HTML

Hypertext Markup Language. Im Internet eingeführte Seitenbeschreibungssprache

Internet

Unter dem Begriff Internet ist ein erdumspannendes Datennetz zu verstehen, das weltweit von jedem Ort zu erreichen ist. Voraussetzung zur Nutzung ist der Zugang zu einer Telekommunikationsanlage (Telefon). Innerhalb dieses Datennetzes ist ein weitgehend beliebiger Austausch elektronischer Daten möglich. Die Verwaltung und Instandhaltung des Netzes obliegt privaten Institutionen und geschieht auf freiwilliger Basis.

Intranet

Grundsätzlich ist ein Intranet technisch gleichwertig zum Internet, jedoch ist der Zugriff auf einen örtlich begrenzten Bereich beschränkt, z.B. auf die Räumlichkeiten eines Unternehmens. Ein Intranet stellt somit ein "privates" Internet dar. Zugriff aus dem Internet auf ein Intranet ist i.d.R. nicht möglich, ebenso umgekehrt.

Java

Eine von der Firma SUN entwickelte objektorientierte Programmiersprache zum Einsatz in Browsern

Memobox

Die grafische Benutzerschnittstelle zum COSA®Workflow System. Die COSA®Memobox ist der elektronische Postkorb des Benutzers. Siehe COSA®Portal.

Memo

Eintrag in der Memobox. Ein Memo ist eine ausführbereite Aktivität, die der Besitzer der Memobox ausführen darf.

Offenes System

Definition der IEEE: Ein Software-System, in dem eine Spezifikation enthalten ist für Schnittstellen, allgemeine Dienste und unterstützende Regularien. Dies erlaubt die Entwicklung strukturierter Anwendungskomponenten,

die zwischen verschiedenen Systemen ausgetauscht werden können,

mit anderen Anwendungen interagieren,

mit Benutzern in einem durchgängigen Stil kommunizieren.

Die Spezifikation

ist öffentlich,

kann nur durch einen offenen, einvernehmlichen Prozeß verändert werden und

ist angepasst an internationale Standards.

Petri-Netz

Ein Petri-Netz ist ein Systemmodell in Form einer Netzplandarstellung, das für den Entwurf und die Analyse, auch nicht sequentieller (paralleler) Prozesse und Systeme geeignet ist. Petri-Netze sind gerichtete Graphen, in denen sich Marken (Token) bei bestimmten Bedingungen entlang der gerichteten Kanten bewegen.

Postkorb

1. Synonym für Memobox.

2. Im engeren Sinn enthält die Memobox eine Reihe verschiedener Postkörbe, die durch den Benutzer entsprechend seinen Anforderungen konfiguriert werden können.

Vorgang

Ein Vorgang ist zu verstehen als eine "Akte". Sie enthält Informationen und Daten zu einem bestimmten Gegenstand bzw. Objekt. Aktive Abläufe werden einem bestimmten Vorgang zugeordnet. Ein Vorgang kann mehrere aktive Abläufe beinhalten. Ein Vorgang kann beispielsweise ein "Versicherungsfall", ein "Projekt" oder ein "Kunde" sein. Vorgänge werden eindeutig durch ihre Vorgangsnummer ("Aktenzeichen", "Versicherungsnummer", "Projektkennziffer" oder "Kundennummer") gekennzeichnet.

Vorgangsbearbeitung

Die Vorgangsbearbeitung ist die Abarbeitung aktueller Geschäftsprozesse. Dabei werden die Abläufe und die einzelnen Arbeitsschritte den zuständigen Stellen zugeordnet und Zuständigkeiten und Berechtigungen überwacht. Die Vorgangsbearbeitung stellt die richtigen Werkzeuge mit den richtigen Daten zum richtigen Zeitpunkt den richtigen Leuten zur Verfügung.

Vorgangssteuerung

Synonym für Vorgangsbearbeitung

Vorgangssteuerungssystem

Synonym für Workflow-Management-System

Wiedervorlage

Die Wiedervorlage der Memobox enthält alle Memos, die der Benutzer auf bestimmte oder unbestimmte Zeit zurückgelegt hat und zur Zeit nicht ausführen möchte.

Workflow

Synonym für Vorgang

Workflow-Management-System (WFMS)

Ein System zur Vorgangsbearbeitung, das Arbeitsabläufe vollständig definiert, verwaltet und ausführt. Die Ablaufstruktur, d.h. die Reihenfolge der einzelnen Arbeitsschritte, ist dem WFMS bekannt, indem die logischen Ablaufregeln auf den Computer abgebildet werden.

Das WFMS ordnet die Abläufe und die einzelnen Arbeitsschritte den zuständigen Stellen zu und überwacht Zuständigkeiten und Berechtigungen.

Ein WFMS besteht aus einem oder mehreren Workflow-Laufzeitsystemen.

Der deutsche Begriff für WFMS ist Vorgangssteuerungssystem.

Dirk Schreiber und Wolfgang Höhnel

Wissensmanagement mit Wissenskarten in kleinen und mittelständischen Unternehmen (KMU)

1 Einleitung

Aufgrund der zunehmenden Globalisierung stehen Unternehmen in nahezu allen Wirtschaftsbereichen unter einem erhöhten Wettbewerbsdruck. Die Unternehmen begegnen dem steigenden Druck des Wettbewerbs durch die Entwicklung von Geschäftsprozessen, die sich konsequent an den existierenden und zukünftigen Bedürfnissen des Marktes orientieren. Diese erhöhte Kundenorientierung spiegelt sich wider in einer Optimierung der Kernprozesse der Unternehmen. Die damit verbundene Reorganisation der Prozesse kann beispielsweise auf eine schnellere Auftragsabwicklung, auf kürzere Innovations- und Produktlebenszyklen oder auf verbesserte Serviceprozesse abzielen. In diesem Zusammenhang gilt es heute als erwiesen, dass der geeignete Umgang mit dem Wissen der Unternehmen ein kritischer Erfolgsfaktor ist [DAVENPORT98] [MERTINS2001]. Dies gilt nicht nur für Dienstleistungsunternehmen, deren Leistungsprozesse auf die Produktion und Anwendung von Wissen fokussiert sind. Auch in klassischen Produktionsunternehmen spielt die Ressource „Wissen" aufgrund der gestiegenen Komplexität von Produkten und Produktionsverfahren eine zentrale Rolle.

Wissenskarten sind ein Instrument, das zusammen mit vielen anderen eingesetzt wird, um den Anforderungen dieser komplexen Aufgabe Wissensmanagement Rechnung zu tragen. Sie dienen als Wegweiser, um auf vorhandenes Wissen der Unternehmung hinzuweisen. Vor allem für Unternehmensberatungen und Großunternehmen ist die Anwendung von Wissenskarten untersucht und als erfolgsversprechend eingeschätzt worden (beispielsweise [BACH98], [MORTON98], [NOHR99]).

Bisher wenig untersucht ist dagegen, inwieweit Wissenskarten auch speziell für das Management des Wissens in kleinen und mittelständischen Unternehmen (KMU) der Fertigungsindustrie eingesetzt werden kann. Diese Frage steht im Zentrum des vorliegenden Beitrags, der wie folgt aufgebaut ist:

Nach dieser Einleitung wird in Kapitel 2 zunächst das dieser Arbeit zu Grunde liegende Verständnis von Wissensmanagement skizziert. In Kapitel 3 wird ein kurzer Überblick zum Instrument Wissenskarten gegeben. Dabei wird auf das in [TEUFEL99] vorgestellte und auf der Mind-Mapping-Methode basierende Konzept detaillierter eingegangen. In Kapitel 4 wird anhand eines KMU der metallverarbeitenden Industrie gezeigt, wie diese Wissenskarten-Variante auch dort als Instrument für das Wissensmanagement eingesetzt werden kann. Mit einem zusammenfassenden Ausblick in Kapitel 5 endet dieser Beitrag.

2 Wissensmanagement

Zum Wissensmanagement (Knowledge Management) zählen aus einer ganzheitlichen Sicht alle strategischen und operativen, steuernden und überwachenden, technischen, kulturellen und personalrelevanten Maßnahmen zur Erstellung und Nutzung von Informationen mit Wert [NEUMANN98]. Auf strategischer Ebene steht die Formulierung von Wissenszielen im Vordergrund. Auf operativer Ebene hat sich ein Phasenmodell, wie in

Abbildung 55 illustriert, in Wissenschaft und Praxis etabliert (beispielsweise [HEISIG2001], [PROBST99]).

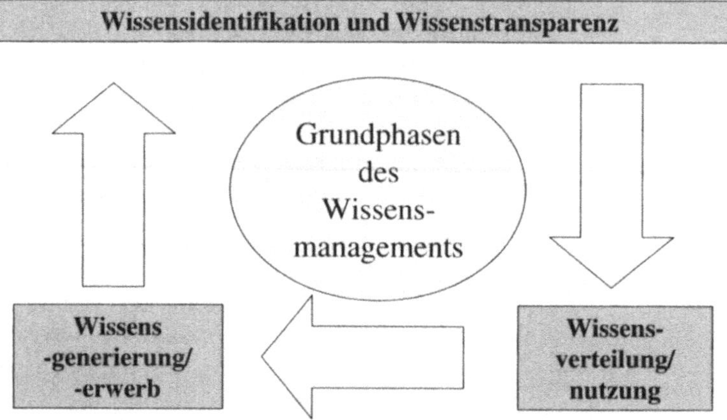

Abbildung 55 Grundphasen des Wissensmanagements

Die einzelnen Ansätze differieren in Zahl und Benennung der Bausteine, doch lassen sich die in

Abbildung 55 genannten Kernelemente stets wiederfinden:

- **Wissensgenerierung und Wissenserwerb** bedeutet vor allem die Bereitstellung von impliziten Wissen sowie die Verknüpfung des bereits vorhandenen Wissens zur Erzeugung neuen Wissens.

- **Wissensidentifikation und Wissenstransparenz** behandelt primär die Frage der Ablage des Wissens, so dass es von den Mitarbeitern als existent wahrgenommen wird.

- **Wissensverteilung und Wissensnutzung** umfasst den Austausch von Wissen innerhalb eines Unternehmens sowie die aktive Anwendung von Wissen in Produkte und Dienstleistungen.

Wissensmanagement behandelt in der oben dargestellten Grundkonzeption alle unternehmensrelevanten Wissensarten und -quellen. Im weiteren Verlauf dieses Beitrages wird auf das unternehmerische Prozesswissen fokussiert, da es durch die vermehrte Prozessorientierung der Organisation und durch den Einsatz von prozessorientierter Enterprise Ressource Planning Systemen (ERP-Systemen) gerade für kleine und mittelständische Produktionsunternehmen von zentraler Bedeutung ist [LEHNER00a].

3   Wissenskarten

3.1   Grundlagen von Wissenskarten

Wissenskarten – auch Knowledge Maps genannt – verweisen auf vorhandenes Wissen. Sie sind Übersichten von Wissensträgern, -beständen, -quellen und -strukturen, die sich auf Experten und -Teamwissen, Wissensentwicklungsstationen sowie organisationale Fähigkeiten und Abläufe beziehen können [LEHNER00b].

Dabei kann zum einen auf interne oder externe Mitarbeiter referenziert werden, um implizites Wissen, das „in den Köpfen" der genannten Mitarbeiter gespeichert ist, nutzbar zu machen. Zu diesem Zweck erstellte Wissenskarten werden auch als Wissenträgerkarten bezeichnet. Zum anderen können Wissenskarten auch auf interne oder externen Quellen wie Dokumente, Datenbanken etc. verweisen, um kodifiziertes bzw. explizites Wissen verfügbar zu machen. Diese sogenannten Wissensbestandskarten ergänzen üblicherweise die zuvor beschriebenen Wissensträger- karten. Neben diesen Grundarten von Wissenskarten existieren weitere Typen, die beispielsweise in [PROBST99] beschrieben sind.

Wissenskarten lassen sich durch mehrere Eigenschaften be- schreiben. Sie sind

- **Metainformationssysteme**, da sie den Weg zum Wis- sen liefern, aber selbst kein inhaltliches Wissen enthal- ten,
- **grafische Darstellungen von Wissen,** denn analog ei- ner Landkarte, die räumliche Beziehungen bildhaft dar- stellt, liefern Wissenskarten eine Topologie zur Systema- tisierung von Wissen,
- **hypermedia-basiert** und
- informationstechnologisch unterstützt durch ein **Intra- net** oder durch eine Einbindung in **ein Workflow- oder Groupwaresystem**.

Wissenskarten erfüllen in den oben vorgestellten Grundbaustei- nen des Wissensmanagements folgende Funktionen [NOHR00]:

- Sie informieren über Wissenslücken eines Unternehmens und dienen damit als Trigger zur Generierung bzw. Be- schaffung von Wissen.
- Sie machen das in einer Organisation benötig- te/verfügbare Wissen transparent.
- Sie bieten eine Unterstützung bei Such- und Findevor- gängen und bilden damit die Basis zur Ermittlung der benötigten Kompetenzen.
- Sie unterstützen im Rahmen der betrieblichen Geschäfts- prozesse bei der Zuordnung von Aufgaben/Funktionen und Aufgabenträgern

3.2 „Master Knowledge Maps" – prozessfokussierte Wissenskarten auf Basis der „Mind Mapping Methode"

Neben der zuvor im Grundlagenteil vorgestellten Bedeutung von „Knowledge Maps" als Synonym für Wissenskarten, existiert auch noch eine in [TEUFEL99] verwendete, enger gefasste Definition von „Knowledge Maps". Danach sind „Knowledge Maps" das Er- gebnis der Anwendung der Methode des „Mind Mappings" auf betriebswirtschaftliches Wissen bezüglich einen bestimmten Sachgebiets. Die Grundidee des „Mind Mappings" liegt in der textuellen und grafische Darstellung von Wissen. Dadurch berücksichtigt es den menschlichen Aufbau des Gehirns, indem es durch den Textanteil die linke Gehirnhälfte aktiviert und über die grafische Visualisierung die rechte Gehirnhälfte anspricht. Als Vater des „Mind Mappings" gilt Tony Buzan. Neben seinen eigenen Veröffentlichungen [beispielsweise BUZAN97] gibt es insbesondere im Hinblick auf den softwaregestützten Einsatz des „Mind Mappings" eine Vielzahl weiterer Literatur wie beispielsweise [HERZOG2001]. Aufgrund der Anwendung der Methode des „Mind Mapping" sind „Knowledge Maps" grafisch orientiert, hypermedia-basiert und informationstechnologisch unterstützt. Allerdings stellen sie direktes Prozesswissen zur Verfügung und sind insofern keine Meta-Informationssysteme.

„Master Knowledge Maps" heißen in [TEUFEL99] vorgestellte Wissenskarten, die ebenfalls auf der Anwendung der Methode des Mind Mappings basieren und insofern auch die oben genannten Eigenschaften aufweisen. Sie stellen dar, wo und wie betriebliches (Teil)-Prozesswissen dokumentiert und verteilt wird. Sie beschreiben nicht das Prozesswissen an sich, sondern Wissen über das Prozesswissen und sind daher Metainformationssysteme. Eine „Master Knowledge Map" besitzt eine unmittelbare Prozessorientierung, da sie sich stets auf einen Prozessbaustein bezieht und alle zur Darstellung, Erläuterung, Dokumentation und Schulung erforderliche Wissensquellen zusammenführt.

„Master Knowledge Maps" haben ihr Anwendungsfeld bisher vor allem im Rahmen von SAP R/3-Projekten in Großunternehmen, wie das in Abbildung 56 dargestellte Beispiel illustriert, das in vielen Verzweigungen explizit auf das SAP/R3-System Bezug nimmt. Im Vergleich zu Großunternehmen mit SAP/R3-Systemen sind in KMU die Aspekte der Prozessintegration, der Prozessablauflogik und der Test-Szenarien von geringerer Bedeutung. Daher wird zur Erklärung dieser Bereiche auf [TEUFEL99] verwiesen. Die übrigen Aspekte (Hauptäste) werden in Kapitel 4 behandelt, in dem aufgezeigt wird, inwieweit „Master Knowledge Maps" auch für kleine und mittelständische Produktionsunternehmen, deren ERP-System in vielen Fällen nicht SAP-basiert ist, anwendbar sind.

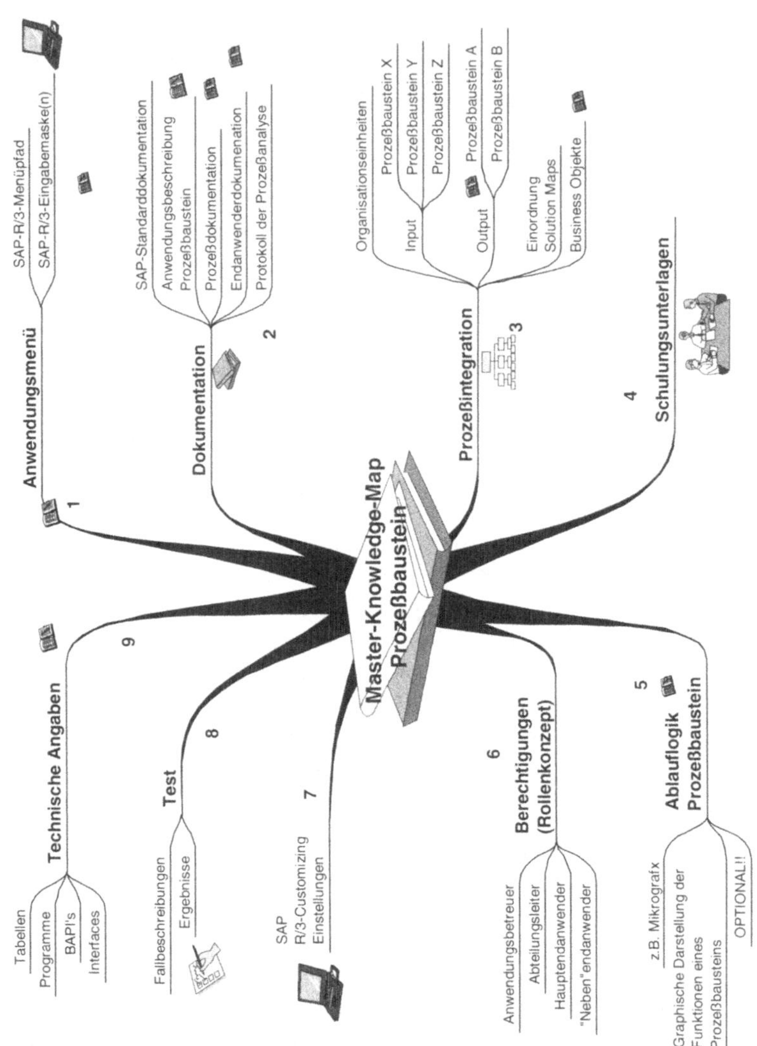

Abbildung 56 Aufbau einer „Master Knowledge Map" im SAP-Umfeld [TEUFEL99]

4 Wissensmanagement mit „Master Knowledge Maps" in einem KMU der metallverarbeitenden Industrie

4.1 Ausgangssituation und Anforderungsprofil des KMU

Bei dem untersuchten Unternehmen handelt es sich um ein metallverarbeitendes Industrieunternehmen, das u.a. folgende typische Eigenschaften eines KMU besitzt[59]:

Es hat ca. 100 Mitarbeitern und wird durch einen geschäftsführenden Gesellschafter geleitet. Organisatorisch ist es über viele Jahre trotz der geringen Größe von einer starken Funktionsorientierung geprägt gewesen. Entsprechend existierte sowohl fachlich als auch organisatorisch in den Köpfen der Mitarbeiter ein starkes Abteilungsdenken. Im Rahmen der prozessorientierten Einführung eines ERP-Systems (Infor:com) ist sowohl von Seiten der Geschäftsführung als auch von Seiten der Mitarbeiter erkannt worden, dass sich der Wissenstand der Mitarbeiter nicht mehr nur auf abteilungsinterne Abläufe beschränken darf, damit die gesamtbetrieblichen Prozesse reibungslos ablaufen können. Daher ist schon während der Einführung des ERP-Systems eine Konzeption für ein Wissensmanagement gefordert worden, das die in Abb. 1 genannten Aspekte des Wissensmanagements sowohl informationstechnologisch als auch organisatorisch unterstützt. Dabei sollte vor allem auf das im Rahmen des ERP-Projektes erarbeitete Prozesswissen Bezug genommen werden. Die Konzeption sollte zudem in Teilschritten realisierbar sein, um im Rahmen der finanziellen Mittel der Unternehmung zu bleiben. Außerdem sollten die begrenzten zeitlichen Kapazitäten der Mitarbeiter berücksichtigt werden, um eine Überforderung und die damit verbunden Gefahr eines nicht erfolgreichen Projekts zu verringern. In diesem Zusammenhang sollte die eingesetzten Instrumente für den Mitarbeiter besonders einfach und intuitiv anwendbar sein.

Den sich aus dem angeführten Projektumfeld ergebenden Anforderungen wird durch die Konzeption und den Einsatz von Wissenskarten in der Variante der „Master Knowledge Maps" Rechnung getragen.

---

[59] Eine ausführliche Behandlung der typischen Eigenschaften von KMU wird beispielsweise in [MÜLLER95] vorgestellt.

4.2   Grundkonzeption einer „Master Knowledge Map" für KMU

Die für das Unternehmen entwickelte Grundkonzeption einer „Master Knowledge Map" ist in Abbildung 57 für die Kundenauftragserfassung exemplarisch dargestellt.

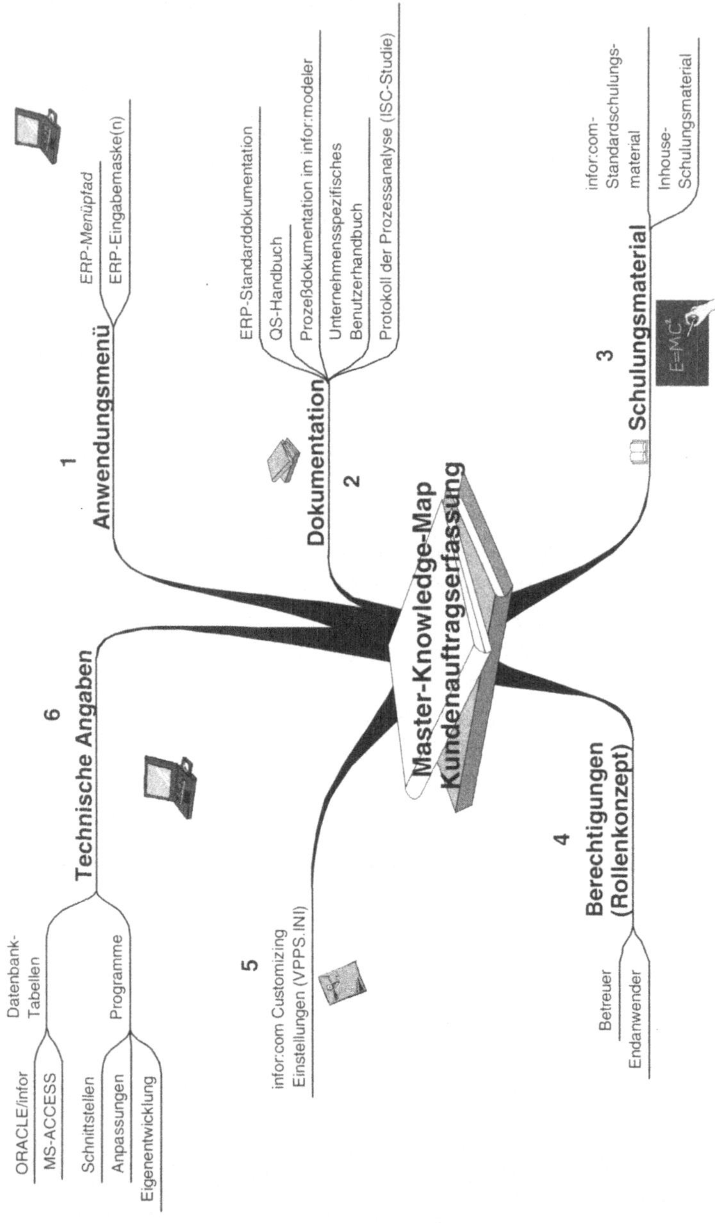

Abbildung 57 „Master Knowledge Map" Kundenauftragserfassung

Anwendungs-menü (1)

Ein Prozessbaustein korrespondiert zum einen mit einem konkreten Menüpfad; zum anderen lässt sich einem Prozessbaustein in der Regel mindestens eine Eingabemaske zuordnen, wie in Abbildung 58 gezeigt ist.

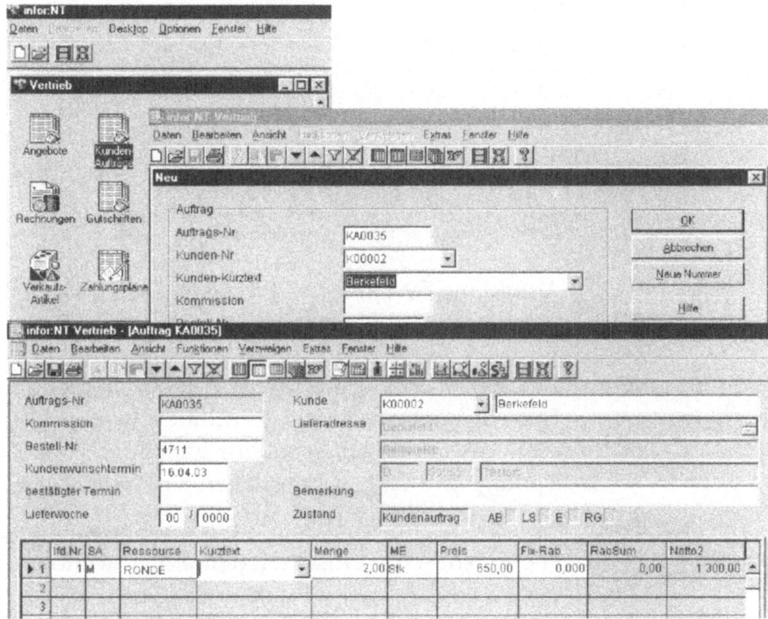

Abbildung 58 Menüstruktur und Masken zur Kundenauftragserfassung

Dokumentation (2)

Zu den wesentlichen Dokumentationsquellen des Prozesswissens zählen die vom ERP-Anbieter zur Verfügung gestellten Standarddokumentation zum ERP-System sowie die zugehörigen Prozessmodelle. Diese Dokumente werden für infor:com unter Anwendung des Modellierungswerkzeugs infor:modeler erstellt. Für den Prozessmodellbaustein Kundenauftragserfassung ist in Abbildung 59 die grafische Darstellung sowie ein Ausschnitt der textuellen Beschreibung illustriert.

Darüber hinaus sind die unternehmensspezifischen Dokumente, wie die Ergebnisse der Prozessanalyse, die Benutzerhandbücher sowie das QS-Handbuch von besonderem Interesse.

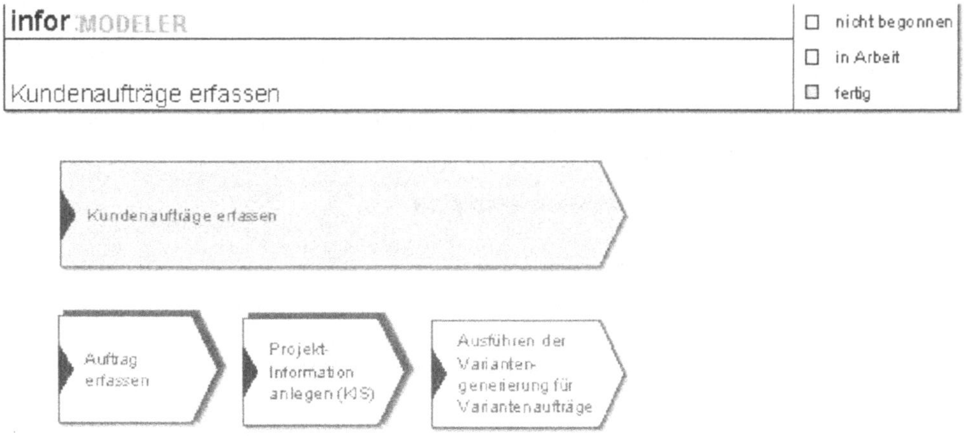

Abbildung 59 Einfaches Prozessmodell Prozessbaustein Kundenauftragserfassung

Schulungsmate-
rial (3)

Zu den Schulungsmaterialien gehören nicht nur die vom ERP-
Hersteller angebotenen Lernhilfen wie Schulungsmanuals und
CBT-Anwendungen, sondern auch die vom Unternehmen selb-
ständig erarbeiteten Unterlagen zur Schulung der Mitarbeiter.

Berechtigungen
(4)

Es scheint im Hinblick auf das Berechtigungskonzept ausreichend zu sein, zwischen den Endanwendern und der Gruppe
der Systembetreuer zu unterscheiden.

Customizing-
Einstellungen
(5)

Zentrale Customizing-Parameter im infor-Umfeld enthält die Datei VPPS.INI, in der aus systemtechnischer und anwendungsori-
entierter Sicht wesentliche Einstellungen vorgenommen werden
können.

Technische An-
gaben (6)

Dieser Zweig verweist zum einen auf die relevanten Datenbank-
strukturen des ERP-Systems sowie die Datenstrukturen externer
Programme (hier beispielsweise datenbankgestützte Individual-
software zur Materialdisposition in Einkauf und Arbeitsvorberei-
tung). Zum anderen wird auf die in Eigenfertigung entstandenen
Individualprogramme, die durchgeführten ERP-Anpassungen und
die Schnittstellen zwischen ERP-System und Individualprogram-
men verwiesen.

4.3 Informationstechnologische Umsetzung

Wie zuvor bereits angedeutet, bietet sich eine softwaregestützte
Erstellung der „Master Knowledge Maps" an. Neben den vielen
Möglichkeiten der grafischen Gestaltung und einem einfachen
Änderungsmanagement ermöglicht die Verwendung des Mind

Managers die automatisierte Erstellung von Web-Seiten auf Basis des „Master Knowledge Maps", die dann über das Intranet den Mitarbeitern zur Verfügung gestellt werden können [HER-ZOG2001]. In Abbildung 60 ist die dem Fallbeispiel entsprechende Web-Seite beispielhaft dargestellt.

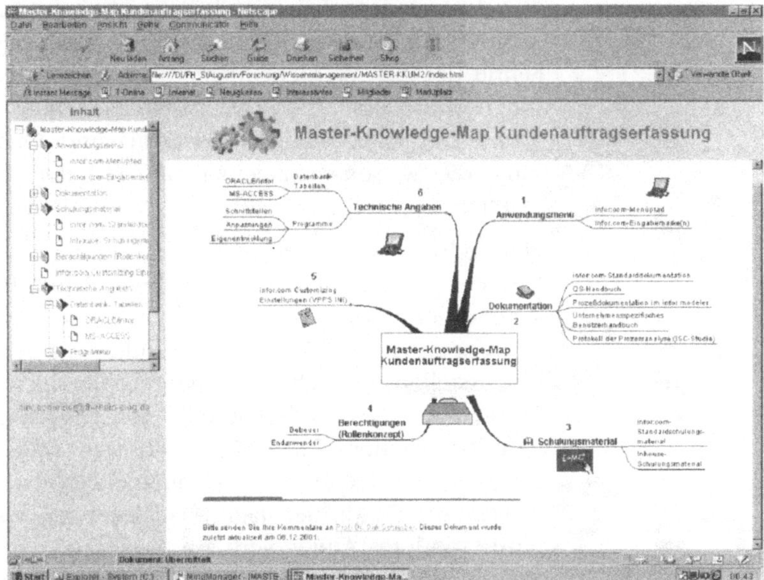

Abbildung 60 Intranet-Seite zur Kundenauftragserfassung

5 Zusammenfassender Ausblick

Ausgehend von einem ganzheitlichen Verständnis von Wissensmanagement wurde gezeigt, dass Wissenskarten in Form von sogenannten „Master Knowledge Maps" ein zentrales Instrument zur Verwaltung und Dokumentation von Prozesswissen darstellen können. Dabei wurde nicht, wie in der Literatur bisher üblich auf Großunternehmen mit einem SAP/R3-Umfeld Bezug genommen, sondern ein Schwerpunkt auf KMU in der Fertigungsindustrie gelegt.

Die bisherigen Erfahrungen im Fallbeispiel zeigen, dass die Mitarbeiter die Konzeption der Wissenskarten akzeptieren. Dies ist aus Sicht der Mitarbeiter nicht zuletzt auf die einfache und intuitive Methode des Mind Mappings und des zugehörigen Softwaretools zurückzuführen. Es gibt mehr Verständnis über die Abläufe in anderen Abteilungen, so dass die abteilungsübergreifende Zusammenarbeit gefördert wird. Schon jetzt haben sich in Ansätzen die Einsatzgebiete der Mitarbeiter vergrößert, was gerade für KMU die Flexibilität in der Personalplanung signifikant erhöhen kann. Diese Vorteile lassen sich sowohl für die Fachabteilungen als auch für die EDV-Abteilung konstatieren, wobei für letztere das formal dokumentierte Wissen über die Abläufe eine ideale Ergänzung des notwendigen Pflichtenheftes darstellt, beziehungsweise den Verzicht eines solchen rechtfertigen kann. Die positive Entwicklung vorausgesetzt, wird es in einem nächsten Schritt um eine stärkere Integration des Wissensmanagements in die Kernprozesse des Unternehmens gehen. Dies muss einher gehen mit einer stetigen Personal- und Organisationsentwicklung, die Wissensmanagement als Teil der Unternehmenskultur etabliert.

Um jedoch Aussagen treffen zu können, inwieweit „Master Knowledge Maps" einen nachhaltigen Schritt für das mittelständische Unternehmen in Richtung Wissensmanagement darstellen, ist es noch zu früh. Es wird sich frühestens in mehreren Monaten herausstellen, da sich die genannten möglichen Probleme beim Einsatz von Wissenskarten teilweise erst im Zeitablauf spürbar bemerkt machen. Im jetzigen Schritt wurde Wert auf die Erst-Erfassung' und einheitliche Dokumentation des Wissens gelegt, in weiteren Stufen der Instrumentalisierung der Wissenskarten ist ein besonderes Augenmerk auf die Pflege und Wartung der Karten als aktive Leitungs-Aufgabe zu legen, sowie die Konsistenz und Vergleichbarkeit der Maps' zu organisieren. Es wird erwartet, dass die Koordination der Wissensdokumentation aufgrund des gewählten Werkzeuges vereinfacht wird, vor allem im Vergleich zu den klassischen Dokumentationsmethoden mittels einer Textverarbeitung.

6   Literatur

[BACH98]	Bach, N.; Homp, Ch.: Objekte und Instrumente des Wissensmanagements, in ZfO 6/1997, S. 340-347.
[BUZAN97]	Buzan, T.; Buzan, B.: Das Mind-map-Buch, Landsberg am Lech 1997.
[DAVENPORT98]	Davenport, T.h.; Prusak, L.: Wenn ihr Unternehmen wüßte, was es alles weiss...: das Praxisbuch zum Wissensmanagement. Landsberg/Lech, 1998.
[HEISIG2001]	Heisig, P.: Business Process Oriented Knowledge Management, in Mertens,

	K., Heisig, P., Vorbeck, J. (Eds): Knowledge Management - Best Practices in Europe -; Springer Verlag 2001, S. 13 – 36.
[HERZOG2001]	Herzog, D.; Jeschke, H.: Mind Manager 4, Effektiver arbeiten und lernen mit Mind Mapping, München 2001.
[LEHNER00a]	Lehner, F.; Remus, U.: Prozessmanagement im Mittelstand als Ausgangspunkt für die Einführung des Wissensmanagements, in: Modellierung betrieblicher Informationssysteme, Proceedings der MobIS-Fachtagung 2000, S. 179 – 204.
[LEHNER00b]	Lehner, F.: Organisational Memory. Konzepte und Systeme für das organisatorische Lernen und das Wissensmanagement, München 2000.
[MERTINS2001]	Mertens, K., Heisig, P., Vorbeck, J. (Eds): Knowledge Management - Best Practices in Europe -; Springer Verlag 2001
[MORTON98]	Morton, C.: Intranets: Some Problems and Solutions, in: Managing Information, 1998, H.5, S. 26-27.
[MÜLLER95]	Müller, C.A: Strategische Führung europäischer mittelständischer Unternehmen, Lang 1995, S. 32-56.
[NEUMANN98]	Neumann, St.; Flügge, B.; Finerty, F.: The Art of Knowledge –Potential aus Wissen schöpfen, in: Information Management, 13. Jahrgang 1998, Nr. 1 S. 66-74.
[NOHR99]	Nohr, H.: Das Projekt OurKnowledge, Wissensmanagement in einem kleinen Beratungsunternehmen, HBI aktuell, Heft 2, Stuttgart, 1999, S. 16 - 19.
[NOHR00]	Nohr, H.: Wissen und Wissensprozesse visualisieren, Arbeispapiere Wissensmanagement, Stuttgart 2000, ISSN 1616-5349.

[PROBST99]   *Probst, G.; Raub, S.; Romhardt, K.: Wissen managen: Wie Unternehmen ihre wertvollste Ressource optimal nutzen, Wiesbaden (3.Aufl.), 1999.*

[TEUFEL99]   *Teufel, T.; Röhricht, J.; Willems, P.: SAP R/3 Prozeßanalyse mit Knowledge Maps, München 1999.*

Stefan Klopp

SAP Knowledge Warehouse – Anwendungsmöglichkeiten in der Praxis

1 Einleitung

Der vorliegende Aufsatz beschäftigt sich mit dem SAP Knowledge Warehouse und seinem Einsatz im Umfeld von Training und Dokumentation. Ziel ist es, die prinzipielle Funktionsweise des Knowledge Warehouse in einem kurzen Abriss zu veranschaulichen.

2 Das SAP Knowledge Warehouse

Das SAP Knowledge Warehouse ist das Kernstück der Knowledge-Management-Lösung der SAP AG. Als integrierte Umgebung für das Erstellen, Übersetzen, Präsentieren, Verteilen und Verwalten von Multimedia-Inhalten stellt es ein Repository für alle Arten von unstrukturierten Informationen zur Verfügung (z.B.: Powerpoint- und Word-Dokumente, aber auch HTML-Dateien oder Dokumente im pdf-Format), das vielfältige Verwaltungsfunktionen aufweist.

2.1 Anwendungsmöglichkeiten

Dieser Aufsatz wird sich im Wesentlichen auf zwei zentrale Anwendungsmöglichkeiten des Knowledge Warehouse konzentrieren, die im Zusammenhang mit der Einführung von SAP R/3-Systemen von besonderer Relevanz sind: Die Bereitstellung von Dokumentations- und Trainingsinhalten.

2.1.1 Bereitstellung von Dokumentationsinhalten

An dieser Stelle sollen am Beispiel der Bearbeitung der Online-Hilfe im Bereich „Dokumentation" kurz die wichtigsten Funktionen des Knowledge Warehouse vorgestellt werden:

Die Inhalte werden mit vertrauten Editoren bzw. Anwendungen erstellt. So werden bei der Erstellung bzw. Anpassung die Hilfe-texte mit MS Word geschrieben, was die Einarbeitung on Autoren wesentlich vereinfacht:

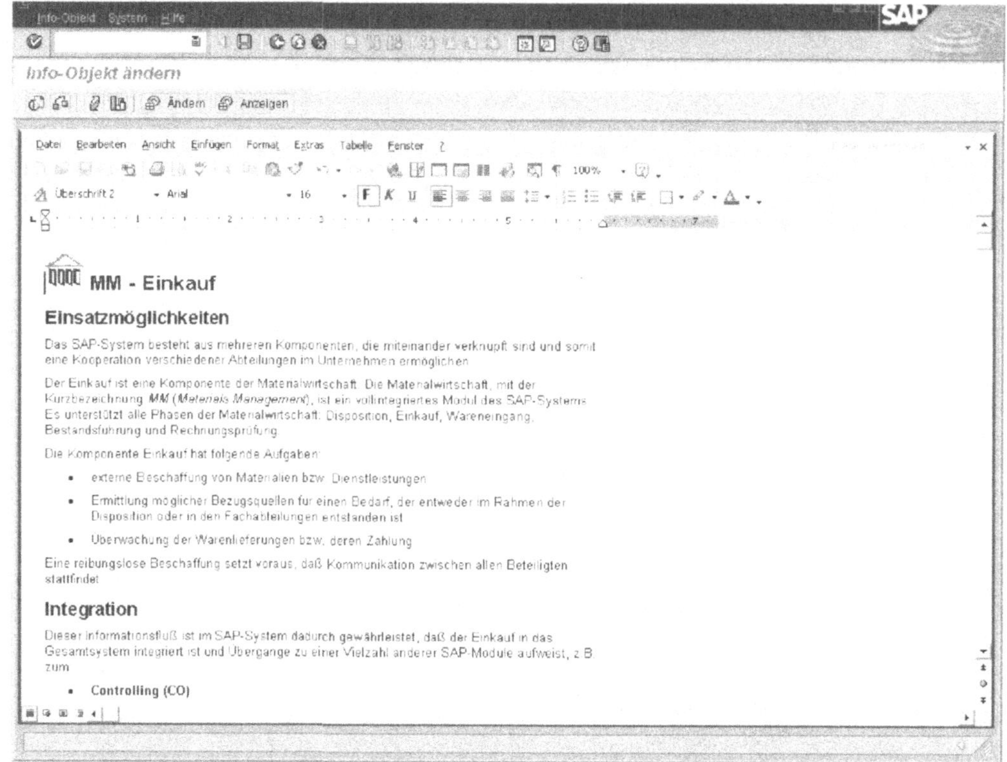

Abbildung 61 Bearbeiten der Online-Hilfe mit MS Word (© SAP AG

Inhalte über das Web erreichbar Alle Inhalte sind über das Web zugänglich, d.h. für den Zugriff auf die Inhalte des Knowledge Warehouse wird lediglich ein Web-Browser (Internet Explorer ab Version 4.01 oder Netscape ab Version 4.x) benötigt. Zur Beschleunigung der Anzeige im Web-Browser werden die Inhalte bei der Übertragung in das Knowledge Warehouse automatisch nach HTML konvertiert.

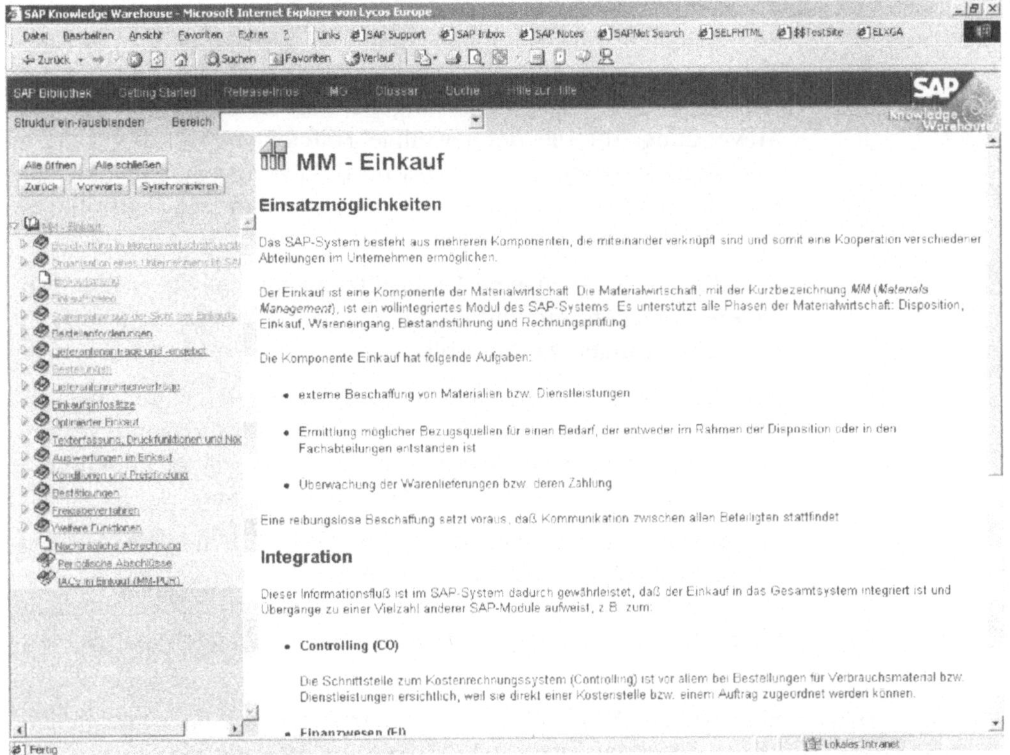

Abbildung 62 Online-Hilfe über den Web-Browser (© SAP AG)

Content-Updates Eine vollständige Version der Online-Hilfe ist in diversen Sprachen im Lieferumfang erhalten (für Release 4.0b aufwärts) und wird durch sog. „Content-Updates" per DVD regelmäßig aktualisiert. Für die Erstellung der Online-Hilfe bedeutet dies, dass theoretisch nur die für den jeweiligen Kunden relevanten Passagen der mitgelieferten Online-Hilfe angepasst werden müssen. Dies geschieht - wie bereits beschrieben - mit Hilfe der Anwendung MS Word.

Templates Die Erstellung neuer Inhalte erfolgt auf der Basis von sog. Templates (d.h. Vorlagen. Näheres hierzu im Abschnitt 2.5.

Workflow-Management Der Prozess der Erstellung und Bearbeitung von Inhalten kann mit dem SAP-internen Business Workflow System verknüpft werde. Dies ist insbesondere für Szenarien von Bedeutung in denen Inhalte von vielen Autoren erstellt werden und durch Vorgesetzte oder Redakteure vor Veröffentlichung zunächst geprüft, genehmigt und freigegeben werden müssen.

R/3-Links

Alle erstellten Inhalte können über sog. **R/3-Links** mit der SAP-Anwendungshilfe eines R/3-Systemes verknüpft werden. Dies geschieht in der Regel durch Angabe der Transaktionscodes der Anwendung, für die der jeweilige Hilfetext verwendet werden soll. Voraussetzung ist, dass das produktive R/3-System und das Knowledge Warehouse über RFC (Remote Function Call) miteinander kommunizieren können.

Für alle Inhalte steht eine Unterstützung für die Übersetzung in andere Sprachen zur Verfügung, auf die an dieser Stelle jedoch nicht eingegangen werden soll.

Für alle Objekte existiert ein leistungsfähiger Versionierungsmechanismus, mit dem u.a. eine lückenlose Historisierung der Dokumente sichergestellt werden kann. Auch diese Funktionen werden in diesem Artikel nicht näher beschrieben.

Ein Ausdruck der Inhalte ist aus der SAP-GUI möglich. Hierbei werden die verschiedenen Dokumente, die sich in dem zu druckenden Bereich befinden, zunächst in eine Word-Datei auf dem Client-Rechner übertragen, von wo sie dann gedruckt werden kann.

Statische Anzeigeformate

Eine weitere Möglichkeit zur Offline-Bereitstellung von Inhalten ist die Erstellung eines sog. **Statischen Anzeigeformates**. Dafür werden mit dem HTML-Exportservice des Knowledge Warehouse statische HTML-Dateien erzeugt. Hierbei handelt es sich entweder um einen Satz von „normalen" HTML-Dateien (.htm) oder um kompilierte HTML-Dateien (Compiled HTML, Endung .chm). Letztere Dateien werden unter Windows auch für die Erstellung von Online-Hilfen (z.B. bei Microsoft-Produkten) verwendet und haben den Vorteil, dass im Gegensatz zu HTML alle Informationen in einer einzigen Datei vorliegen.

2.1.2 Bereitstellung von Trainingsinhalten

Für die Bereitstellung von Trainingsinhalten im Bereich „Training" gelten im Wesentlichen die gleichen Aussagen, die eben in Zusammenhang mit der Online-Hilfe getroffen wurden. Im Folgenden sollen nur kurz die wichtigsten Unterschiede angesprochen werden:

- Als Autorenumgebung für die Erstellung der Trainingsfolien dient in diesem Fall die Anwendung MS PowerPoint.

- Die fertigen Folien werden bei der Übernahme in das Knowledge Warehouse in eine Kombination aus HTML und wahlweise mit gif-, jpg- oder png-komprimierten Bildern konvertiert. In der nachstehenden Abbildung ist dargestellt, wie eine solche Powerpoint-Folie im Browser wiedergegeben wird:

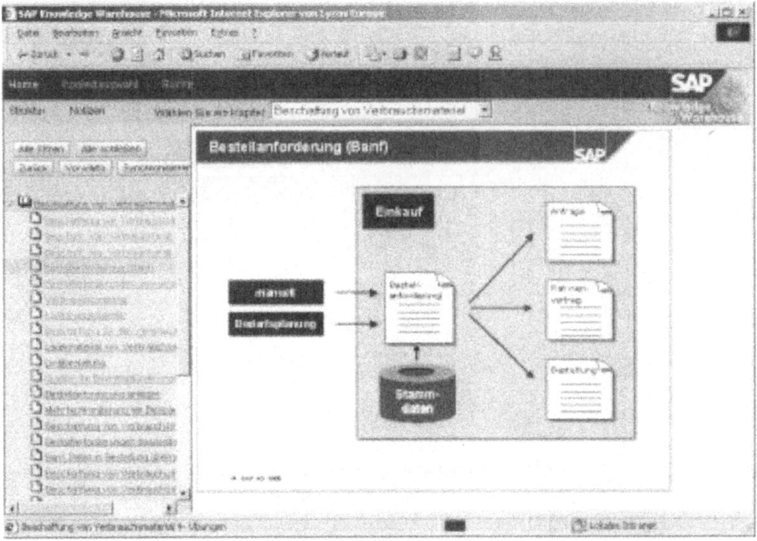

Abbildung 63 Trainingsinhalte über den Webbrowser (© SAP AG

Wie bei der Erstellung der Online-Hilfe erfolgt auch hier die Inhaltserstellung mit Hilfe von Templates. Es stehen diverse Templates im System zur Verfügung, u.a. zur Erstellung von Folien (MS PowerPoint), Übungsaufgaben (MS Word) und Lösungen (MS Word). Näheres hierzu ebenfalls im Abschnitt 2.5

Ähnlich wie für die Online-Hilfe stellt SAP auch diverse Trainingsunterlagen (>280 Standard-Schulungen der SAP) in unterschiedlichen Releases (AB 4.0b) und Sprachen mit regelmäßiger Aktualisierung zur Verfügung. Im Unterschied zur Online-Hilfe müssen diese Inhalte jedoch getrennt lizenziert werden.

Speziell für die Verbreitung von Offline-Präsentationen eignen sich die sog. kep-Dateien, die mit dem Tool SAPShow angezeigt werden können. Aus lizenzrechtlicher Sicht haben diese den Vorteil, dass sie mit einer Art Verfallsdatum versehen sind und nach einer Dauer von einem Jahr ungültig werden. Ein Beispiel für eine solche kep-Datei ist in der nachstehenden Abbildung zu finden:

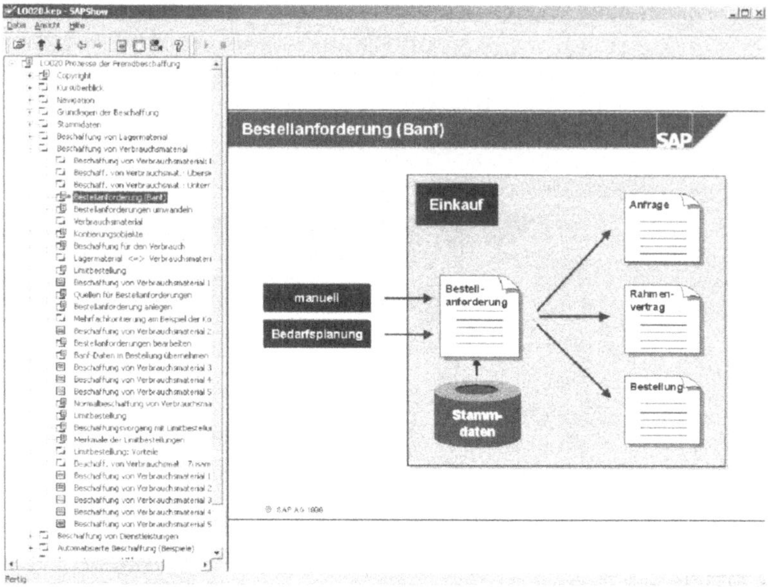

Abbildung 64 Beispiel einer mit SAPShow angezeigten kep-Datei
(© SAP AG)

2.1.3 Weitere Anwendungsmöglichkeiten

Über diese beiden Anwendungsbereiche hinaus gibt es noch weitere Verwendungsmöglichkeiten, auf die hier jedoch nicht näher eingegangen werden soll.

QM-Handbuch Stellvertretend sei hier die Möglichkeit zur Erstellung und Verwaltung eines QM-Handbuches nach DIN EN ISO 9000ff. genannt. Hierbei handelt es sich um eine Erweiterung des Knowledge Warehouse, die u.a. die folgenden Merkmale bietet:

- Kurzzusammenfassung der Forderungen der DIN EN ISO 9000ff.

- Hilfen für die Umsetzung der Forderungen der DIN EN ISO 9000ff. mit Hilfe von SAP-Produkten

- Struktur eines QM-Handbuchs

- Vorlagen (z.B. Handbuchkapitel, Stellenbeschreibung, Verfahrensanweisung)

- Verwaltung QM-spezifischer Dokumente, wie z.B. Organigramme und Flussdiagramme (die z.B. mit Microsoft Visio erstellt wurden)

Ansonsten gelten für die Nutzung der QM-spezifischen Funktionen die bereits beschriebenen Merkmale der Knowledge Warehouse, insbesondere die Möglichkeit zur Verknüpfung der einzelnen Dokumente untereinander bzw. mit Dokumenten aus anderen Bereichen, z.B. aus der Online-Hilfe. Selbstverständlich können die QM-Dokumente auch direkt mit einzelnen SAP R/3-Transaktionen verknüpft werden und so als eine Art Hilfe-Ersatz verwendet werden.

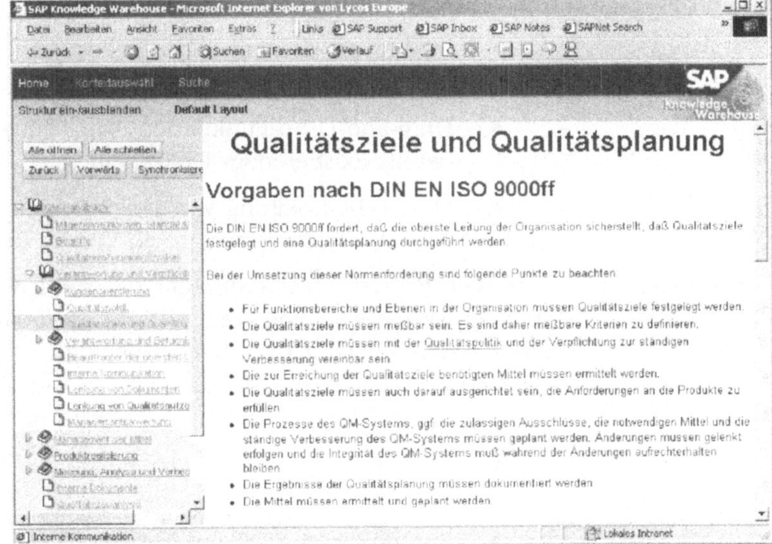

Abbildung 65 QM-Handbücher im Knowledge Warehouse (© SAP AG)

Die Bearbeitung der QM-Inhalte erfolgt analog zu den in den vorangegangenen Abschnitten, so dass auch hier die gewohnten Anwendungen verwendet werden können.

2.2   Clients für das Knowledge Warehouse

Für die Arbeit mit dem Knowledge Warehouse stehen drei Clients mit unterschiedlichen Zielgruppen zur Verfügung: SAP-GUI, Knowledge-Workbench und Web-Browser.

SAP-GUI

Das SAP-GUI bietet den größten Funktionsumfang und ist speziell für System- und Content-Administratoren gedacht. Es verfügt über folgende *Funktionen*:

- Inhalte erstellen und bearbeiten,

- Inhalte drucken,

- R/3-Links erstellen,

- Offline-Versionen von Inhalten erstellen,

- Übersetzungspakete erstellen.

Knowledge Workbench

Die Knowledge-Workbench ist speziell auf die Belange von professionellen Autoren und Content-Entwicklern ausgerichtet und stellt folgende Funktionen bereit:

- Inhalte erstellen und bearbeiten (mit Hilfe einer Explorer-ähnlichen Navigation),

- Drag-and-Drop-Funktionen zur einfachen Übernahme bereits existierender Dokumente,

- Offline-Bearbeitung von Dokumenten durch Übernahme (Check-in/Check-out) in ein lokales Repository.

Web-Browser

Der Web-Browser bietet nur einen eingeschränkten Funktionsumfang, ist jedoch ohne weitere Installation auf dem Client lauffähig (Voraussetzung ist lediglich ein Internet Explorer ab Version 5 sowie mindestens MS Office 97) und daher ideal für Gelegenheitsnutzer. Er stellt folgenden Funktionsumfang bereit:

- Erstellen von Inhaltsobjekten (Multimedia-Objekte, HTML)

- Bearbeiten von Inhaltsobjekten mit dem HTML-Editor

- Anzeigen und Ändern der Attribute von Inhaltsobjekten

Die zur Verfügung stehenden Clients sind in der nachstehenden Abbildung nochmals dargestellt:

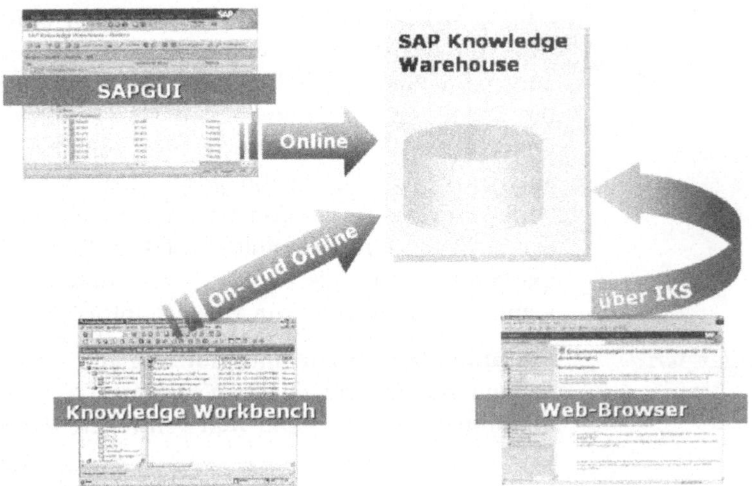

Abbildung 66 Clients für das Knowledge Warehouse (© SAP AG)

2.3 Systemarchitektur

Die wichtigsten Komponenten des SAP-Knowledge Warehouse sind ein R/3-System, ein Content-Server, ein Cache-Server sowie ein Index-Server.

R/3-System

Ein zentrales **R/3-System**, das die wesentlichen Verwaltungsaufgaben übernimmt:

- die Kontextverwaltung, also die Zuordnung von physischen zu logischen Informationsobjekten (mehr dazu im Abschnitt 2.4.2),
- die Berechtigungsverwaltung und -prüfung und
- die Übersetzungssteuerung.

Content-Server

Ein oder mehrere **Content-Server**, auf denen die eigentlichen Inhaltsobjekte gespeichert und bereitgestellt werden. Auf einem Content-Server werden sowohl die Quell- als auch die Anzeige-Version der einzelnen Inhaltsobjekte gespeichert (vgl. hierzu auch die Ausführungen in den Abschnitten 2.1.1 und 2.1.2). Unabhängig von der Anzahl der in einem Unternehmen existierenden Content-Server wird ein bestimmtes Objekt nur *auf einem einzigen Content-Server* bereitgestellt.

Cache-Server

Ein oder mehrere **Cache-Server**, die zur Verbesserung der Performance (hier: Geschwindigkeit) für die Benutzer eingesetzt werden. Ein Cache-Server hat dabei prinzipiell eine ähnliche Architektur wie ein Content-Server. Die Datenablage und die zugrunde liegende Engine unterscheiden sich jedoch z.T. deutlich von der des Content Servers. Insbesondere ist ein Cache-Server für einen schnellen Lesezugriff optimiert, da er nicht für die Erstellung von Dokumenten verwendet wird. Die einzelnen Objekte werden im Cache-Server ebenfalls in der Anzeige- als auch in der Quell-Version gespeichert, wobei letztere lediglich zum Ausdrucken verwendet wird. Im Gegensatz zu den Content-Servern kann ein bestimmtes Objekt auf mehreren Cache-Servern existieren, wobei das Objekt vom Content-Server kopiert wird, wenn ein Benutzer es zur Anzeige anfordert.

Index-Server Ein **Index-Server** zur Unterstützung einer Volltextsuche über die Dokumente im Knowledge Warehouse. Verwendet wird hier die in Internet-Anwendungen weit verbreitete Verity-Suchmaschine.

Aus technologischer Sicht bildet der sog. Knowledge Provider (kurz KPro) den Kern des Knowledge Warehouse. Dieser KPro stellt (als Bestandteil des SAP WebApplication Servers) im Rahmen einer anwendungs- und medienneutralen Infrastruktur Dienste (den Document Management Service, kurz DMS und den Content Management Service, kurz CMS) bereit, die durch das Knowledge Warehouse im Rahmen der oben beschriebenen Systemkomponenten genutzt werden.

2.4 Funktionsweise des Knowledge Warehouse

2.4.1 Informationsobjekte

Alle im Knowledge Warehouse verwalteten Dokumente und Inhalte werden als sog. **Informationsobjekte** (oder kurz Info-Objekte) abgelegt. Es gibt grundsätzlich zwei verschiedene Typen von Info-Objekten:

- Inhaltsobjekte und

- Strukturobjekte.

Inhaltsobjekte **Inhaltsobjekte** sind im Knowledge Warehouse die Träger der Informationen. Als eigenständige Informationseinheiten stellen sie die die eigentlichen Inhalte (Texte, Bilder, Multimedia-Inhalte) dar.

Strukturobjekte **Strukturobjekte** dagegen dienen – wie der Name bereits impliziert – der Strukturierung von Inhalten. Sie enthalten hierarchisch geordnete Referenzen auf andere Info-Objekte. Dies können sowohl Inhalts- als auch weitere Strukturobjekte sein, so dass eine hierarchische Verschachtelung mehrerer Strukturobjekte möglich ist. Strukturobjekte ermöglichen somit eine strukturierte Darstellung von Inhalten und die Navigation in diesen Inhalten.

Wiederverwendbarkeit

Da die Einbindung der Inhaltsobjekte über Referenzen erfolgt, kann die Wiederverwendbarkeit von Inhalte sichergestellt werden. Dies wird in der nachstehenden Abbildung illustriert. Die Powerpoint-Datei „Systemstruktur.ppt" wird im Beispiel in den beiden Strukturen „Schulungsunterlage" und „Dokumentation" verwendet. Da die Datei lediglich über einen Verweis in den beiden Strukturen eingebunden ist, kann ich ohne weiteres die Powerpoint-Datei ändern. Alle vorgenommenen Änderungen spiegeln sich dann **in beiden** Strukturen wider.

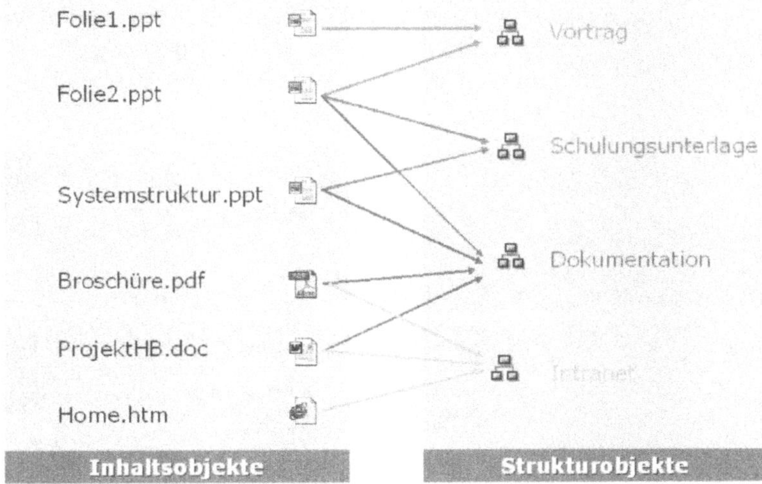

Abbildung 67 Wiederverwendbarkeit von Inhalten (© SAP AG)

Neben der Strukturierung von Inhalten über Strukturobjekte besteht zusätzlich die Möglichkeit, mit Hyperlinks (analog zu den aus HTML-Seiten bekannten Verweisen) eine Beziehung zwischen zwei Inhaltsobjekten zu beschreiben. Die Nutzer erhalten so zu den Strukturen alternative Navigationspfade.

2.4.2 Logische und Physische Informationsobjekte

Im Zusammenhang mit den soeben beschriebenen Strukturierungsmöglichkeiten ist das Prinzip der Trennung von Logischen und Physischen Informationsobjekten von grundlegender Bedeutung.

Logisches Informationsobjekt

Ein **Logisches Informationsobjekt** (kurz LOIO) beschreibt die logischen Eigenschaften eines Objektes (Was ist das Thema des

Dokumentes, welche Absicht wird damit verfolgt?), also die Intension.

Physisches Informationsobjekt

Ein **Physisches Informationsobjekt** (kurz PHIO) dagegen ist eine konkrete und individuelle Ausprägung (Extension) eines Logischen Informationsobjektes und stellt damit ein tatsächlich existierendes Dokument dar.

Ein Logisches Informationsobjekt wirkt somit als Container für eine beliebige Anzahl von Physischen Informationsobjekten, die alle durch das Logische Objekt beschrieben werden, sich jedoch in Ihrer tatsächlichen Ausprägung voneinander unterscheiden.

In der nachstehenden Abbildung wird dies illustriert: Das Logische Objekt „HR-Online-Hilfe" beschreibt lediglich das Thema. Es beinhaltet mehrere Physische Objekte, also konkrete Ausprägungen der HR-Online-Hilfe für verschiedene Releases, Sprachen etc.

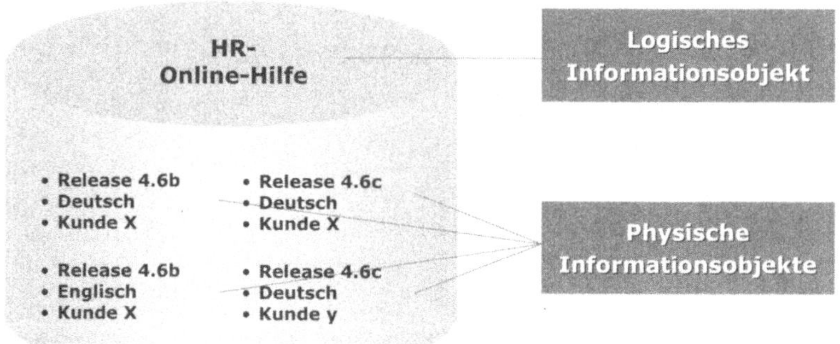

Abbildung 68 Beispiel Logischer und Physischer
Informationsobjekte (© SAP AG)

2.4.3 Der Kontext

Die eben beschriebene Unterscheidung zwischen Logischen und Physischen Informationsobjekten hat vor allem zum Ziel, Transparenz für den Anwender zu schaffen. So soll sich der Anwender nicht mit der Frage beschäftigen müssen, welches konkrete Dokument er denn jetzt benötigt, sondern lediglich angeben, zu welchem Thema er ein Dokument benötigt. Nach obiger Definition soll der Nutzer also nicht ein spezielles Physisches, sondern das wesentlich übergreifender beschriebene Logische Informationsobjekt wählen müssen.

Nun stellt sich jedoch sicherlich die Frage, wie der Nutzer an die „richtigen" Informationen kommt. D.h.: Wie kann das System aus der Nennung eines LOIO das passende PHIO ermitteln?

Das Kernproblem ist an dieser Stelle offensichtlich, dass das System ermitteln muss, welches Physische Objekt vom Benutzer im aktuellen Kontext benötigt wird. Um dies zu ermöglichen, werden die Physischen Objekte innerhalb eines Logischen Objektes durch sog. Kontextparameter voneinander abgegrenzt. Die zur Verfügung stehenden Parameter sind:

- **Release**
  Z.B. SAP-Release 4.6b

- **Sprache**
  Sprache der Inhaltsobjekte, z.B. Deutsch, Englisch

- **Land**
  Das Land, für das die Informationsobjekte gelten, z.B. Deutschland (Wichtig u.a. bei der Beschreibung steuerlicher Gesetzgebungen)

- **Erweiterung**
  Kennzeichnung einer Erweiterung des SAP-Systems, z.B. Branchenlösungen oder kundenseitige Erweiterungen

- **Zielsprache**
  Zielsprache der Inhaltsobjekte in der Bearbeitungsart "Übersetzen"

Die Ermittlung des „richtigen" Physischen Objektes, die sog. **Kontextauflösung** erfolgt nun über die Angabe dieser Kontextparameter. Diese Parameter müssen im Falle z.B. des Aufrufs eines Hilfetextes natürlich nicht explizit vom Benutzer angegeben werden, sondern werden automatisch vom System ermittelt. Schließlich weiß das System, dass es ein SAP R/3 Release 4.6b ist und dass der Benutzer sich in der Sprache „Deutsch" angemeldet. hat.

Da die Kontextauflösung erst zur Laufzeit vorgenommen wird, spricht man an dieser Stelle auch von **Late Binding**. Das Late Binding wirkt also als Schnittstelle zwischen Logischen und Physischen Objekten.

Anknüpfend an das Beispiel der HR-Dokumentation aus Abbildung 68 wird der Vorgang der Kontextauflösung in der nächsten Abbildung dargestellt:

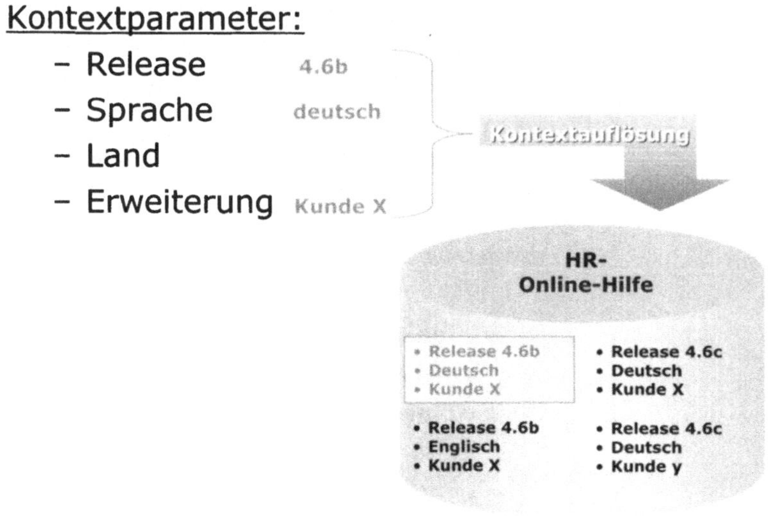

Kontextparameter:

- Release   4.6b
- Sprache   deutsch
- Land
- Erweiterung   Kunde X

Kontextauflösung

HR-Online-Hilfe

- Release 4.6b
- Deutsch
- Kunde X

- Release 4.6c
- Deutsch
- Kunde X

- Release 4.6b
- Englisch
- Kunde X

- Release 4.6c
- Deutsch
- Kunde y

Abbildung 69 Beispiel einer Kontextauflösung (© SAP AG)

Der Benutzer ruft die HR-Online-Hilfe auf. Im Hintergrund ermittelt das System auf der Basis der bekannten Parameter das zum aktuellen Kontext passende Physische Objekt (deutsche Online-Hilfe für Release 4.6b und Erweiterung für Kunde X) und liefert dessen Inhalt and den Benutzer.

2.4.4 Der Erweiterungskontext

Sollen in einer Knowledge Warehouse-Installation die von SAP gelieferten Inhalte geändert oder zusätzliche Inhalte eingefügt werden, so geschieht das über einen sog. Erweiterungskontext, der die kundenspezifischen Inhalte aufnimmt.

Ein solcher Erweiterungskontext wird in einem Kundennamensraum angelegt und z.B. von einem SAP-Originalkontext (Beispiel) abgeleitet. Ruft ein Benutzer ein Dokument auf, für das im Erweiterungskontext kein Info-Objekt existiert, so wird die Anfrage automatisch an den zugrunde liegenden Originalkontext weitergeleitet und das passende Info-Objekt von dort geliefert.

2.5 Das Datenmodell

In diesem Abschnitt soll abschließend in vereinfachter Form das Datenmodell des SAP Knowledge Warehouse umrissen werden.

Die einzelnen Elemente dieses Datenmodells sind in der folgenden Abbildung schematisch dargestellt:

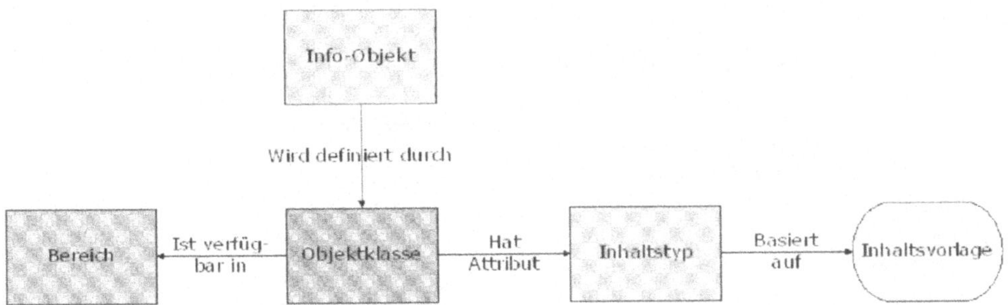

Abbildung 70 Datenmodell (vereinfacht)

Bereich Oberstes Element ist der sog. **Bereich**. Bereiche innerhalb des Knowledge Warehouse sind z.B. „Dokumentation" (vgl. 2.1.1) und Training (vgl. 2.1.2).

Objektklasse Innerhalb dieser Bereiche stehen unterschiedliche **Objektklassen** zur Verfügung, die die Eigenschaften von Informationsobjekten (z.B. Attribute, Dateiformate etc.) definieren.

Die **Informationsobjekte** werden jeweils von einer bestimmten Objektklasse abgeleitet, wobei in Abhängigkeit von der Objektklasse unterschiedliche Ausprägungen des Attributes **Inhaltstyp** möglich sind. Diese Inhaltstypen geben auf der Basis einer zugeordneten **Inhaltsvorlage** die inhaltliche Struktur eines Info-Objektes vor (und dienen somit als Template).

Hierzu einige Beispiele zur Illustration:

BEISPIEL 1: OBJEKTKLASSE „TOPIC"

Im Bereich *Dokumentation* gibt es eine Objektklasse „Topic", die für die Erstellung von Hilfe-Inhalten verwendet wird. Das Quell- bzw. Bearbeitungsformat dieser Topics ist MS Word, im Knowledge Warehouse erfolgt eine Konvertierung nach HTML. Innerhalb dieser Objektklasse gibt es mehrere mögliche Inhaltstypen.

Diese sind in der Abbildung 71 dargestellt:

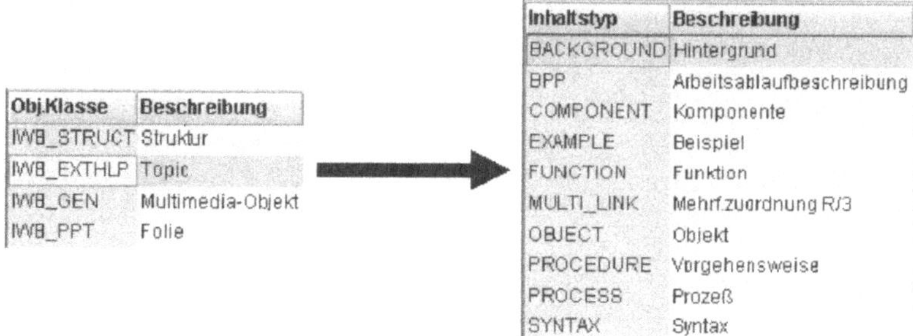

Abbildung 71 Inhaltstypen in der Objektklasse "Topic" (Bereich Dokumentation)

Die nächste Abbildung zeigt ein neu angelegtes Info-Objekt von Inhaltstyp „Hintergrund" in der Pflegeoberfläche innerhalb der SAP-GUI:

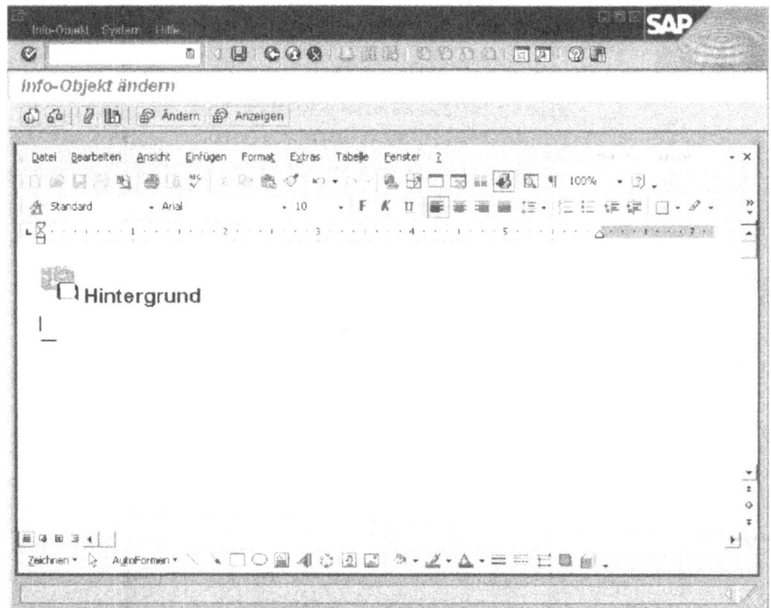

Abbildung 72 Info-Objekt vom Inhaltstyp "Hintergrund" (© SAP AG)

BEISPIEL 2A: OBJEKTKLASSE „FOLIE"

Im Bereich *Training* gibt es eine Objektklasse „Folie", die für die Erstellung von Trainings-Inhalten verwendet wird. Das Quell- bzw. Bearbeitungsformat dieser Topics ist MS Powerpoint, im Knowledge Warehouse erfolgt eine Konvertierung nach HTML bzw. jpg/gif/png (vgl. 0). Innerhalb dieser Objektklasse gibt es mehrere mögliche Inhaltstypen. Diese sind in der folgenden Abbildung dargestellt:

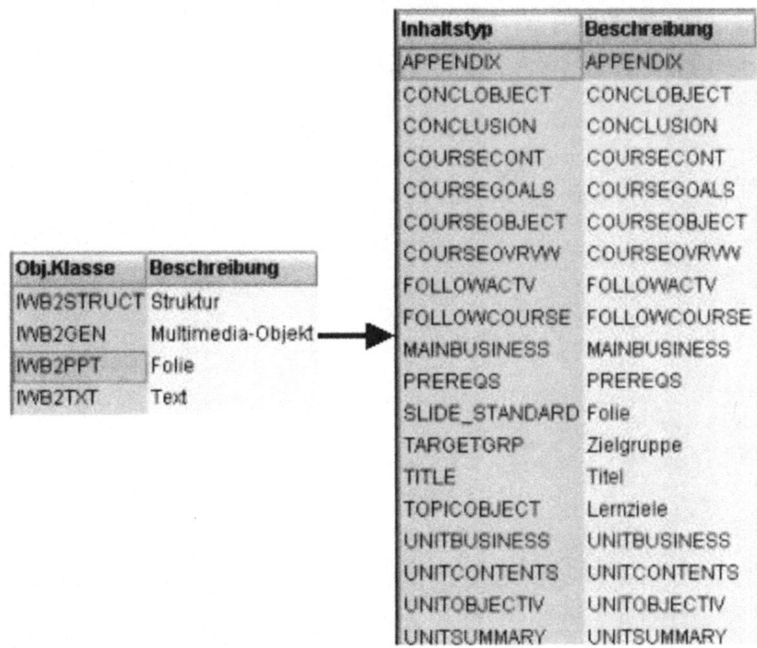

Abbildung 73 Inhaltstypen der Objektklasse "Folie" (© SAP AG)

BEISPIEL 2B:

Ebenfalls im Bereich *Training* gibt es eine Objektklasse „Text", die mit MS Word bearbeitet wird und für die Erstellung der Übungen und Lösungen in Schulungsunterlagen gedacht ist:

Abbildung 74 Inhaltstypen der Objektklasse "Text" (© SAP AG)

Neben der beschriebenen Unterstützung durch Inhaltsvorlagen (Content-Templates) können auch Layoutvorlagen (Style-Templates) verwendet werden. Diese werden dann einem bestimmten Kontext zugeordnet und den Inhalten beim Abruf überlagert.

Auf diesem Wege können abweichende Layouts für unterschiedliche Zielgruppen realisiert werden.

Peter Brandt und Marianne Massing

Mensch – Organisation – Technik. Wissensmanagement in KMU

1 Ein weißer Fleck: Wissensmanagement in KMU

1999 führte Infratest Burke im Auftrag der Deutschen Bank eine Mittelstands-Umfrage zum Thema Wissensmanagement durch und fand heraus:[60]

- 97 Prozent der Unternehmen halten Wissensmanagement für wichtig oder sehr wichtig für ihr Unternehmen.

- Der Anteil des Produktionsfaktors Wissen an der Wertschöpfung im Unternehmen wird insgesamt als hoch eingeschätzt. Dabei wird er im Dienstleistungsbereich und in Unternehmen mit weniger als 50 Millionen DM Umsatz relativ höher gewichtet. Rund ein Viertel der Unternehmen sieht sich nicht in der Lage, zu diesem Problem überhaupt eine Einschätzung zu geben.

- Der gegenwärtige Wissenstransfer im Unternehmen wird lediglich von sechs Prozent für sehr gut und von nur 36 Prozent für gut befunden.

Seither dürfte sich manches verschoben haben. Das scheint auch eine im Mai 2001 vom Kölner Institut für e-Management (IfeM) durchgeführte Online-Umfrage bei 136 Unternehmen zu bestätigen.[61] Wissensmanagement ist zunehmend ein Thema für die Geschäftsleitungen: In 49 Prozent der befragten Unternehmen entscheidet der Vorstand über Wohl oder Wehe des Wissensmanagements. Im März 2000 war die Einführung von Wissensmanagement hingegen noch bei nur 15 Prozent der Unternehmen Chefsache. 62 Prozent der im Mai 2001 antwortenden Unternehmen haben weniger als 500 Mitarbeiter(innen). Daraus kann man

---

[60] Deutsche Bank AG, Fraunhofer IAO (Hrsg.): Wettbewerbsfaktor Wissen. Leitfaden zum Wissensmanagement. Frankfurt 1999. S. 9-11.

[61] Vgl. www.ifem.org/etablierungwm.

schließen, dass inzwischen auch kleine und mittlere Unternehmen (KMU) stärker als 1999 die Ressource Wissen strategisch nutzen.

KMU zeichnen sich oft gegenüber Großunternehmen durch folgende für Wissensmanagement förderliche Rahmenbedingungen aus:

- flache Hierarchien

- wenige organisatorische Barrieren

- kürzere Informationsketten

- Tradition der Wissensweitergabe, gerade im Handwerk

- Kontinuität in Führungspositionen

- überschaubare Personalstruktur mit vielen persönlichen Kontakten

- Verlässlichkeit von Information gut einschätzbar

- informeller Erfahrungsaustausch

- zu verwaltende Datenmenge relativ überschaubar.

In KMU kann die Verbesserung des Wissenstransfers demnach wesentlich direkter vom Willen der Nutzenden gesteuert werden.

Auf der anderen Seite stehen auch wenig förderliche Bedingungen für Wissensmanagement in KMU. Eine Reihe mittelständischer Unternehmen steht neueren Management-Strategien kritisch gegenüber und wittert hinter den Schlagworten kurzfristige Modeerscheinungen. Die oben als Vorteil gekennzeichnete Kontinuität in Führungspositionen kann sich nachteilig auswirken, wenn sie in eine Unfähigkeit zu Veränderungen mündet:

Im Wettbewerb mit Kapitalgesellschaften stellt bei Familienunternehmen der Generationswechsel ein häufig unüberwindbares Handicap dar. Nur bei 30 Prozent der Unternehmen gelingt der Sprung von der ersten in die zweite Generation, nicht selten eine Folge mangelhafter Wissensweitergabe vom Seniorchef auf dessen Nachfolger(in).

Am schwersten aber wiegt, dass KMU keine Stabsstellen haben können, in denen über einschlägige Pilotprojekte nachgedacht wird. Das Management im Mittelstand hat häufig nicht die Zeit, sich mit „Zusatzaufgaben" zu belasten. Zwar erinnert diese Form der Zeitökonomie an den Schäfer, der keine Zeit findet einen Zaun zu bauen, weil er damit beschäftigt ist, seine Schäfchen einzufangen, aber die Erkenntnis, dass Wissensmanagement auch eine Investition in die Arbeitsorganisation ist, muss sich noch durchsetzen. Häufig gibt es aber noch andere Mängel, etwa eine zu akademische und komplexe Darstellung in Büchern und Zeitschriften oder aber die zu geringen personellen und finanziellen Ressourcen.

Bisher sind der gegenwärtige Stand von und die Chancen für Wissensmanagement in KMU noch nicht gründlich erforscht. In einigen Pilotprojekten, teilweise unter Beteiligung von Wirtschaftsverbänden, werden erste Erfahrungen gesammelt und verbreitet.[62]

2   Das Projekt „KluG" und sein Ansatz „M-O-T"

2.1   KluG – ein KMU-Projekt in Nordrhein-Westfalen

Das beobachtete Fehlen einer flächendeckenden Beschäftigung mit dem Thema in KMU kann auch ein Vorteil sein, denn so können sich KMU anhand der bereits durchgeführten Pilotprojekte der Großunternehmen vor den Fehlern bewahren, die dort gemacht wurden. So hat sich inzwischen die Erkenntnis durchgesetzt, dass Wissensmanagement keine Frage von aufwändiger

---

[62] Eine Projektkooperation des Wuppertaler Kreises (Deutsche Vereinigung zur Förderung der Weiterbildung von Führungskräften) und dem RKW (Rationalisierungs- und Innovationszentrum der Deutschen Wirtschaft) ist in einem Leitfaden dokumentiert: Wuppertaler Kreis (Hrsg.), Wissensmanagement in mittelständischen Unternehmen. Ein Leitfaden, Köln 2000. Arbeitsträger war das bfz (Berufliches Fortbildungszentrum der Bayerischen Wirtschaft). – Im Rahmen eines Modellprojektes im Metall-Elektro-Bereich Nordrhein-Westfalen wurde zuletzt ein KMU-Konzept entwickelt, das Wissensmanagement stark mit Geschäftsprozessen verzahnen möchte: T. Mühlbradt / A. Feggeler: Wissensmanagement – ein methodischer Ansatz für KMU, in: Angew. Arbeitswiss. 169 (2001), 24-37: Wissensmanagement sei bereits vorhanden in „Organisations- und Qualitätsmanagementhandbüchern, in Weiterbildungsplänen und IT-Funktionalitäten. Sehr häufig bestehen jedoch auch informelle Strukturen, die sich in persönlichen Netzwerken, gemeinsamen Kaffeepausen, E-Mail-Verteilerlisten oder Internet-Bookmarks niederschlagen." (S. 31) Da nun aufgrund der spezifischen Situation in KMU der Druck des Tagesgeschäfts höher sei als andernorts, gelte es, eine enge Anbindung an betriebliche Abläufe zu erreichen, weshalb man jeweils aufgabenbezogen fragen solle: Welches Wissen trägt zur Wertschöpfung bei?

Technologie in Form von Datenbanken und Spezialsoftware ist, sondern in erster Linie beim Menschen, also den Mitarbeiter(inne)n ansetzen muss.

Auf diesem Weg ist das Projekt „KluG" unterwegs, das von Oktober 2000 bis November 2001 am Institut der deutschen Wirtschaft Köln durchgeführt wird. Es möchte KMU für die Bedeutung von Wissen und dessen reibungslosem Transfer sensibilisieren. „KluG" steht dabei für „<u>K</u>enntnisse <u>l</u>eiten zu <u>u</u>nternehmerischem <u>G</u>ewinn". Das Projekt sammelt in mittelständischen Modellunternehmen Praxiserfahrungen im Bereich Wissensmanagement und macht diese Informationen öffentlich. Kernstück von „KluG" ist die Website www.iw-klug.de, auf der nach und nach alle Projekterkenntnisse kostenlos zugänglich gemacht werden. Schon jetzt finden sich dort zahlreiche Rahmeninformationen und Erfahrungsberichte zum Thema. Am Ende des Projekts wird ein Leitfaden zur Einführung von Wissensmanagement in KMU erstellt sein. „KluG" wird gefördert aus Mitteln des Europäischen Sozialfonds und des nordrhein-westfälischen Arbeitsministeriums.

2.2 M-O-T – MOTor des Wissensmanagements

„KluG" will bei KMU den Irrweg vermeiden, durch Einführung eines Tools die Probleme des Wissensflusses nur zu verschieben (von der unmittelbaren menschlichen auf die technische Kommunikation). Daher wurde im Projekt ein ganzheitliches Konzept mit dem Kürzel M – O – T (Mensch – Organisation – Technik) entwickelt: Erst wenn die konkreten Bedarfe und praktikablen Wege der Wissensweitergabe geklärt sind, wenn Zeit und Raum für Austausch da sind, der Wille der Geschäftsführung offenkundig ist, wenn betroffene Mitarbeiter beteiligt und die Organisation entsprechend verändert wird, kann überlegt werden, wie die gewünschten und bereits funktionierenden Austausche technisch unterstützt werden können. Selbst dann wird man jedoch ohne Anreizsysteme kaum auskommen. Ein Wissensnetz besteht im Verständnis von „KluG"

- erstens aus Menschen, zweitens aus Menschen, drittens aus Menschen

- viertens aus organisatorischen Vereinbarungen

- fünftens aus technischen Hilfsmitteln.

Mensch, Organisation und Technik sind drei Schwerpunkte, in denen sich Erfolg und Misserfolg von Wissensmanagement zeigen kann:

Mensch	Wissensaustausch findet zwischen Menschen statt. Die Bildung von Wissensnetzwerken durch Workshops, Wissenszirkel, Job-Rotation oder die Organisation von Kommunikationsanlässen (wöchentliche Meetings, Kaffee-Ecken) sind die typischen Werkzeuge.
Organisation	Hier stehen die Wissensflüsse im Mittelpunkt. Es geht darum, die Entstehung, Weitergabe und Verwendung von Wissen zu organisieren. Ziel ist es, Wissensflüsse und Geschäftprozesse so zu verbinden und zu harmonisieren, dass die Dokumentation, Weitergabe und Beschaffung von notwendigem Wissen keine Extra-Arbeit mehr bedeutet. Das Ziel muss sein: Das richtige Wissen in der richtigen Menge zur richtigen Zeit am richtigen Ort bereitstellen.
Technik	Nicht-dokumentiertes Wissen ist für das Unternehmen verlorenes Wissen, denn es existiert nur in wenigen Köpfen. Ziel des Wissensmanagements ist also, dieses Wissen zu identifizieren und in Wissensdatenbanken zu kartographieren, zu explizieren und zu systematisieren.

Als oberstes Gebot haben sich Freiwilligkeit und Vertrauen herauskristallisiert: Nicht jeder muss sich an einer Wissensmanagement-Lösung beteiligen (Push), aber jeder sollte die Möglichkeit haben, sich beteiligen zu können (Pull). Gutes Wissensmanagement funktioniert vor allem von Person zu Person. Das schafft Vertrauen. Aber natürlich ist es schwieriger, zeitaufwändiger und kostspieliger, Vertrauen aufzubauen, als Technik einzusetzen. Dennoch sollte im Hinterkopf behalten werden, dass „Wissensmanagement" zuallererst eine Frage der Unternehmenskultur ist und dass IT-Lösungen dies nur unterstützen können.

Wissensmanagement ist nur dann erfolgreich, wenn es gelingt, die Mitarbeiter(innen) im Unternehmen vom Nutzen zu überzeugen. Eine gute Kombination aus Mensch, Organisation und Technik macht erfolgreiches Wissensmanagement aus, eine solche Kombination ist der MOTor des Wissensmanagements.

2.3 Das Minimal- und das Stetigkeitsprinzip

Die Hektik des Tagesgeschäfts und die dünne Personaldecke, kurz gesagt: mangelnde Ressourcen werden in KMU oft als Grund dafür angeführt, dass keine Projekte gestartet oder diese nicht abgeschlossen werden. Umgekehrt sind aber viele KMU froh, wenn sie sich einmal entschlossen haben, Veränderungsprojekte durchzuführen und von den positiven Auswirkungen profitieren können. Auch beim Wissensmanagement lohnen sich die Anstrengungen, so die Meinung erfahrener Unternehmer.

Dabei gibt es zwei ressourcenschonende Grundsätze, die bei der täglichen Arbeit in KMU immer schon angewandt worden sind, ohne dass sie je ausdrücklich formuliert worden wären:

- das Minimalprinzip

- das Stetigkeitsprinzip.

Das Minimalprinzip besagt, dass das Unternehmen mit dem geringst möglichen Aufwand auch eine sehr gute Wirkung erzielen kann, wenn es nur seine vorhandenen Ressourcen effektiver und effizienter nutzt. Das Stetigkeitsprinzip besagt, dass nicht die Radikallösung in KMU der Stein der Weisen ist, sondern das Anknüpfen an die Stärken und das stetige Verbessern von Unternehmensabläufen und Strukturen mit dauerhafter Konsequenz.

Beide Grundsätze sind auch beim Wissensmanagement von wichtiger Bedeutung für die KMU. Dabei lässt sich manchmal der Aufwand für Wissensmanagement enorm reduzieren: Die Integration von Wissensmanagementlösungen in das vorhandene technische und organisatorische Umfeld ist womöglich gar nicht so aufwändig, weil viele KMU bereits zufällig und unsystematisch bestimmte Verfahren des Wissensmanagements praktizieren, ohne diese so zu nennen. Sie nutzen allgemein zugängliche Ablagesysteme, Handbücher, Richtlinien, Protokolle, interne Informationen, wöchentliche Rundschreiben, Personalakten, Analysen, Veröffentlichungen oder auch ein betriebliches Vorschlagswesen, das aus den Wissenspotenzialen der Mitarbeiter schöpft. Hier gilt es, die Ansätze besser zu planen und zu systematisieren.

Es gibt kein Instrument des Wissensmanagements, das als per se wirkungsvoll gelten könnte. Die unternehmensspezifischen Rahmenbedingungen und Interessen divergieren stark und erfordern maßgeschneiderte Konzepte. Eine Reihe von Instrumenten und Methoden hat das Projekt KluG auf seiner Website dokumentiert. Welche Lösungen in zwei Modellunternehmen gewählt wurden, beschreibt Kapitel 3.

Sollen mittelständische Unternehmen für Wissensmanagement sensibilisiert werden, so kommt es auf eine angemessene Sprache und Wortwahl an. Versucht ein frisch gebackener Wissensmanager zu erläutern, was er eigentlich macht, wenn er Wissen managt, steht er sofort vor der Schwierigkeit, eine für alle Beteiligten gleichermaßen nachvollziehbare Sprachregelung zu finden, was eigentlich Wissen und Wissensmanagement ist. Dabei ist gerade dieses aus unterschiedlichen Erfahrungshintergründen resultierende Verständnisproblem ein idealer Ansatzpunkt, die Notwendigkeit von Wissensmanagement zu verdeutlichen. Viele Probleme in den Betrieben entstünden nicht, wenn der Austausch des Erfahrungswissens organisiert wäre. An praktischen Beispielen den Nutzen des Wissensmanagements zu verdeutlichen ist dabei in der Regel sehr viel hilfreicher als akademische Definitionen. Die getroffenen Sprachregelungen können den Start eines Wissensmanagementprojektes erheblich erleichtern oder erschweren. Beispielsweise wurde in einem mittelständischen Betrieb der Projektstart erschwert, weil die Geschäftsführung am Schwarzen Brett über das neue „Wissensmanagement-Projekt" informierte und die Mitarbeiter(innen) die Nachricht ignorierten, weil Management aus ihrer Sicht nicht in ihren eigenen Verantwortungsbereich, sondern in den der Geschäftsführung fiel. Die Nachricht blieb unbeachtet.

2.4 Vorgehen bei der Einführung

Für die Einführung von Wissensmanagement wurde auf dem Hintergrund von M-O-T folgende Strategie entworfen:

Bevor ein konkretes Projekt in einem Modellunternehmen in Angriff genommen wird, sind *wichtige Vorarbeiten* zu leisten. Entscheider müssen für das Thema sensibilisiert werden („wozu Wissensmanagement?"). Oft herrscht im Unternehmen hinsichtlich der Verfügbarkeit von Informationen, Dokumenten und Wissen ein hoher Leidensdruck. Die genaue Lokalisierung der „Schmerzen" führt zu den Schwachstellen, welche als Ansatzpunkte für die Projektarbeit dienen werden. Es muss in dieser Phase auch berücksichtigt werden, welche Ansätze vorhanden und ausbaufähig sind. Eine nicht unerhebliche Nebenaufgabe wird sein, die Erwartungshaltungen der am Projekt Beteiligten zu klären.

Danach kann eine *konkrete Projektidee* ausformuliert werden: Ausgehend von den Schwachstellen und unternehmensspezifischen Anforderungen werden Potenziale für das Wissensmanagement entdeckt und Bereiche identifiziert, in denen ein Pilotprojekt sinnvoll erscheint. Es ist unverzichtbar, dass die Unterstützung seitens der Geschäftsführung gesichert ist. Dann können Verantwortlichkeiten, Projektorganisation und Vorgehensweise (Zusammensetzung des Teams, Bedarf externer Beraterhilfe) näher geklärt und Zeiträume und Ressourcen vereinbart werden.

Anschließend sollen die Projektziele kommuniziert und Multiplikatoren im Unternehmen überzeugt werden.

Die *Projektumsetzung* beginnt in einer neuen Arbeitsgruppe, deren Zusammensetzung sich aus der Wahl des Pilotbereichs ergibt. Sie startet mit einer „Wissensinventur". Interne Wissensquellen müssen identifiziert und der Wissensbedarf analysiert werden. Eine Bestandsaufnahme des unternehmensspezifischen Wissens und der Kernkompetenzen ermöglicht es, Wissensziele zu bestimmen, aus denen die notwendigen Maßnahmen abgeleitet werden können.

In einer *Pilotphase* sind erste öffentlichkeitswirksame Erfolge zu erzielen. Der Maßnahmenkatalog für die Pilotphase ist darauf angelegt, dass in Teilbereichen des Wissensmanagements solche Erfolge schnell erreichbar sind. Dies ist unverzichtbar für die Akzeptanz und die bleibende Motivation während einer länger andauernden Projektarbeit.

Begleitend kann die weitere Projektlaufzeit durchkomponiert werden. Zu solch längerfristiger Planung zählt:

-   externe Wissensquellen einbeziehen

-   Methoden zur Wissensverteilung benennen

-   Realisierungskonzept erstellen

-   prüfen, ob technische Lösung erwünscht ist und wenn ja welche

-   Anreizsystem entwickeln

-   Qualifizierungsplan erstellen

-   eine Veränderung der Unternehmenskultur anstoßen

-   Erfahrungsaustausch fördern.

In einer anschließenden *Implementierungs- und Verbesserungsphase* gilt es, die konzeptionellen Überlegungen umzusetzen und nachhaltig im Unternehmen zu verankern. Dabei sollen die Ergebnisse der Pilotphase übertroffen werden. Die Dokumentations- und Erschließungswege für Wissen werden ausgebaut, der Transfer von Wissen optimiert und neue Vernetzungen erschlossen. Es bietet sich an, für die Zeit nach Projektende einen Verantwortlichen für die systematische Pflege des Themas einzusetzen. Diese(r) Wissensmanager(in) muss entsprechend geschult werden und den bisherigen Projektverlauf möglichst vollständig miterlebt haben. Schließlich kann als Frucht der Bemühungen die Entwicklung innovativer Produkte und Dienstleistungen wachsen.

Am Projektende steht eine *Erfolgskontrolle*: Das Projekt kann als erfolgreich gelten, wenn ein Wissensmanagement etabliert wurde, das so gut funktioniert, dass die Wahrscheinlichkeit hoch ist, dass es nach Projektende weitergeführt wird. Den Mitarbeiter(inne)n des Unternehmens müssen die Nutzung des Systems oder die veränderte Organisation der Wissensflüsse in Fleisch und Blut übergegangen sein. Sie müssen die Veränderungen durchweg als Erleichterung ihrer täglichen Arbeit empfinden.

3 Die Praxis: M-O-T in mittleren Modellbetrieben

3.1 Die Kooperation

Am Projekt „KluG – Kenntnisse leiten zu unternehmerischem Gewinn" nehmen zwei nordrhein-westfälische Unternehmen aus so genannten „Ziel-2-Gebieten" teil. Voraussetzung für eine Teilnahme als Modellbetrieb war es, Raum und Zeit für Besprechungen und Befragungen bereitzustellen sowie die Mitarbeiter(innen) für Projektteams und Workshops freizustellen. Die Leistungen des Teams des Instituts der deutschen Wirtschaft Köln beinhalteten die Vorbesprechungen mit der Geschäftsführung, die Konzeption und Durchführung der Sitzungen, die Beratung und Qualifizierung sowie die Anfertigung von Sitzungsprotokollen und die Auswertung des Projekts.

3.2 Modellbetrieb A: Das Handelsunternehmen

Die 40 Mitarbeiter(innen) des Modellbetriebs A entwickeln, fertigen und vertreiben Schläuche, Kunststoffteile und Dichtungen. Dem Kundenkreis aus der Stahl- und Lebensmittelindustrie sowie dem Anlagen- und Maschinenbau werden individuelle Beratung, maßgeschneiderte Lösungen und Aftersales-Betreuung angeboten. 20 Prozent des Jahresumsatzes stammen aus Exportgeschäften.

In einem Vorgespräch zwischen Projektleitung und Geschäftsführung wurde geklärt, wo Ansätze für ein Wissensmanagement-Projekt zu suchen seien.

Die erfreuliche Tatsache, dass die Kundenzahl in der vergangenen Zeit angestiegen war, hatte ans Licht gebracht, dass eine verbesserte Kommunikation und Kooperation zwischen den Außendienstmitarbeiter(inne)n untereinander sowie den Innendienstler(innen) notwendig geworden war: Der Informationsfluss und das Wissen über die Kunden verlief unsystematisch. Den Produktgruppenleiter(innen) obliegt auch die Außendienstakquise, so dass sie 50-70 Prozent ihrer Arbeitszeit außer Haus verbringen.

Großkunden hatten aufgrund der Struktur des Einkaufs oft drei verschiedene Ansprechpartner für drei verschiedene Produkte. Dies führte bei dem Modellunternehmen zu Koordinationsproblemen und verpassten Akquisitionschancen. Ein unterentwickeltes Berichts- und Dokumentationswesen stellte einen weiteren Schwachpunkt dar. Wer etwas über einen bestimmten Kunden wusste, informierte andere auf informellem Weg oder auf Zuruf.

Es lag nahe anzunehmen, es fehle an einem Anreiz, weil Provisionen nur für den Verkauf von Produkten aus der eigenen Produktpalette gezahlt würden. Dieser Punkt erwies sich aber als weniger bedeutsam als die mangelnde Information über die eigenen Abläufe und Produktspezifitäten.

Einstieg in das Projekt war eine Sitzung mit Beteiligten aus allen Abteilungen. Auf der Grundlage der Problemstellung wurde ein gemeinsames Wissensmanagement-Projektziel erarbeitet, das lautete: Wir wollen den internen Wissensfluss über die Endkundenbetreuung optimieren.

Im dreiwöchigen Rhythmus finden seitdem Workshops statt, in denen gemeinsam Maßnahmen erarbeitet werden, die das Wissen über die Kunden verbessern sollen.

Zunächst war es nötig herauszufinden, welches Wissen für die tägliche Arbeit gebraucht wurde. Die Frage wurde mit der Metaplantechnik bearbeitet: Antworten wurden bepunktet; Kriterium für die Bepunktung war der Schwierigkeitsgrad, mit dem die notwendigen Informationen beschafft werden konnten.

In einem nächsten Schritt wurden per Fragebogen die Wissensträger im Unternehmen ermittelt. Es ging dabei darum zu schätzen, wie viel Prozent des persönlichen Wissens über einen bestimmten Kunden im PC, in der Printablage oder im eigenen Gedächtnis gespeichert war. Ergebnis: 70 Prozent des Wissens steckte in den Köpfen der Beteiligten. Es war also dringend erforderlich, dieses Wissen – wenigstens in den Punkten von allgemeinem Interesse – transparent und allen zugänglich zu machen.

Als fruchtbar erwies sich dabei die Anwendung der Umkehrmethode, bei der ein Problem in das Gegenteil verkehrt wird, Lösungen gesucht und diese wiederum umgekehrt werden. Gesucht wurden Antworten auf die zwei folgenden Fragen:

„Mit welchen Maßnahmen können wir erreichen, dass unsere Kunden über unsere Produkte und Dienstleistungen möglichst wenig wissen?" und „Mit welchen Maßnahmen können wir erreichen, dass wir nicht wissen, welche Produkte und Dienstleistungen wir unseren Kunden verkaufen können?"

Bei der Umkehrung der Antworten ergaben sich Vorschläge, die in vier Bereiche aufgeteilt werden konnten: Öffentlichkeitsarbeit, Informationen über Kunden, Zusammenarbeit mit Kunden, interne Maßnahmen.

In zwei weiteren Workshops wurden konkrete Maßnahmen erarbeitet, mit denen die Ergebnisse der Umkehrmethode umgesetzt werden sollten. Jede Maßnahme ist dadurch abgesichert, dass ein Verantwortlicher benannt und ein „Erledigungstermin" festgesetzt worden ist.

So gibt es innerhalb des Problemfeldes „Öffentlichkeitsarbeit" einen Arbeitskreis, der für die Neugestaltung der Firmen-Web-Site zuständig ist.

Um organisatorische Fehler bei der Betreuung der Endkunden herauszufinden, wird in einer Abteilung probeweise ein "Fehlerkörbchen" aufgestellt. Der Sinn: Es werden Notizen über Kundenbeschwerden und interne schriftliche Hinweise gesammelt und später ausgewertet.

Innerhalb des Problemfeldes „Wissen über Kunden" arbeitete das Team einen Fragebogen zur Kundenzufriedenheit aus. 30 Kunden unterschiedlicher Größe und Branche antworteten darauf. Dieser gute Rücklauf bewirkte eine Verbesserung der betriebsinternen Motivation.

Die sehr praxisorientierten Maßnahmen wurden von den Beteiligten zur Mitte der Projektlaufzeit als erfolgversprechend bilanziert. Der Nutzen eines strukturierten Umgangs mit dem eigenen und dem Unternehmenswissen ist den Mitarbeiter(inne)n deutlich geworden: Eine Mitarbeiterin wird derzeit in Methoden und Techniken des Wissensmanagements eingearbeitet.

3.3   Modellbetrieb B: Die Härterei

Das Kerngeschäft des Modellbetriebes B, einer Härterei, besteht darin, angelieferte Metallbauteile durch Härteverfahren zu veredeln. Der Kundenkreis kommt aus dem Maschinen- und Anlagenbau sowie aus der Automobil- und Flugzeugindustrie.

Etwa zwei Drittel der 80 Personen starken Belegschaft sind in der Produktion beschäftigt, die in drei Schichten gefahren wird.

Die Schichtführer und ein zusätzlicher Kollege fangen mit ihrer Arbeit eine Stunde vor den anderen an; so sollte die Informationsweitergabe über Wissenswertes aus der vorhergehenden Schicht gesichert sein.

Dennoch war der Informations- und Wissensfluss im Produktionsbereich gestört. Der Kick-off-Workshop, der zusammen mit der Geschäfts- und Betriebsleitung, allen Abteilungsleitern und dem Betriebsratsvorsitzenden durchgeführt wurde, deckte verschiedene Ansatzmöglichkeiten für das Wissensmanagement-Projekt auf: Man fürchtete, das Wissen erfahrener Mitarbeiter zu verlieren, die kurz vor der Rente stehen. Ungelernte oder branchenfremde Mitarbeiter hatten Wissensdefizite, die aufgefangen werden mussten. Zur Optimierung der Arbeitsabläufe sollte vor allem die Kommunikation zwischen den verschiedenen Schichten, den Arbeitern und den Schichtführern verbessert werden.

Mit halbstandardisierten Interviews wurde deshalb untersucht, was an Wissen nicht fließt und welche Informationen gesucht werden müssen. 18 Produktionsmitarbeiter schilderten, in welcher Form Informationen bereitgestellt werden und was daran verbessert werden könnte.

Nach Auswertung der Interviews zeigte sich, dass viele der Probleme in der eingeschränkten internen Kommunikation begründet sind. Produktionsplan und Arbeitskarten sind die einzigen schichtübergreifenden Kommunikationsmedien. Neben den Arbeitsanweisungen, die von der Betriebsleitung über das Schwarze Brett veröffentlicht werden, eine spärliche Ausbeute für die Kommunikation in der Werkshalle, die zuweilen durch eine eigeninitiativ organisierte „Zettelwirtschaft" ergänzt wird: Vereinzelt werden der nachfolgenden Schicht Notizen über besondere Vorkommnisse geschrieben und am Arbeitsplatz hinterlassen.

Als problematisch empfinden die Arbeiter, dass es zu viele Arbeitsanweisungen gibt, die von der Betriebsleitung im Produktionsplan oder am Schwarzen Brett bekannt gemacht werden. Gerade das letztgenannte Problem belegt, dass die Ursache des gestörten Wissens- und Informationsflusses in der rein sachorientierten Informationsweitergabe der Vorgesetzten zu suchen ist, die nicht überprüfen, ob die Mitarbeiter die Informationen auch aufnehmen und akzeptieren.

Es galt also, die ungleichgewichtige Informationsverteilung aufzufangen: Welches Wissen und welche Informationen müssen weitergegeben werden, was ist überflüssig oder soll in anderer Form weitergegeben werden? Welches Kommunikationsmittel ist für die Wissensweitergabe innerhalb der Schichten das richtige, welches für die Arbeitsanweisungen?

Neben dem Zuwenig und Zuviel an Information lehnen die Schichtarbeiter eine institutionalisierte Schichtübergabe in Form von Protokollen oder Schichtordnern vehement ab: Protokoll-Ausfüllen heißt zusätzliche Arbeit, zusätzliche Pflicht und Freiheitsverlust neben den mit der erfreulich guten Auftragslage einhergehenden Überstunden. Um den Wissensmanagementprozess erfolgreich zu gestalten, musste ein Instrument gewählt werden, dass dem Prinzip der Freiwilligkeit gerecht wurde und dazu motivierte, Informationen und Wissen weiterzugeben.

Im April wurde deshalb ein Gesprächsforum eingerichtet, in dem seither je zwei Mitarbeiter aus der Früh- und Spätschicht zusammen mit dem Betriebsleiter über die Problembereiche diskutieren und Transparenz in die wissensbasierten Abläufe bringen. Gerade für einen kleinen oder mittleren Modellbetrieb eignen sich Gesprächsforen als Methode des Wissensmanagements, weil sie auch ohne große Investition oder technischen Aufwand implementiert werden können.

Das Forum dient dem Austausch zwischen zwei Schichten. Über jede Sitzung wird ein Protokoll erstellt, das später in der Produktionshalle ausgehängt wird, damit alle anderen Produktionsarbeiter aus den verschiedenen Schichten erfahren, welche Maßnahmen in der Gruppe zur Verbesserung des Wissens- und Informationsflusses beschlossen wurden. Über die Kollegen, die am Forum teilnehmen, kann von jedem Arbeiter, der nicht mit einer Maßnahme einverstanden ist, Kritik hervorgebracht werden. Prinzipiell steht das Forum allen Arbeitern offen.

Daneben vermittelt das Forum zwischen den unterschiedlichen Sichtweisen der Leitungsebene und der Mitarbeiter. Veränderungen werden von den Mitarbeitern als Bedrohung empfunden. Arbeitsabläufe und -prozesse optimieren zu wollen oder Wissen zum Fließen zu bringen sind aus Sicht der Mitarbeiter Gefahren, die mehr Arbeit bedeuten können. Ein Indiz dafür ist die Unwilligkeit, Schichtübergabeprotokolle einführen zu wollen. Innerhalb des Gesprächsforums hat der Arbeiter die Möglichkeit, diese Ängste zu artikulieren. Das Forum ist also nicht nur als Platz für den Wissensaustausch auf der betrieblichen (Sach-)Ebene zu verstehen, sondern fördert die Kommunikation auf der Beziehungsebene.

Wissensmanagement lebt nur in einer offenen Unternehmenskultur, in der der Mitarbeiter die Möglichkeit hat zu fragen. Viele der in den Gesprächsforen beschlossenen Maßnahmen beziehen sich auf die Organisation der Arbeitsabläufe. Jeder Beteiligte leistet seinen Beitrag, indem er sein Erfahrungswissen in die Diskussion einbringt, aber auch, indem Wissenslücken aufgedeckt werden: Wissensdefizite bei branchenfremden Mitarbeitern werden seit Bestehen des Gesprächsforums durch wöchentliche interne Schulungen ausgeglichen. Die Arbeitskarten werden überarbeitet, um Informationen transparenter zu machen. Für die Arbeitskarten sind spezielle Fächer eingerichtet worden.

Fazit: Innerhalb des Forums werden auf der Basis einer problemorientierten und offenen Kommunikation Wissen und Informationen weitergegeben. Dadurch, dass das Gesprächsforum auf Dauer angelegt ist, wird die Vertrauens- und Beziehungsebene der Beteiligten untereinander gestärkt. Die Wissensweitergabe erfolgt nicht unter Druck und bleibt damit glaubwürdig. Das nach den Sitzungen durch das KluG-Team oder den Betriebsleiter erstellte Protokoll verdeutlicht daneben die Glaubwürdigkeit und die sachliche Richtigkeit. Alle beschlossenen Maßnahmen sind samt Terminen und Verantwortlichkeiten überprüfbar.

Das Gesprächsforum stellte außerdem die Initialzündung für ein abteilungsübergreifendes Wissensmanagement dar: Lange schwelende und auf Wissensdefiziten basierende Problemstellungen sollten mit angrenzenden Abteilungen besprochen werden. Aus dem ersten Team sind deshalb inzwischen weitere Kleinteams entstanden, in die Vertreter angrenzender Abteilungen einbezogen werden.

Noch haben sich die Gesprächsforen der Kleingruppen nicht dauerhaft etabliert. Nach der Hälfte der Projektlaufzeit steht aber fest, dass die Kernprozesse des Wissensmanagements durch interne Kommunikation unterstützt werden. Oft fehlt nur der Anstoß, um die interne Kommunikation zu beleben und den Nutzen des Wissensmanagements in der Werkshalle deutlich zu machen.

3.4   Fazit

Zum gegenwärtigen Zeitpunkt kann seitens des Projektes KluG nur ein vorläufiges Fazit gezogen werden. In den Modellunternehmen sind erste Verbesserungen bereits erreicht, vor allem jedoch entscheidende Prozesse in Gang gekommen. Wissensmanagement hat sich in der Projektarbeit hat als etwas sehr Bodenständiges erwiesen, das sich in der konkreten Umsetzung von Customer Relationship Management oder Veränderungen der Arbeitsorganisation kaum unterscheidet. Wissensmanagement verdankt seinen eigenen Namen jedoch der systematischen Leitperspektive: Es geht die *systematische* Nutzung und den *systematischen* Ausbau der vorhandenen Wissensquellen und Transferwege. In der Zukunft wird sich zeigen, wie gut die Unternehmen ohne die externe Projektbetreuung weiterkommen werden. Die Qualifizierung zu diesem Selbststand hat bereits begonnen und soll in den letzten Projektwochen vertieft werden.

Autorenverzeichnis

PETER BRANDT

Institut der deutschen Wirtschaft Köln

Gustav-Heinemann-Ufer 84-88, 50968 Köln

www.iwkoeln.de

Dr. Peter Brandt ist wissenschaftlicher Mitarbeiter am Institut der deutschen Wirtschaft Köln. Innerhalb des Projektes „KluG – Kenntnisse leiten zu unternehmerischem Gewinn" ist er u.a. für die Struktur und die Inhalte des Internetauftritts zuständig.

Der Autor studierte Mathematik und Kath. Theologie in Bonn und Wien und promovierte im Fach Altes Testament zum Dr. theol.

UWE DÖRING-KATERKAMP

INSTITUT FÜR E-MANAGEMENT E.V. (IFEM)

JUDENPFAD 60A , 50996 KÖLN

www.ifem.org

www.knowledgemarkt.de

Dipl. Soz. Uwe Döring-Katerkamp war nach dem Studium von VWL, Soziologie und Philosophie in Karlsruhe, Köln und Bielefeld, mehrere Jahre in der Organisationsabteilung einer Bank tätig. Anschließend fand ein Wechsel ins Beratungsgeschäft statt wo er bis Ende 2001 bei einer mittelständischen Unternehmensberatung tätig war. Im April 2000 gründete er zusammen mit Jörg Trojan ein Portal zum Thema Wissensmanagement, den www.knowledgeMARKT.de.

Er ist Mitinitiator und heute im Vorstand des Institut für e-Management e.V. (IFEM), sowie Lehrbeauftragter an der Fachhochschule Köln.

CLAUS D. EICHSTÄDT

Ley GmbH

Venloer Str. 83 – 85, 50259 Pulheim

www.ley.de

Claus D. E. Eichstädt ist als Projekt-Manager, leitender Berater und Account-Manager Public Sector bei der LEY GmbH in Pulheim tätig.

Nach dem Studium der Physik und Informatik begann er 1988 bei der LEY GmbH als Projektleiter in den Bereichen Prozeßtechnik und Datenbankanwendungen. Seit 1995 ist er mit der Projektleitung zahlreicher Workflow-Projekte betraut, und in dieser Funktion u.a. verantwortlich für Design und Umsetzung der Projekte "Helpdesk" und "KomNet" der Landesanstalt für Arbeitsschutz, NRW und des Ministeriums für Arbeit und Soziales, Qualifikation und Technologie des Landes NRW.

Seine Spezialgebiete sind u.a. Analyse, Design und Umsetzung von WF-Projekten und integrierten Web-Applikationen.

HANS-CRISTIAN EPPICH

USU AG

Spitalhof, 71696 Möglingen

www.usu.de

Hans-Cristian Eppich, ausgebildeter Netzwerkingenieur, seit 1999 bei der USU AG, verantwortet das Produktmanagement im Geschäftsbereich Wissensmanagement und leitet das Competence Center for Knowledge Business. Seit mehr als zehn Jahren beschäftigt er sich bereits mit Produkten welche die Anwender bei der Informationsversorgung unterstützen. Neben seiner Tätigkeit bei der USU AG hält Hans-Cristian Eppich Vorträge zum Thema Wissensmanagement für verschiedene Veranstalter. Er ist Mitglied der DNUG, deren Arbeitskreis Wissensmanagement von der USU geleitet wird und war bei der Gründung des AK Wissensmanagement der BITKOM beteiligt.

ROLF FRANKEN

Fachhochschule Köln, Fachbereich Wirtschaft

Claudiusstr. 1, 50678 Köln

www.wi.fh-koeln.de

Prof. Dr. rer. pol. Rolf Franken ist Professor für Unternehmensführung an der Fachhochschule Köln.

Er studierte Mathematik an der Universität zu Köln und promovierte an der RWTH Aachen bei Prof. Dr. Erich Frese.

Von 1984 bis 1992 war er zunächst im Bereich „Planung und Steuerung" und dann als Projektleiter für die Entwicklung eines Planungsunterstützungssystems für die Flugplanung der Deutschen Lufthansa AG tätig.

Der Autor ist Koordinator eines vom Land NRW unterstützten Forschungsschwerpunktes „Wissensmangement" an der Fachhochschule Köln.

ANDREAS GADATSCH

Fachhochschule Bonn-Rhein-Sieg

Grantham-Allee 20, 53757 Sankt Augustin

www.fh-bonn-rhein-sieg.de

Prof. Dr. rer. pol. Andreas Gadatsch, Jahrgang 1962, studierte nach einer Ausbildung zum Industriekaufmann zunächst Betriebswirtschaftslehre an der Fachhochschule Köln. Anschließend studierte er nebenberuflich Wirtschaftswissenschaften an der FernUniversität Hagen und promovierte dort als externer Doktorand am Lehrstuhl für Wirtschaftsinformatik.

Er war von 1986-2000 in verschiedenen Unternehmen (Maschinen- und Anlagenbau, Beratung, Telekommunikation) tätig. Zuletzt war er Leiter Arbeitsplatzsystem-Management und IT-Sicherheit im zentralen Informationsmanagement der Deutschen Telekom AG.

Zum WS 2000/2001 nahm er einen Ruf auf eine Professur für betriebswirtschaftliche Organisation und Datenverarbeitung an der Fachhochschule Köln an. Zum SS 2002 folgte er einem Ruf auf eine Professur für Betriebswirtschaftslehre, insb. Wirtschaftsinformatik an die Fachhochschule Bonn-Rhein-Sieg, St. Augustin.

Die aktuellen Lehr- und Arbeitsgebiete sind Betriebswirtschaftliche Standardsoftware, Geschäftsprozess-, Workflow- und Wissensmanagement, IT-Controlling und Informationsmanagement.

THOMAS GERICK

USU AG

Spitalhof, 71696 Möglingen

www.usu.de

Dr. Thomas Gerick studierte Geisteswissenschaften in Freiburg, Siena und Urbino und agiert seit 1998 als Berater Knowledge Management bei der USU AG. Seit 1999 verantwortet er die Unternehmenskommunikation des Softwarehauses. In dieser Funktion ist er auch als Autor zahlreicher Beiträge zum Thema Knowledge Management für die Fach- und Wirtschaftspresse (u.a. F.A.Z., WELT, Computerwoche, Computerzeitung) sowie als Vortragender tätig. Zuvor leitete er jahrelang die Abteilung Direktmarketing eines mittelständischen Pharmaunternehmens.

WOLFGANG HÖHNEL

IBM Deutschland GmbH

www.ibm.de

Diplom Betriebswirt (BA) Wolfgang Höhnel ist als IT Architekt bei der IBM Deutschland und als Lehrbeauftragter an der Fachhochschule Bonn-Rhein-Sieg tätig. Sein aktuelles Aufgabenfeld umfasst den Aufbau und das Management von Unternehmensmodellen, die Konzeptionierung von Data Warehouse Lösungen, so wie die Gestaltung von großen fachlichen Geschäftsanwendungssystemen in der Finanzdienstleistungsindustrie.

CHRISTA HOLZENKAMP

SER Systems Inc.,

Innovationspark Rahms, 53577 Neustadt / Wied

www.ser.de

Dipl.-Ing. Christa Holzenkamp ist bei der SER im Produktmarketing zuständig für das Produktportfolio SERware, das im Kern die knowledge-enabling Technologie SERbrainware wie auch Applikationen für die Beschaffung und Anwendung von Wissen umfasst. Bevor sie zur SER kam, baute sie bei der DeTeMobil Bonn im B2B-Bereich das Strategische IT-Partnering für die mobile Datenkommunikation beginnend mit Microsoft und Compaq auf. Zuvor nahm sie bei der Gruppe Bull Marketing- und Vertriebsaufgaben für folgende Themen wahr: Software für IT-Management und IT-Sicherheit, Server- und Arbeitsplatzsysteme, Bürokommunikationssysteme, CAD in Industrie und Bauwesen. Der Einstieg in die EDV lag nach dem Ingenieurstudium der Architektur bei einer Gesellschaft für CAD Consulting und Services im Bauwesen.

STEFAN KLOPP

ML Consulting Schulung, Service und Support GmbH

Max-Planck-Str. 39 50858 Köln

www.mlholding.de

Dipl.-Ing. Stefan Klopp ist Berater und Projektleiter im Bereich SAP der ML Consulting Schulung, Service und Support GmbH in Köln. Er ist dort u.a. zuständig für die Themengebiete Knowledge Management und E-Learning.

Nach Abschluss des Studium der Elektrotechnik an der Universität der Bundeswehr Hamburg im Jahr 1992 war der Autor in diversen IT-Projekten als Projektmitarbeiter und Projektleiter tätig. Derzeit studiert er berufsbegleitend Betriebswirtschaftslehre mit den Schwerpunkten Wirtschaftsinformatik und Operations Research an der FernUniversität Hagen.

WOLFGANG KRAH

USU AG

Spitalhof, 71696 Möglingen

www.usu.de

Wolfgang Krah, Jahrgang 1966, ist Diplom-Psychologe und arbeitet seit Anfang 2000 als Senior Consultant bei der USU AG an der Schnittstelle zwischen Produktentwicklung und Produktmanagement. Er befasst sich mit Aspekten des Benutzerverhaltens, der Software-Ergonomie und der Usability.

Vor seiner Tätigkeit bei der USU AG war er bei der BAYER AG und DU PONT in der chemischen Industrie und bei Mannesmann VDO in der Automobilindustrie als Software-Ergonom, Consultant und Trainer beschäftigt.

Er ist Autor zahlreicher Publikationen zu Managementfragen

KLAUS DIETER LECIEJWESKI

KDL Consulting GmbH

Konrad-Adenauer-Ufer 65, 50668 Köln

Dr. Klaus Leciejewski ist geschäftsführender Gesellschafter der KDL-Consulting GmbH. Seine berufliche Karriere hat er als Hochschullehrer begonnen und als Referatsleiter im Institut der Deutschen Wirtschaft, IW-Köln fortgeführt. Anschließend war er u.a. Direktor der Deutschen Bank AG in Frankfurt/M. und Berlin und Geschäftsführer einer Tochtergesellschaft von Egon Zehnder in München. Er ist Autor zahlreicher Publikationen zu Managementfragen

VEIT-FLORIAN LIER

smartiX consulting gmbh,

Filderhauptstr. 142; D-70599 Stuttgart

www.smartix.de

Veit-Florian Lier ist Geschäftsführer der smartiX consulting GmbH.

Beruflicher Werdegang:

1996 GEHIS, Stuttgart

1997 GEHIS France, Paris

1999 Abschluss des Studiums der Wirtschaftswissenschaften an der Universität Hohenheim.

1999 – Geschäftsführender Gesellschafter der smartiX consulting gmbh, seit 1998 Mitarbeit / Projektleitung in KM-Projekten, u. a. bei Deutsche Bank, DaimlerChrysler AG, debis und verschiedenen Beratungsunternehmen.

Der Fokus der Projekte lag zumeist auf der Fragestellung, wie das bei den einzelnen Mitarbeitern vorliegende Wissen einem größeren Personenkreis zugängig gemacht werden kann. Zur Unterstützung der Ablage und Verschlagwortung des Wissens wurden im Rahmen dieser Projekte verschiedene Content-Management-Systeme und Dokumenten-Management-Systeme entwickelt, angepasst und eingeführt.

MARIANNE MASSING

Institut der deutschen Wirtschaft Köln

Gustav-Heinemann-Ufer 84-88, 50968 Köln

www.iwkoeln.de

Marianne Massing ist wissenschaftliche Mitarbeiterin beim Institut der deutschen Wirtschaft Köln. Innerhalb des Projektes „KluG – Kenntnisse leiten zu unternehmerischem Gewinn" begleitet sie einen der Modellbetriebe bei der Einführung von Wissensmanagement und ist für die Öffentlichkeitsarbeit des Projektes zuständig.

Nach ihrem Studium der Slavistik, der Neueren Deutschen Literaturgeschichte und der Interkulturellen Pädagogik spezialisierte sie sich im Bereich Öffentlichkeitsarbeit. Neben ihrer Tätigkeit beim Institut der deutschen Wirtschaft arbeitet sie als freiberufliche PR-Beraterin.

MARTIN OESTERER

SAS Deutschland

In der Neckarhelle 162, 69118 Heidelberg

www.sas.de

Dipl.-Geogr. Martin Oesterer ist Manager CRM, Product & Solution Marketing bei SAS Deutschland.

Er studierte Wirtschaftsgeographie und Politische Wissenschaften in Erlangen, Loughborough und Heidelberg. Nach einer Assistenzstelle am Lehrstuhl für Wirtschaftsgeographie der Universität Heidelberg wechselte er als Projektleiter für Kundenstrukturanalysen und Geomarketing zu Schober Direktmarketing. Mit seinem Wechsel zum amerikanischen Softwareunternehmen SAS zeichnete er zunächst verantwortlich für die Konzeption und Koordination sämtlicher Aktivitäten von SAS an den Hochschulen.

Heute ist er als Manager CRM bei SAS Deutschland zuständig für die Marketingkampagnen auf den Gebieten CRM und Enterprise Marketing Automation. Begleitend ist er als Workshop- und Seminarleiter sowie als Autor marketingrelevanter Fachartikel und Buchbeiträge tätig.

Swetlana Sacharowa

Fachhochschule Köln, Fachbereich Wirtschaft

Claudiusstr. 1, 50678 Köln

www.wi.fh-koeln.de

Dr. Swetlana Sacharowa ist Lehrbeauftragte für Unternehmensführung und interkulturelles Management an der Fachhochschule Köln.

Sie studierte Ingenieur- und Wirtschaftswissenschaften an der TU Nishnij Nowgorod in Russland und promovierte zum Doktor der Wirtschaftswissenschaften an der Staatlichen Lobatschewskij-Universität.

Nach der jahrelangen praktischen Arbeit in Industrie- und Beratungsunternehmen und der Professorentätigkeit an der TU Nishnij Nowgorod ist sie im Rahmen eines internationalen Hochschulprojekts nach Köln gekommen.

Die aktuellen Lehr- und Forschungsgebiete sind Verhaltens-, Wissens- und interkulturelles Management.

DIRK SCHREIBER

Fachhochschule Bonn-Rhein-Sieg, Fachbereich Wirtschaft

Grantham Allee 20, 53757 St. Augustin

www.fh-bonn-rhein-sieg.de

Prof. Dr. rer. pol. Dirk Schreiber ist Professor für das Fachgebiet Wirtschaftsinformatik an der Fachhochschule Bonn-Rhein-Sieg. Zuvor war er mehrere Jahre als IT-Berater, Projektmanager und Abteilungsleiter in der mittelständischen Industrie sowie bei einem Unternehmen der Finanzdienstleistungsbranche tätig. Seine Lehr- und Arbeitsgebiete sind Daten- und Geschäftsprozess-Management sowie der Einsatz von betriebswirtschaftlicher Standardsoftware, insbesondere in mittelständischen Unternehmen.

JÖRG TROJAN

Institut für e-Management e.V. (IfeM)

Judenpfad 60a , 50996 Köln

www.IfeM.org

Dipl.-Wirt.-Inf. Jörg Trojan ist Doktorand an der Ludwig-Maximilians-Universität München zum Thema „Wissensbewahrungsstrategien". Vorstand Finanzen des Institut für e-Management e.V. (IfeM) in Köln. Mitgründer knowledgeMARKT.de . Tätigkeiten bei Mummert+Partner und KPMG Consulting. Konzeptionierung und Durchführung mehrerer Untersuchungen zum Thema Knowledge-Management. Wirtschaftsinformatikstudium an der Universität zu Köln mit den Schwerpunkten Informationsmanagement und Organisation..

SIMON SPELTHAHN

USU AG

Spitalhof, 71696 Möglingen

www.usu.de

Simon Spelthahn ist Diplom Betriebswirt (FH), Fachrichtung Wirtschaftsinformatik und seit Mitte 2000 bei der USU AG in Möglingen/Stuttgart beschäftigt. Er befasst sich seit 1999 intensiv mit dem Themenbereich Wissensmanagement und ist als Consultant und Projektleiter im Unternehmensbereich Knowledge Management der USU AG tätig.

In dieser Funktion war er in zahlreichen Beratungsprojekten zur Einführung von Wissensmanagement und Implementierungsprojekten zur Etablierung von Wissensmanagement-Systemen aktiv.

Gesamtliteraturverzeichnis

Aguilar, Francis Joseph (1967): Scanning the Business Environment. New York, NY 1967

Apfelthaler, Gerhard: Interkulturelles Management als soziales Handeln. Wien, Service-Fachverlag, 1998

Apfelthaler, Gerhard: Interkulturelles Management. Wien: Manz-Verl. Schulbuch, 1999

Argyris, Chris; Schön, Donald A. (1978): Organizational Learning: A Theory of Action Perspective. Reading, Mass.; Menlo Park, Cal.; London usw. 1978

Aulinger, Andreas; Fischer, Dirk (2000): Einige Daten und Informationen zum Wissensmanagement. Die Betriebswirtschaft 60(2000)5, S. 642 - 667

Bach, N.; Homp, Ch.: Objekte und Instrumente des Wissensmanagements, in ZfO 6/1997, S. 340-347.

Bach, Volker; Österle, Hubert (Hrsg.) (2000): Customer Relationship Management in der Praxis. Erfolgreiche Wege zu kundenzentrierten Lösungen. Berlin, Heidelberg, New York usw. 2000

Barmeyer, Christoph: Interkulturelles Management und Lernstile. Campus Verlag, Frankfurt/New York, 2000

Bauer, A; Günzel, H. (Hg.) (2001): Data Warehouse Systeme. Architektur, Entwicklung, Anwendung, Heidelberg

Brenner, Maximilian (2001): Rechtliche Rahmenbedingungen: Science in the E-frame - Beispiel: Intellectual Property Management. Vortrag, gehalten auf der Tagung „The global lab – Science in the e-frame" der Bayer AG. Leverkusen 2001

Bruce A, Pepitone J.S. (2001): Mitarbeiter motivieren

Bühler W. / Siegert T. (Hrsg.) (1998): Unternehmenssteuerung und Anreizsysteme

Bullinger (Hrsg.), Conten Management Systeme, Stuttgart, 2001a

Bullinger (Hrsg.), Knowledge meets Process, Stuttgart, 2001b

Buzan, T.; Buzan, B.: Das Mind-map-Buch, Landsberg am Lech 1997.

Choo, Chun Wei (1993): Environmental Scanning: Aquisition and Use of Information by Chief Executive Officers in the Canadian Telecomminications Industry. PH.D. diss. University of Toronto 1993

Choo, Chun Wei (1995): Information Management for the Intelligent Organization: The Art of Scanning the Environment. 2. ed. Medford, NJ 1998

Choo, Chun Wei (1998): The Knowing Organization. How Organization Use Information to Construct Meaning, Create Knowledge, and Make Decisions. New York; Oxford 1998

Davenport, T.h.; Prusak, L.: Wenn ihr Unternehmen wüßte, was es alles weiss...: das Praxisbuch zum Wiessensmanagement. Landsberg/Lech, 1998.

Deiters, Wolfgang; Lienemann, Carsten (Hrsg.) (2001): Report Informationslogistik. Informationen just-in time. Düsseldorf 2001

Draaisma, Douwe (1999): Die Metaphernmaschine. Eine Geschichte des Gedächtnisses. Darmstadt 1999

Franken, Rolf (1982): Grundlagen einer handlungsorientierten Organisationstheorie. Berlin 1982

Frankfurter Allgemeine Zeitung Verlagsbereich Buch.

Freidank, C.-Ch. (Hrsg.); Mayer, E.: Controlling Konzepte. Werkzeuge und Strategien für die Zukunft, 5. Auflage, Wiesbaden, 2001

Frielitz, C.; Hippner, H.; Martin, S. et al. (2001): eCRM – Kundenbindung im Internet, in: eCRM 2001. Innovative Kundenbindung im Internet. Studie der Absatzwirtschaft

Gadatsch, A.: Business Intelligence, Integration von Data Warehousing und Wissensmanagement. In: Erfolgreiche Computerpraxis, Gruppe 6 Online-Dienste, Heft 5, 2001, S. 169-174

Gadatsch, A.: IT-gestütztes Prozess-Management im Controlling. In: Freidank, C.-Ch. (Hrsg.); Mayer, E.: Controlling Konzepte. Werkzeuge und Strategien für die Zukunft, 5. Auflage, Wiesbaden, 2001

Gadatsch, A.: Management von Geschäftsprozessen, Methoden und Werkzeuge für die IT-Praxis. Eine Einführung für Studenten und Praktiker, Braunschweig und Wiesbaden, 2001.

Gehring, H., Gadatsch, A.: Ein Rahmenkonzept für die Prozeßmodellierung. In: Information Management & Consulting, Heft 4, 1999, S. 69-74.

Gilbert Probst u.a.: Wissen managen. Wiesbaden 1999, Gabler.

Goldman, L.F. (2001): Customer Relationship Management: Misadventures in Database Marketing, in: DM Direct, März 2001

Güldenberg, Stefan (1998): Wissensmanagement und Wissenscontrolling in lernenden Organisationen - ein systemtheoretischer Ansatz. 2.Aufl. Wiesbaden 1998

Hall, Edward /Hall, Mildred: Verborgene Signale. Studien zur internationalen Kommunikation. Hamburg, Gruner+Jahr, 1984

Hall, Edwart : Beyond Culture, 1976

Heisig, P.: Business Process Oriented Knowledge Management, in Mertens, K., Heisig, P., Vorbeck, J. (Eds): Knowledge Management - Best Practices in Europe -; Springer Verlag 2001, S. 13 –36.

Hermann Simon: Wunsch-Wissen; in: Manager-Magazin 11/99, S. 307 f.

Herzog, D.; Jeschke, H.: Mind Manager 4, Effektiver arbeiten und lernen mit Mind Mapping, München 2001.

Hippner, H.; Meyer, M.; Wilde, K.D. (Hg.) (1999): Computer Based Marketing, Braunschweig, Wiesbaden

Hofstede, Geert : Culture´s Consequence, 1984

Hofstede, Geert: Interkulturelle Zusammenarbeit: Kulturen - Organisationen - Management. Wiesbaden: Gabler, 1993

Hofstede, Geert: Lokales Denken, globales Handeln: Kulturen, Zusammenarbeit und Management. München, DTV,1997

Ikujiro Nonaka, Hirotaka Takeuchi: Organisation des Wissens. Frankfurt 1997, Campus Verlag.

Imhoff, C. (2001): Intelligent Solutions: My Way or the Highway: Customer-Driven Personalization, in: DMReview, Oktober 2001

Kaplan, R.S.; Norton, D. P. (1996): Balanced Scorecard: Strategien erfolgreich umsetzen. Stuttgart 1997

Kehl, R.; Zipser, A. (2000): Kundenzufriedenheit als wichtiger Erfolgsmaßstab für CRM-Prozesse, in: IM (1/2000)

Kirsch, Werner (1997): Strategisches Management: Die geplante Evolution von Unternehmen, München 1997

Klaus Palme: Informationsmanagement, Deutscher Instituts-Verlag 8/1997, Köln.

Kluckhohn, C. The Study of culture, in: Lerner/Larswell (Hrsg.): The Policy Studies, Stanford 1951

Kluckhohn, Clyde: Culture and Behaviour. New York, 1962

Koop, H. J.; Jäckel, K. K.; van Offern, A. L.: Erfolgsfaktor Content Management. Vom Web Content bis zum Knowledge Management, Braunschweig und Wiesbaden, 2001.

Krueger, S.: Wissensmanagement, So finden Sie das Kapital in den Köpfen. In: businessUSER, Heft 9/10, 2001, S. 26/27

Lehner, F.: Organisational Memory. Konzepte und Systeme für das organisatorische Lernen und das Wissensmanagement, München 2000.

Lehner, F.; Remus, U.: Prozessmanagement im Mittelstand als Ausgangspunkt für die Einführung des Wissensmanagements, in: Modellierung betrieblicher Informationssysteme, Proceedings der MobIS-Fachtagung 2000, S. 179 – 204.

Lullies, Veronika; Bollinger, Heinrich; Weltz, Friedrich (1993): Wissenslogistik. Über den betrieblichen Umgang mit Wissen bei Entwicklungsvorhaben. Frankfurt, New York 1993

Martin Kuppinger, Michael Woywode: Vom Intranet zum Knowledge Management, München 2000, Carl Hanser Verlag.

Mertens, K., Heisig, P., Vorbeck, J. (Eds): Knowledge Management - Best Practices in Europe -; Springer Verlag 2001

META Group (2001): Der Markt für Knowledge Management in Deutschland

Morton, C.: Intranets: Some Problems and Solutions, in: Managing Information, 1998, H.5, S. 26-27.

Müller, C.A: Strategische Führung europäischer mittelständischer Unternehmen, Lang 1995, S. 32-56.

Muther, A.; Österle, H.; Tomczak, T. (1999): Electronic Customer Care. In: Hippner et al. (Hg.), Computer Based Marketing. Braunschweig, Wiesbaden

Neumann, St.; Flügge, B.; Finerty, F.: The Art of Knowledge – Potential aus Wissen schöpfen, in: Information Management, 13. Jahrgang 1998, Nr. 1 S. 66-74.

Niermeyer R. (2001): Motivation, Instrument zur Führung und Verführung

Nohr, H.: Das Projekt OurKnowledge, Wissensmanagement in einem kleinen Beratungsunternehmen, HBI aktuell, Heft 2, Stuttgart, 1999, S. 16 - 19.

Nohr, H.: Wissen und Wissensprozesse visualisieren, Arbeispapiere Wissensmanagement, Stuttgart 2000, ISSN 1616-5349.

Nolte, Heike (1999): Organisation. Ressourcenorientierte Unternehmensgestaltung. München 1999

North, Klaus (1998): Wissensorientierte Unternehmensführung. Wiesbaden 1998

Oberschulte, Hans: Organisatorische Intelligenz. Rainer Hampp Verlag, München und Mering, 1994.

Pautzke, Gunnar (1989): Die Evolution der organisatorischen Wissensbasis. Bausteine zu einer Theorie des organisatorischen Lernens. München 1989

Peter Schütt: Wissensmanagement, Niedernhausen 2000, Falken.

Polanyi, Michael (1966): Implizites Wissen. Frankfurt a. M. 1985

Prahalad, C. K.; Hamel, Gary (1990): Nur Kernkompetenzen sichern das Überleben. In: Harvard Business manager (Hrsg.): Kernkompetenzen. Hamburg o.J. S. 7 - 18

Probst G. e.a. (1998): Wissen managen

Probst, G.; Raub, S.; Romhardt, K.: Wissen managen: Wie Unternehmen ihre wertvollste Ressource optimal nutzen, Wiesbaden (3.Aufl.), 1999.

Probst, Gilbert; Raub, Steffen; Romhardt, Kai (1997): Wissen Managen. Wie Unternehmen ihre wertvollste Ressource optimal nutzen. 3. Aufl. Frankfurt am Main, Wiesbaden 1999

Probst, J. B. Gilbert; Knaese, Birgit (1998):Risikofaktor Wissen - Wie Banken sich vor Wissensverlusten schützen. Wiesbaden 1998

Säuberlich, F. (2000): Web Mining: Effektives Marketing im Internet, in: Wiedmann, K.-P.; Buckler, F. (Hg.): Neuronale Netze im Marketing-Management, Wiesbaden

Säuberlich, F. (2001): Web Mining – effektive Analyse des Nutzer-Verhaltens im Internet, in: Schumacher, E, Streichfuss, K. (Hg.): Proceedings der 5. Konferenz der SAS-Anwender in Forschung und Entwicklung (KSFE), Hohenheim

Schneider, Ursula (1966a) Management in der wissensbasierten Unternehmung. In: Schneider, Ursula (1996) S. 13 - 48

Schneider, Ursula (Hrsg.) (1996) Wissensmanagement. Die Aktivierung des intellektuellen Kapitals. Frankfurt a. M. 1996

Scholz, Christian: Personalmanagement. Informationsorientierte und verhaltenstheoretische Grundlagen. München, Vahlen, 1993.

Schumacher, E, Streichfuss, K. (Hg.), Proceedings der 5. Konferenz der SAS-Anwender in Forschung und Entwicklung (KSFE), Hohenheim

Shahnam, E.(2000): The Customer Relationship Management Ecosystem, Meta Group (Web Edition Delta)

Sprenger R. K. (1999): Mythos Motivation

Stefan Foschiani u.a.: Strategisches Management im Zeichen von Umbruch und Wandel. Stuttgart 2000, Schäfer Poeschel Verlag.

Stehr, Nico (2001):Wissen und Wirtschaften. Die gesellschaftlichen Grundlagen der modernen Ökonomie. Frankfurt a.M. 2001

Stock, Wolfgang G. (2000):Informationswirtschaft. Management externen Wissens. München, Wien 2000

Sveiby, Karl Erik (1997):The New Organizational Wealth. Managing & Measuring Knowledge-Based Assests. San Francisco 1997

Teufel, T.; Röhricht, J.; Willems, P.: SAP R/3 Prozeßanalyse mit Knowledge Maps, München 1999.

Triandis, Harry : Subjective Culture and Interpersonal Relations Across Cultures, in: Loeb-Adler, Leonore (Hrsg.), Issues in Gross-Cultural Research 285, 1977, S. 418-434.

Ursula Schneider: Die sieben Todsünden im Wissensmanagement, Frankfurt 2001.

v. Rosenstil L. (1996): Motivation im Betrieb

Vahs, Dietmar; Burmester, Ralf (1997):Innovationsmanagement. Von der Produktidee zur erfolgreichen Vermarktung. Stuttgart 1997

von Krogh, Georg; Ichijo, Kazuo; Nonaka, Ikujiro (2000): Enabeling Knowledge Creation. How to Unlock the Mystery of Tacit Knowledge and Release the Power of Innovation. Oxford 2000

Whorf, B. L.: Language, thought and reality. Cambridge, MA: MIT Press, 1956.

Wiedmann, K.-P.; Buckler, F. (Hg.) (2001): Neuronale Netze im Marketing-Management, Wiesbaden

Zipser, A. (2001): Business Intelligence im CRM, in: Link, J. (Hg.): Customer Relationship Management, Berlin, Heidelberg

Schlagwortverzeichnis

A

Ablauf, Aktiver Ablauf 196
Ablaufdefinition 196
Ablaufnetz 197
Anwendungssoftware 184
Anwendungssystemgestaltung
    156
Attribute 231

B

Bausteine des
    Wissensmanagement 45
BITKOM 254
Business Workflow 219

C

Cache-Server 225
Check-in/ 224
Check-out 224
Churn Management 32
CMS 226
Collaboration 13
Content Management Service
    226
Content-Management-Systeme
    158
Content-Server 225
Content-Templates 233
Cookies 31
COSA 188
CRM 28
CRM-Kanäle 31
Customer Lifetime Value' 25
Customization 39

D

Data Mining 28, 35
Data-Warehouses 158
Dateiformate 231
Datenmodell 230
dispositives CRM 38
DMS 226
DNUG 254
Document Management Service
    226
Dokumenten-Management-
    Systeme 158
Drag-and-Drop 224

E

e-Commerce 28
e-CRM-Lösung 26
e-Government 182
Email-Beantworter 112
Erweiterungskontext 230
Exabyte 41
Extension 228
Extrinsische Motive 139

F

Fachhochschule Köln 256
FIDUCIA 52
Formalisierung 5

H

Handlungssystem 6
Headhunting 121

Helpdesk-System 184
HTML-Exportservice 220

I

implizites Wissen 43
Incentives 140
Info-Objekt 231
Inhaltstypen 231
Innovationsmanagement 16
Institut der deutschen
    Wirtschaft Köln 251, 264
Institut für e-Management e.V.
    (IfeM) 268
Institut für e-Management e.V.
    (IFEM) 252
intangibler Wissensteil 16
Internationalisierung 10
ISO/IEC 13250 49

J

Jobseeker 121

K

KDL-Consulting GmbH 262
KluG 238
KMU 236
Knowledge Maps 205
Knowledge Warehouse 217
Knowledge Worker 100
Knowledge-Büro 137
KnowledgeLocator 51
Knowledge-maps 138
KnowledgeMiner 50
KnowledgeTree 50
KnowledgeVisualizer 50
Knowledge-Workbench 223
Kollektives Wissen 7
KomNet- 184

Konative Kompetenz 83
Kontextauflösung 229
Kulturveränderung 142

L

Late Binding 229
Lernprozesse 6
Ley GmbH 253
Logfile 29
Logisches Informationsobjekt
    227
Lotus Notes 58

M

Master Knowledge Maps 207
Memobox 199
Metainformationssysteme 206
Mind-Mapping 204
Minimalprinzip 240
multipersonelle
    Erarbeitungsprozesse 13

O

Objektklasse 231, 232
OLAP-Abfrage 34
Online-Banking 32
Online-Hilfe 219
Optimizer 51

P

Personelles Wissen 7
Petri-Netz 200
Physisches Informationsobjekt
    228
Prozessabgrenzung 154
Prozessdurchführung 155
Prozessführung 155

Prozessmanagement 153
Prozessmodellierung 154
pull-Prinzip 12
push-Prinzip 12

Q

QM-Handbuch 222

R

Rechtekonzept 190
Remote Function Call 220
Repository 224
Researcher 128
RFC 220

S

SAP R/3 Release 4.6b 229
SAP-GUI 224
SAPShow 221
SAS Deutschland 265
Scoring 32
SER 259
SER Systems Inc 259
SERbrainware 102
SGML 49
Skillmanagement 58
smartiX consulting gmbh 263
Stetigkeitsprinzip 240
Strukturiertes Wissen 7
Strukturobjekte 226
Suchmaschinen 158
Symbolsystem 5

T

TeamRooms 61
Templates 219
Topic Map 49

Topic Map Builder 50
Trainingsinhalten 220

U

Unstrukturiertes, formalisiertes
    Wissen 7
Unternehmensführung 6
Unternehmenskultur 10
USU AG 254, 257, 269
USU KnowledgeMiner 50

V

Verfügungsrechte 13
Verity-Suchmaschine 226

W

Wiedererkennung 29
Wiederverwendbarkeit 227
Wissens(ver)teilung 45, 50
Wissensaustausch 239
Wissensautorisierung 14
Wissensbasis 6
Wissensbasis eines
    Unternehmens 8
Wissensbewahrung 45
Wissensbewertung 45
Wissenscontrolling 15
Wissensentwicklung 45
Wissenserwerb 45
Wissensgenerierung 8
Wissensidentifikation 45
Wissenskarten 205
Wissenskultur 10
Wissenslogistik 8
Wissensmanagementprozesse
    45
Wissensnutzung 8, 14, 45
Wissenspyramide 44

Wissensrepräsentation 6
Wissenssicherung 14
Wissensstandardisierung 13
Wissensvisualisierung 156
Wissensziele 15, 45
Workflow-Management 153
*Workflow-Management-System
(WFMS)* 201
Workflow-Management-
Systeme 158

X

XML 49

Y

Yellow Pages 58

Z

Zielsprache 229
Zusammenarbeit 13

Weitere Titel aus dem Programm

Caroline Prenn/Paul van Marcke
Projektkompass eLogistik
Effiziente B2B-Lösungen: Konzeption, Implementierung, Realisierung
2002. XIV, 308 S. mit 35 Abb. Geb. € 49,90   ISBN 3-528-05789-0
Inhalt: Grundlagen (Definition, Umfeld, Marktpotential) - Optimierungs-
potentiale in der Praxis (perfekte Bestellung, Kreditwürdigkeit, Kontakt-
aufwand, Break-even) - Tragfähige Konzepte (Wissensverwaltung,
Planung/Nutzen von Kundenbindung, Kundenzufriedenheit, IT und
MIS) - Wege der Effizienzsteigerung (Automatisierung der Auftragsabwicklung, Online-Marketing, VPN, Projektmanagement) - Projektmanagement (Vorgehensmodell, Fallbeispiele)

Hajo Hippner/Melanie Merzenich/Klaus D. Wilde (Hrsg.)
Handbuch Web Mining im Marketing (Arbeitstitel)
Konzepte, Systeme, Fallstudien
2002. ca. 500 S. Geb. ca. € 99,00   ISBN 3-528-05794-7
Inhalt: Grundlagen des Web Mining - Datengrundlage bei Web-Daten -
Der Prozess des Web Mining - Einsatzpotentiale des Web Mining - Web
Mining-Systeme - Web Mining-Projekte

Matthias Meyer (Hrsg.)
CRM-Systeme mit EAI (Arbeitstitel)
Konzeption, Implementierung und Evaluation
2002. ca. 250 S. Geb. ca. € 49,90   ISBN 3-528-05795-5
Inhalt: Customer Relationship Management (CRM) - e-CRM - Informati-
on Networking - e-Intelligence - Enterprise Application Integration (EAI)

Abraham-Lincoln-Straße 46
65189 Wiesbaden
Fax 0611.7878-400
www.vieweg.de

Stand 15.3.2002. Änderungen vorbehalten.
Erhältlich im Buchhandel oder im Verlag.